BEIJING BAOZHANGXING ZHUFANG SHENQING
JI SHANGPINFANG MAIMAI ZHINAN

北京保障性住房申请及商品房买卖指南

中国建筑文化中心　组织编写

王　丽　主　编

张中平　谢钰仝　孙　雄
范余洁　王　刚　副主编

中国建材工业出版社

图书在版编目（CIP）数据

北京保障性住房申请及商品房买卖指南／王丽主编
．—北京：中国建材工业出版社，2014.5
 ISBN 978-7-5160-0807-2

Ⅰ．①北… Ⅱ．①王… Ⅲ．①住宅—社会保障—房地产管理—中国—指南 ②商品房—市场交易—中国—指南 Ⅳ．①D632.1-62 ②F299.233.5-62

中国版本图书馆CIP数据核字（2014）第077974号

北京保障性住房申请及商品房买卖指南
中国建筑文化中心　　组织编写
王　丽　主编

出版发行：中国建材工业出版社
地　　址：北京市西城区车公庄大街6号
邮　　编：100044
经　　销：全国各地新华书店
印　　刷：北京佳顺印务有限公司
开　　本：710 mm×1000 mm　1/16
印　　张：19.75
字　　数：362千字
版　　次：2014年5月第1版
印　　次：2014年5月第1次
定　　价：48.00元

网上书店：www.jccbs.com.cn　　公众微信号：zgjcgycbs
本书如出现印装质量问题，由我社营销部负责调换。联系电话：(010)88386906

前　　言

大规模推进保障性安居工程建设，是党中央、国务院为推动科学发展、加快转变经济发展方式、保障和改善民生采取的重大举措。2011年9月国务院办公厅发布《国务院办公厅关于保障性安居工程建设和管理的指导意见》，各地根据党中央、国务院的要求积极落实、全面推进。据统计，2008年至2012年间，全国新建各类保障性住房1800多万套，棚户区改造住房1200多万套；截至2013年11月底，全国城镇保障性安居工程已开工666万套，基本建成544万套，年度目标任务得以全部完成，解决了一大批困难群众的基本住房问题。

在保障性安居工程大规模建设的同时，住房保障体系不断得到发展和完善，初步形成了覆盖不同收入住房困难群体的多层次保障性住房供应体系，为保障性安居工程的顺利实施发挥了关键性作用。为了进一步配合深化经济体制改革重点工作以及保障性安居工程建设和管理，2013年12月2日，住房和城乡建设部、财政部、国家发展和改革委员会联合发出通知，从2014年起，各地廉租住房和公共租赁住房并轨运行，并轨后统称为公共租赁住房。

此前，北京市就已经对公共租赁住房、廉租住房并轨管理进行了尝试。2013年4月，北京市住房和城乡建设委员会发出通知，将限价商品住房、经济适用住房、公共租赁住房、廉租住房的申请、审核统一纳入"保障性住房"管理，申请家庭统一按现行公共租赁住房准入标准、审核程序审核，保障房分配实行"租售并举，以租为主"的原则。保障房申请家庭按"四房"中准入标准最宽松的公共租赁住房标准进行审核，符合条件的家庭都会被纳入到保障体系中进行轮候，大大简化了保障性住房的申请、审核程序，在分配上给予老百姓更大的选择空间和自由度，为低收入家庭解决住房困难带来了方便。

　　在实际工作中我们发现，目前仍然有很多居民对于自身条件是否符合申请要求不甚了解，对于个人及家庭是否在住房保障的政策范围之内亦不清楚。一些居民虽对相关政策信息有所耳闻，但对于申办流程、手续材料等具体事宜感到无所适从。这对于急需改善住房条件的广大群众造成一定困难，也在一定程度上影响了这项惠民利民工程的推动进程。针对这一情况，中国建筑文化中心拟以北京市保障性住房申请工作为研究对象，汇编整理了北京市保障性住房管理的相关规定，搜集解析了保障性住房申请、审核、购买、转让等环节中的相关问题，试图为没有房子、想换房子的老百姓提供一些方便实用的信息，解答适用人群"怎么办"的困惑，从而找到最符合自身实际的解决办法，帮助老百姓更好地解决居住问题，也为保障性安居工程的全面推进、落实做出切实有效的贡献。

　　经过多番意见征集和讨论，为了使读者全面了解现行住宅管理政策体系，充分掌握相关实用信息，我们还在保障性住房内容的基础上补充了普通商品住房买卖的内容。在成书过程中，我们得到了有关专家、学者的积极支持和指导，并走访调研了北京市一些区县的基层管理部门，在此一并感谢。

　　由于时间仓促和经验、水平的限制，本书的内容肯定还有诸多疏漏和不足。我们热切欢迎读者批评指正。

　　祝大家住有所居，早日实现安居梦！

中国建筑文化中心
2014 年 4 月

目 录

第一章 公共租赁住房 1
一、公共租赁住房概念 1
二、申请条件 1
（一）"三房"轮候家庭 1
（二）本市城镇户籍家庭 1
（三）外省市来京家庭 2
（四）产业园区就业人员 2
（五）优先配租家庭 2
三、审核程序 2
（一）申请 2
（二）初审 4
（三）复审 5
（四）备案 5
四、轮候配租管理 6
（一）轮候程序 6
（二）配租程序 7
五、租金补贴 9
（一）补贴对象 9
（二）补贴标准 10
（三）补贴申请、审核 11
（四）补贴发放 12
（五）公共租赁住房租金补贴动态管理 13
（六）监督管理 15
（七）其他 15
六、租后管理 16
七、常见问题 19

第二章　廉租住房 ... 21
一、廉租住房概念 ... 21
二、申请条件 ... 21
三、审核程序 ... 24
　　（一）申请 ... 26
　　（二）初审 ... 27
　　（三）复审 ... 28
　　（四）备案 ... 29
四、租房补贴配租管理 ... 30
　　（一）补贴对象 ... 30
　　（二）补贴标准 ... 30
　　（三）补贴申请 ... 31
　　（四）补贴发放 ... 31
五、实物配租管理 ... 32
　　（一）配租对象 ... 32
　　（二）配租标准 ... 33
　　（三）轮候配租 ... 35
　　（四）租后管理 ... 36
六、租金减免 ... 37
　　（一）租金减免对象和标准 ... 37
　　（二）租金减免的申请和审批程序 ... 37
七、监督管理 ... 38
　　（一）核实跟踪 ... 38
　　（二）年度复核 ... 39
　　（三）举报查处 ... 40
八、常见问题 ... 41

第三章　经济适用住房 ... 46
一、经济适用住房概念 ... 46
二、申请条件 ... 46
　　（一）本市城镇户籍家庭 ... 46
　　（二）外省市来京家庭 ... 47
　　（三）产业园区就业人员 ... 47
　　（四）优先家庭 ... 47

三、审核程序 ······ 47
 （一）申请 ······ 47
 （二）初审 ······ 49
 （三）复审 ······ 50
 （四）备案 ······ 50
四、轮候配售管理 ······ 51
 （一）轮候程序 ······ 51
 （二）配售程序 ······ 52
 （三）资格审核 ······ 52
五、税费 ······ 55
六、贷款 ······ 56
 （一）个人住房公积金贷款 ······ 56
 （二）个人住房商业贷款 ······ 62
 （三）个人住房组合贷款 ······ 64
七、售后管理 ······ 67
八、房屋退出管理 ······ 69
九、监督管理 ······ 70
十、原住房腾退 ······ 71
十一、上市出售 ······ 73
十二、物业管理 ······ 75
十三、常见问题 ······ 80

第四章　限价商品住房

一、限价商品住房概念 ······ 84
二、申请条件 ······ 84
 （一）本市城镇户籍家庭 ······ 84
 （二）外省市来京家庭 ······ 85
 （三）产业园区就业人员 ······ 85
 （四）优先家庭 ······ 85
三、审核程序 ······ 85
 （一）申请 ······ 85
 （二）初审 ······ 87
 （三）复审 ······ 87
 （四）备案 ······ 88

四、轮候配售管理 ··· 88
  （一）轮候程序 ··· 88
  （二）配售程序 ··· 89
  （三）资格审核 ··· 90
五、税费 ··· 93
六、贷款 ··· 93
  （一）个人住房公积金贷款 ··································· 93
  （二）个人住房商业贷款 ····································· 102
  （三）个人住房组合贷款 ····································· 103
七、售后管理 ··· 107
八、房屋退出管理 ·· 108
九、监督管理 ··· 109
十、原住房腾退 ··· 111
十一、上市出售 ··· 112
十二、物业管理 ··· 112
  （一）物业服务收费管理 ····································· 113
  （二）北京市住宅物业管理服务标准 ························ 115
十三、常见问题 ··· 118

第五章 自住型商品住房 ······································· 121

一、自住型商品住房概念 ··· 121
二、申购条件 ··· 121
  （一）申购资格 ·· 121
  （二）优先购买 ·· 121
三、审核配售 ··· 122
四、申请流程和所需材料 ··· 122
五、转让 ··· 123
六、监督处罚 ··· 124
七、税费 ··· 124
八、贷款 ··· 124
  （一）个人住房公积金贷款 ··································· 125
  （二）个人住房商业贷款 ····································· 133
  （三）个人住房组合贷款 ····································· 135
九、物业管理 ··· 139

（一）物业服务收费管理 ························· 139
　　（二）北京市住宅物业管理服务标准（表5-8） ······· 141
　十、部分现有房源信息 ······························ 144
　十一、常见问答 ···································· 146

第六章　普通商品住房 ······························ 150
　一、普通商品住房概念 ······························ 150
　二、购买 ·· 150
　　（一）购买条件 ·································· 150
　　（二）购房流程 ·································· 150
　三、税费 ·· 151
　四、贷款 ·· 152
　　（一）个人住房公积金贷款 ························ 152
　　（二）个人住房商业贷款 ·························· 165
　　（三）个人住房组合贷款 ·························· 166
　五、房产过户 ······································ 170
　　（一）房产过户准备资料 ·························· 170
　　（二）房产过户流程 ······························ 171
　　（三）房产过户注意事项 ·························· 171
　　（四）继承过户、转让过户、赠与过户的具体要求 ····· 172
　六、物业管理 ······································ 175
　　（一）物业服务收费管理 ·························· 175
　　（二）北京市住宅物业管理服务标准 ················ 177
　七、常见问答 ······································ 181

附　录 ·· 182
　附录1　"三房"轮候家庭申请公共租赁住房登记表 ······ 182
　附录2　北京市保障性住房申请家庭情况核定表 ········· 183
　附录3　北京市住房和城乡建设委员会关于进一步完善我市
　　　　 保障性住房申请、审核、分配政策有关问题的通知 ·· 195
　附录4　关于印发《北京市公共租赁住房申请、审核及配租
　　　　 管理办法》的通知 ··························· 197
　附录5　公共租赁住房管理办法 ······················· 204
　附录6　北京市公共租赁住房后期管理暂行办法 ········· 210

附录7　关于公共租赁住房租金补贴申请、审核、发放等
　　　　有关问题的通知 ……………………………………………… 228
附录8　关于公共租赁住房租金补贴对象及租金补贴标准
　　　　有关问题的通知 ……………………………………………… 256
附录9　关于印发《北京市城市廉租住房管理办法》的通知 ………… 259
附录10　关于印发《北京市城市廉租住房申请、审核及
　　　　　配租管理办法》的通知 …………………………………… 264
附录11　北京市住房和城乡建设委员会关于进一步加
　　　　　强廉租住房、经济适用住房和限价商品住房
　　　　　申请资格审核管理有关工作的通知 ……………………… 273
附录12　关于加强廉租住房、经济适用住房和限价商品
　　　　　住房审核配租配售管理等问题的通知 …………………… 278
附录13　关于印发《北京市经济适用住房购买资格申请
　　　　　审核及配售管理办法》的通知 …………………………… 285
附录14　关于印发《北京市经济适用住房、限价商品住房
　　　　　申请家庭原住房腾退办法》的通知 ……………………… 292
附录15　关于规范已购限价商品住房和经济适用住房等
　　　　　保障性住房管理工作的通知 ……………………………… 295
附录16　关于已购经济适用住房上市出售有关问题的补充通知 …… 297
附录17　关于印发北京市限价商品住房申购家庭收入、
　　　　　住房和资产准入标准及已购限价商品住房
　　　　　上市交易补交比例的通知 ………………………………… 298
附录18　关于印发《北京市限价商品住房购买资格
　　　　　申请审核及配售管理办法》的通知 ……………………… 299

录2），向申请人户籍所在地街道办事处（乡镇人民政府）提出申请；符合条件的外省市来京工作人员向申请人工作单位所在街道（乡镇）住房保障管理部门提出申请。所需材料如下：

（1）《北京市保障性住房申请家庭情况核定表》（一式两份）；

（2）申请人及家庭成员身份证（正反面印在一张A4纸上）；

（3）申请人及家庭成员户口簿（首页、本人页、变更页印在同一A4纸上，正面是首页和本人页，背面是变更页）；

（4）外省市在京工作人员提供本市公安机关出具的同期暂住证明；

（5）已婚家庭成员的婚姻状况证明，离异的提供离婚证或法院判决书；

（6）《房屋租赁合同》、《房屋所有权证》或房屋产权单位的证明，包括申请家庭地址、户口所在地地址、户口迁入本地原地址及他处住房等；

（7）夫妇双方一方户口不在申请所在地的，须提供其户口所在地的住房证明；

（8）原住房已经拆迁的，需提供拆迁补偿协议；

（9）申请人及家庭成员提供社保部门出具的缴存人社会保险缴纳信息凭证，如："社会保险个人缴费信息对帐单"或"参保职工四险缴费情况表"等；

（10）申请人及家庭成员提供的公积金管理部门出具的缴存人"住房公积金缴存个人信息"，或受托银行经办网点为缴存人打印并加盖"住房公积金结息对账专用章"的"住房公积金查询书"、"住房公积金个人账户明细"、"住房公积金对帐簿"；

（11）个人所得税完税凭证，包括完税证、缴款书、代扣代收税款凭证或个人所得税完税证明；

（12）申请人与本市工作单位签订的含申请时点的劳动（聘用）合同、国家机关或事业单位公务员录用证明；

（13）本市工作单位提供的加盖公章的就业单位资料复印件；

（14）优抚家庭提供民政部门核发的优抚证明；

（15）家庭成员工作单位或街道办事处（乡镇政府）出具的收入证明，离退休人员需提供由管理部门出具的领取离退休费的有关凭证，失业人员需提供由管理部门出具的领取失业保险金期限、标准的证明；

（16）申请家庭成员有重残人员的，需提供本市区（县）残联出具的重残证明；

（17）申请家庭成员中有患大病的，需提供本市区（县）级医疗机构出具的大病诊断证明；

（18）劳模家庭须提供市总工会出具的省部级劳动模范证明；

（19）成年孤儿提供本市民政部门出具的成年孤儿安置证明；

(20) 需要提供的其他证明材料。

（上述材料需提供原件检验，留存复印件一式两份，采用 A4 纸可正反面复印）

3. 引进人才和园区就业人员具体申请条件由产业园区管理机构确定报区（县）人民政府批准后实施，并报市住房保障工作领导小组办公室备案，用人单位可以代表本单位职工申请。

4. 申请人应当根据市、县级人民政府住房保障主管部门的规定，提交申请材料，并对申请材料的真实性负责。申请人应当书面同意市、县级人民政府住房保障主管部门核实其申报信息。

申请人提交的申请材料齐全的，市、县级人民政府住房保障主管部门应当受理，并向申请人出具书面凭证；申请材料不齐全的，应当一次性书面告知申请人需要补正的材料。

（二）初审

受理申请后，由街道（乡镇）住房保障管理部门对申请家庭收入、资产、人口和住房状况进行初审。初审工作按照以下程序进行：

1. 审核材料

街道（乡镇）住房保障管理部门根据申请家庭交报的材料完成对家庭人口、住房面积、家庭收入、家庭资产等情况的审核，核查原件，留存复印件。

2. 入户调查

街道（乡镇）住房保障管理部门与其他相关部门组成入户调查小组，对申请家庭的住房面积、实际居住人口、家庭资产情况进行实地调查，入户调查人员不得少于 2 人，由入户人员填写调查情况。

3. 组织评议

街道（乡镇）住房保障管理部门组织相关单位对申请家庭的收入、住房及资产情况进行评议，由经办人记录评议情况。

4. 公示

街道（乡镇）住房保障管理部门在正式受理申请家庭材料后 20 个工作日内，完成材料审核、入户调查和组织评议工作。经审核符合申请条件的，街道（乡镇）住房保障管理部门应在申请人户口所在地、居住地或工作单位对申请家庭的人口、住房、收入、资产等情况进行公示，期限为 10 日。

经公示无异议的，或者异议不成立的，街道（乡镇）住房保障管理部门在《北京市保障性住房申请家庭情况核定表》中签署初审意见、提出初步配售意见，将申请家庭的资料录入申请审核管理系统，并在 2 个工作日内将申请资料上报区（县）住房保障管理部门。

经公示提出异议的，由街道（乡镇）住房保障管理部门会同有关单位在

10日内完成复查,并对不符合申请条件的家庭书面告知原因;经复查符合申请条件的,按前款规定办理。

5. 申请家庭户籍地址与实际居住地址不一致的,家庭户籍所在地街道(乡镇)住房保障部门受理申请后,可提出由申请家庭实际居住地街道(乡镇)住房保障部门协助调查。申请家庭户籍所在地街道(乡镇)住房保障部门出具的《协助调查函》和《申请家庭初审公示》后,通过快递方式送到申请家庭实际居住地街道(乡镇)住房保障部门,实际居住地街道(乡镇)住房保障部门自收到《协助调查函》10个工作日内开展入户调查和实际居住地公示工作,填写《入户调查表》,并将调查结果通过公函反馈至受理街道(乡镇)住房保障管理部门。

(三)复审

1. 区(县)住房保障管理部门自收到申请材料之日起10个工作日内完成对申请资料的复审,符合条件的,确定配售方案。在区(县)政府网站和指定范围内对申请家庭人口、工作单位、住房、收入、家庭资产情况及配售方案等进行公示,期限为5日。

2. 复审及公示无异议的,由区(县)住房保障管理部门对申请家庭的资格进行认定,并在申请家庭《核定表》上签署意见、盖章后,在2个工作日内上报市住房保障管理部门备案。

3. 复审及公示有异议的,由街道(乡镇)住房保障管理部门会同有关单位在10日内进行复查,并对不符合申请条件的家庭书面告知原因;符合条件的,按前款规定办理。

4. 市住房保障管理部门自接到区(县)复审备案材料后,在2个工作日内向区(县)住房保障管理部门下发备案通知。

市、区(县)、街道(乡镇)住房保障管理部门在审核过程中,因申请家庭提供的要件不全需补交材料的,所需时间不计入审核时限。

(四)备案

1. 符合申请条件家庭向户籍所在地街道办事处或乡镇政府提出申请时,需填写家庭情况核定表及申请材料一式两份。区(县)、街道(乡镇)两级住房保障管理部门各留存一份。

全体申请家庭成员申请时应提供居民有效身份证件。无法提供居民身份证件的,须提供户籍所在地户籍管理部门或军队团级以上部门出具的证明材料,标明身份证件号码。

2. 各街道(乡镇)、区(县)住房保障管理部门应严格按照审核程序和时限完成对申请家庭的初审和复审工作。区(县)住房保障管理部门完成复审后上报市住房城乡建设委。市住房城乡建设委按照规定时限完成备案审查,并下发《备案结果通知书》，加盖行政审批专用章。

3. 各区（县）住房保障管理部门接到《备案结果通知书》后，应在《北京市保障性住房申请家庭情况核定表》的"备案情况"栏中加盖"已备案"或"不予备案"印章。印章标准：章长 3.5cm，章宽 1.0cm，用一号仿宋字体。

通过备案的家庭，由区（县）住房保障管理部门通知街道（乡镇）住房保障管理部门在 10 个工作日内向符合条件的申请家庭发放《备案通知单》。未通过备案的，发放《不予备案通知单》。

四、轮候配租管理

（一）轮候程序

1. 一个家庭只能承租一套公共租赁住房。考虑家庭代际、性别、年龄结构和家庭人口等因素，配租标准原则见表 1-1。

表 1-1　公共租赁房屋配租标准

家庭人口	家庭构成	配租套型
1 人	单身（包括未婚、离异、丧偶）	宿舍、单居或小套型
2 人	夫妻及子女未满 10 周岁的单亲家庭	单居、小或中套型
	子女年满 10 周岁的单亲家庭	中或大套型
3 人	夫妻及子女	中或大套型

2. 对符合承租公共租赁住房条件的家庭实行轮候配租制度。轮候期间，申请家庭收入、人口、住房、资产等情况发生变化的，申请人应在家庭情况变动后 60 日内告知街道（乡镇）住房保障管理部门。经审核后，街道（乡镇）住房保障管理部门应上报区（县）住房保障管理部门，并对变更情况进行登记，调整配租方案。不符合公共租赁住房申请条件的，由区（县）住房保障管理部门按照规定取消资格。

3. 申请家庭有原住房的，原住房为承租公房（包括直管、自管）的应当腾退，原住房由公房原产权单位或房屋所在地区（县）住房保障管理部门收回；原住房为私房且已纳入棚户区等公益性项目房屋征收范围或位于首都功能核心区的，原住房由房屋所在地区（县）住房保障管理部门收购。具体收回、收购及补偿办法由各区（县）人民政府制定，报市住房保障工作领导小组办公室备案后实施。

（二）配租程序

1. 区（县）住房保障管理部门应加强公共租赁住房分配计划管理。根据筹集房源情况，在每年12月制定下一年度本区（县）公共租赁住房公开摇号分配计划，经区（县）政府批准并报市住房保障工作领导小组办公室备案后实施。公共租赁住房分配计划应在区（县）政府网站向社会公布。

计划实施中遇调整的，应在区（县）政府批准后10个工作日内上报市住房保障工作领导小组办公室备案，并及时调整公布信息。

2. 区（县）人民政府所属机构组织建设、筹集以及投资机构、房地产开发企业持有的公共租赁住房，优先向项目所在区（县）符合公共租赁住房申请条件的家庭配租；房源有剩余的，由市住房保障管理部门调配给其他区（县）配租。市保障性住房建设投资中心建设、收购的公共租赁住房用于全市统筹调配使用，优先满足项目所在区（县）配租需求。

3. 市、区（县）人民政府所属机构以及投资机构、房地产开发企业持有的公共租赁住房配租采用公开摇号、顺序选房方式进行，由区（县）住房保障管理部门组织摇号配租。程序如下：

（1）公共租赁住房产权单位应当在区（县）住房保障管理部门监督指导下，在房屋具备入住条件60天前编制配租和运营管理方案，经批准后，由区（县）住房保障管理部门在区（县）政府网站上公布配租公告，公告内容包括房源位置、套数、户型面积、工期、租金标准、租赁管理、供应对象范围、登记时限、登记地点等。家庭应在规定时限内到指定地点进行意向登记。

区（县）住房保障管理部门应在公共租赁住房配租房源中，选择符合廉租住房建设标准的房屋面向廉租家庭配租。

（2）区（县）住房保障管理部门根据意向登记家庭备案时间顺序，按房源与家庭数量比不超过1:1.2确定参加摇号入围家庭名单。

区（县）住房保障管理部门组织相关部门对入围家庭的收入、人口、住房等情况进行复核，经复核，仍符合公共租赁住房申请条件的家庭名单，在区（县）政府网站上予以公布。

（3）廉租住房、经济适用住房和限价商品住房轮候家庭优先配租；申请家庭成员中有60周岁（含）以上老人、患大病或做过大手术人员、重度残疾人员、优抚对象及退役军人、省部级以上劳动模范、成年孤儿优先配租。

（4）区（县）住房保障管理部门遵循公平、公开、公正原则，结合本区（县）实际选择下列一种方式组织公开摇号配租。

①区（县）住房保障管理部门确定配租家庭范围后，按照优先家庭在前、普通家庭在后的顺序摇出家庭选房顺序号，家庭依据摇出的顺序号选房。选房工作在区（县）住房保障管理部门监督下，由公共租赁住房产权单位负责

组织实施。

②区（县）住房保障管理部门确定配租家庭范围后，可结合配租住房套型，按照优先家庭在前、普通家庭在后的顺序分组对应不同套型的房屋，直接摇出家庭顺序号及所对应的房号。

家庭退出公共租赁住房后房屋空置的，公共租赁住房产权单位可根据最近一次摇号顺序号依次递补。

（5）申请家庭选房确认后，区（县）住房保障管理部门向申请家庭发放《北京市公共租赁住房配租通知单》，申请家庭凭配租通知单、身份证明与公共租赁住房产权单位签订《北京市公共租赁住房租赁合同》，其中需腾退原住房的家庭应先办理完原住房腾退手续。

4. 社会单位建设持有的公共租赁住房，优先解决本单位取得公共租赁住房备案资格的职工居住需求。配租工作由社会单位组织实施，摇号配租程序参照社会公开摇号配租程序确定。

（1）社会单位应当在市、区（县）住房保障管理部门的监督指导下，在房屋具备入住条件60天前编制配租及运营管理方案，并组织配租。其中中央及市属单位向市住房保障管理部门申请并由其核准；其他社会单位向区（县）住房保障管理部门申请，区（县）住房保障管理部门核准后报送市住房保障管理部门备案。

（2）社会单位应在组织摇号配租前对入围家庭人口、收入等情况进行复核，市、区（县）住房保障管理部门对职工家庭住房情况进行复核。经核查，仍符合公共租赁住房申请条件的家庭名单，在社会单位网站上予以公布。

（3）社会单位组织家庭配租选房后，家庭与公共租赁住房产权单位签订《北京市公共租赁住房租赁合同》。配租房屋和家庭信息经单位确认后，报市、区（县）住房保障管理部门备案。

（4）社会单位配租后房源仍有剩余的，应在选房工作完成后30日内，将剩余房源情况报市、区（县）住房保障管理部门，由住房保障管理部门按规定程序向社会公开配租，或由市、区（县）人民政府指定机构按规定价格收购，公开配租。

5. 申请家庭未在规定时间内选房或签订租赁合同，视同放弃一次配租资格，可继续轮候。同一家庭只能放弃两次配租资格，超过两次须重新提出申请。

6. 区（县）住房保障管理部门、社会单位和公共租赁住房产权单位应当按照"保障性住房全程阳光工程"要求组织摇号选房活动，公开透明。

摇号活动可邀请人大代表、政协委员、政风行风监督员以及新闻媒体参加，接受社会监督，摇号排序过程应由公证部门全程监督并出具公证证明。

选房工作由区（县）住房保障管理部门全程监督。配租结果应在区（县）政府或社会单位网站上公布。

7. 市住房保障管理部门建立健全公共租赁住房申请配租信息管理平台，建立申请轮候家庭和公共租赁住房房源使用情况动态档案，实现全市动态管理。

各区（县）住房保障管理部门建立申请及轮候家庭档案，根据轮候家庭住房、人口、收入变动情况，及时调整家庭信息，实现对轮候家庭档案的动态管理。

公共租赁住房产权单位建立健全房屋使用档案，完善纸质档案和电子档案的收集、管理工作，保证档案数据完整、准确，并根据家庭变动情况及时变更住房档案，实现公共租赁住房档案的动态管理。

8. 公共租赁住房产权单位应在完成家庭选房签约工作5个工作日后，将配租家庭情况、身份证号及所选房号等情况录入信息管理平台，并将配租家庭名单、配租房源、房屋租金等材料经单位领导签字盖章后报区（县）住房保障管理部门备案。上述备案材料作为房屋产权单位享受公共租赁住房运营税费减免的依据。

9. 《北京市公共租赁住房租赁合同》内容包括租赁房屋的基本情况、租金标准及调整原则、租金收取方式、租赁期限、修缮责任、合同解除、违约责任以及双方权利义务等。合同示范文本由市住房保障管理部门推荐使用。

10. 公共租赁住房租赁合同期限由双方约定，一般为3年，最长不超过5年。公共租赁住房租金可以按月、季或年收取，但最长不得超过1年。

五、租金补贴

（一）补贴对象

1. 取得廉租住房实物配租或廉租住房租金补贴资格的家庭通过公开摇号方式承租公共租赁住房的，可以申请公共租赁住房租金补贴。其中承租的公共租赁住房建筑面积补贴标准为低于50平方米（含），超出面积的租金不予补贴。

2. 城六区（东城区、西城区、朝阳区、海淀区、丰台区、石景山区）超出廉租住房保障条件的城镇户籍家庭承租公共租赁住房并同时具备以下四项条件的，可以申请公共租赁住房租金补贴。其中承租的公共租赁住房建筑面积补贴标准为低于60平方米（含），超出面积的租金不予补贴。

（1）申请当月前12个月家庭人均月收入不高于2400元。

（2）除承租的公共租赁住房外，无其他住房或虽有其他住房但已腾退。

（3）3人及以下家庭总资产净值57万元及以下；4人及以上家庭总资产净值76万元及以下。

（4）所承租的公共租赁住房须通过区（县）住房保障管理部门公开摇号方式获得。

3. 本市其他区（县）超出廉租住房保障条件的城镇户籍家庭，申请公共租赁住房租金补贴的家庭人均月收入、家庭总资产净值条件由区（县）政府自行确定，其余条件与城六区一致，并报市住房保障管理部门、市财政部门审核。

（二）补贴标准

1. 取得廉租住房实物配租或廉租住房租金补贴资格的家庭公共租赁住房租金补贴标准

（1）取得廉租住房实物配租资格的城市低保家庭承租公共租赁住房的，补贴房屋租金的95%；

（2）取得廉租住房实物配租资格的其他家庭承租公共租赁住房的，补贴房屋租金的90%；

（3）取得廉租住房租金补贴资格的家庭承租公共租赁住房的，补贴房屋租金的70%。

2. 城六区超出廉租住房保障条件的其他城镇户籍家庭的公共租赁住房租金补贴标准

（1）人均月收入1200元及以下的其他家庭承租公共租赁住房的，补贴房屋租金的50%；

（2）人均月收入在1200元（不含）以上1800元（含）以下的其他家庭承租公共租赁住房的，补贴房屋租金的25%；

（3）人均月收入在1800元（不含）以上2400元（含）以下的其他家庭承租公共租赁住房的，补贴房屋租金的10%。

注：北京市城市低保标准为家庭人均月收入580元，城六区廉租住房家庭收入准入标准为人均月收入960元及以下。

3. 本市其他区（县）超出廉租住房保障条件的城镇户籍家庭公共租赁住房租金补贴标准

本市其他区（县）超出廉租住房保障条件的城镇户籍家庭，申请公共租赁住房租金补贴的家庭人均月收入、家庭总资产净值条件由区（县）政府自行确定，其余条件与城六区一致，并报市住房保障管理部门、市财政部门审核。

（三）补贴申请、审核

1. 廉租家庭公共租赁住房租金补贴申请、审核

(1) 申请

取得廉租住房实物配租及廉租住房租金补贴资格的申请人可持身份证、户口簿到户口所在地街道办事处（乡镇人民政府）住房保障部门申请公共租赁住房租金补贴资格并按要求如实填写《北京市公共租赁住房租金补贴审核表》（廉租家庭专用）（附录7）。2013年4月19日（含）以后，按保障性住房申请且符合廉租租金补贴资格的申请家庭，租金补贴资格在申请"保障性住房"资格时，申请家庭同时提交相关材料，经过街道、区级住房保障管理部门两级审核时已取得资格，不再另行申请。

(2) 初审

街道办事处（乡镇人民政府）住房保障部门进行初审，提出租金补贴方案，报区（县）住房保障管理部门复审。完成期限：自受理之日起5个工作日内完成。

(3) 复审

区（县）住房保障管理部门对街道办事处（乡镇人民政府）住房保障部门初审意见进行复审，签署复审意见、确定租金补贴方案。

完成期限：自受理之日起10个工作日内完成。

2. 其他家庭公共租赁住房租金补贴申请、审核

(1) 申请

申请人持身份证、户口簿到户籍所在地街道办事处（乡镇人民政府）住房保障管理部门领取《北京市公共租赁住房租金补贴申请审核表》（非廉租家庭专用，以下简称《审核表》）（附录7），按要求如实填写相关内容后，持《审核表》以及家庭人口、住房、收入、资产等相关证明材料，向户籍所在地街道办事处（乡镇人民政府）住房保障管理部门提出申请。公共租赁住房租金补贴的申请人及共同申请家庭成员应与登记参加公共租赁住房公开摇号的申请人及共同申请家庭成员一致。

(2) 初审

街道办事处（乡镇人民政府）住房保障管理部门在10个工作日内完成对申请材料的初审工作。经初审符合租金补贴条件的，街道办事处（乡镇人民政府）住房保障管理部门在《审核表》中签署初审意见、提出租金补贴方案，并将申请租金补贴家庭情况录入系统后上报区（县）住房保障管理部门复审。

(3) 复审

区（县）住房保障管理部门在10个工作日内完成对申请材料的复审工作。经复审，符合租金补贴条件的，由区（县）住房保障管理部门在《审核表》上签署意见，确定租金补贴方案。

3. 街道办事处（乡镇人民政府）住房保障管理部门通过系统打印《北京市公共租赁住房租金补贴资格通知单》，并向本街道（乡镇）符合条件的申请家庭发放。

4. 申请家庭取得《北京市公共租赁住房租金补贴资格通知单》，通过区（县）住房保障管理部门组织的公开摇号，选择并签订公共租赁住房租赁合同后，可按照确定的租金补贴方案办理公共租赁住房租金补贴领取手续。未选到公共租赁住房的家庭，租金补贴资格自通过审核之日起一年内有效，超出一年的需要进行复核。

(四) 补贴发放

1. 确定租金补贴代发银行

市住房保障办公室通过招标方式确定公共租赁住房租金补贴代发银行推荐名单。区（县）住房保障管理部门从代发银行推荐名单中选择租金补贴代发银行。鼓励公共租赁住房产权单位或运营单位（以下简称"产权人"）从租金补贴代发银行推荐名单中确定租金代扣银行，方便租金补贴家庭交纳租金和领取租金补贴。

2. 导入租赁合同信息

公共租赁住房产权人与承租家庭签订公共租赁住房租赁合同后5日内应将公共租赁住房租赁合同中载明的配租家庭成员名单、房屋租金、配租房源、租金代扣银行、账户等信息导入系统。

3. 核定租金补贴数额

（1）自公共租赁住房租赁期限开始之日起，取得公共租赁住房租金补贴资格的承租家庭可到户籍所在地街道办事处（乡镇人民政府）住房保障管理部门办理租金补贴领取手续。办理手续时，申请人需携带户名为本人的租金代扣银行卡及复印件、身份证件、公共租赁住房租赁合同、《北京市公共租赁住房租金补贴资格通知单》（附录7）等资料。如产权人选定的租金代扣银行不在租金补贴代发银行推荐名单内，申请人应在区（县）住房保障管理部门选定的租金补贴代发银行办理租金补贴代发银行卡，并在办理租金补贴领取手续时提交银行卡及复印件。

（2）街道办事处（乡镇人民政府）住房保障管理部门收件后应当即时对照系统生成的《北京市公共租赁住房租金补贴信息确认单》（附录7）核对申请人提供的上述资料，留存银行卡复印件，并将申请人提供的租金补贴代发银行名称及账号录入系统。街道办事处（乡镇人民政府）住房保障管理部门通过系统打印《北京市公共租赁住房租金补贴信息确认单》，交由申请人核对无误后签字确认。申请人确认后，街道办事处（乡镇人民政府）住房保障管理部门通过系统将《北京市公共租赁住房租金补贴信息确认单》提交区（县）

住房保障管理部门复核。

（3）区（县）住房保障管理部门在5个工作日内对街道办事处（乡镇人民政府）住房保障管理部门提交的《北京市公共租赁住房租金补贴信息确认单》（附录7）予以复核。复核通过后，街道办事处（乡镇人民政府）住房保障管理部门通过系统打印《北京市公共租赁住房租金补贴发放通知单》，并送达给申请人。租金补贴起始发放时间为租赁期限开始之日的次月。

4. 发放租金补贴

（1）公共租赁住房产权人每月5日（含）前须在系统中确认上月公共租赁住房租金交纳情况，并通过系统报送区（县）住房保障管理部门。区（县）住房保障管理部门通过系统生成公共租赁住房租金补贴应发明细，确认后于每月20日前通过银行将租金补贴发放给租金补贴家庭；

（2）租金补贴家庭未交纳租金的，区（县）住房保障管理部门暂不发放租金补贴，待其补齐相应租金后一并补发；

（3）因公共租赁住房租赁合同提前终止，租金交纳不足整月的，当月租金补贴不予发放。

（五）公共租赁住房租金补贴动态管理

1. 领取公共租赁住房租金补贴的廉租家庭资格的变更、取消及年度复核管理

廉租家庭公共租赁住房租金补贴资格的变更、取消及年度复核管理与其廉租家庭资格变更、取消及年度复核管理一并进行。经审核，廉租家庭资格变更、取消的，应同时变更、取消其公共租赁住房租金补贴资格。如廉租家庭资格取消后，符合其他家庭公共租赁住房租金补贴条件，可按照本通知规定程序申请公共租赁住房租金补贴。

2. 其他家庭公共租赁住房租金补贴资格的变更、取消管理

（1）租金补贴家庭的人口、收入、住房、资产等情况发生变化的，租金补贴家庭应在家庭情况变动后60日内如实向户籍所在地街道办事处（乡镇人民政府）住房保障管理部门申报并提交相关材料。

（2）经审核，租金补贴家庭情况发生变化后仍符合租金补贴条件的，街道办事处（乡镇人民政府）住房保障管理部门填写《北京市公共租赁住房租金补贴家庭情况变更核定表》（非廉租家庭）（附录7）并附相关材料后，上报区（县）住房保障管理部门复审。其中家庭人口变化的，申请家庭需重新办理公共租赁住房资格审核手续，通过公共租赁住房资格审核后，再申请公共租赁住房租金补贴，但不需再提供其他材料，直接填写《北京市公共租赁住房租金补贴家庭情况变更核定表》（非廉租家庭），原租金补贴登记编号不变。

新生儿登记户口后租金补贴家庭提出增加保障人口的，经街道办事处（乡镇人民政府）、区（县）住房保障管理部门审核可直接调整租金补贴方案。

不符合租金补贴条件的，街道办事处（乡镇人民政府）住房保障管理部门填写《北京市公共租赁住房租金补贴家庭资格取消表》（附录7）并说明原因后，报区（县）住房保障管理部门按规定做出处理决定，取消家庭租金补贴资格。

3. 除廉租家庭外，其他公共租赁住房租金补贴家庭的年度复核工作按以下规定执行：

（1）租金补贴家庭应当在领取租金补贴的次年起，每年的4月向产权人领取并填写《北京市公共租赁住房租金补贴家庭情况年度申报表》（附录7），持相关证明材料如实向户籍所在地街道办事处（乡镇人民政府）住房保障管理部门申报家庭人口、收入、住房、资产等变动情况。家庭人口、收入、住房、资产等未发生变动的，也须向户口所在地街道办事处（乡镇人民政府）住房保障管理部门申报。

（2）对家庭情况变化的租金补贴家庭，街道办事处（乡镇人民政府）住房保障管理部门在20个工作日内完成对家庭申报材料初审工作。街道办事处（乡镇人民政府）住房保障管理部门提出初审意见后上报区（县）住房保障管理部门复审。区（县）住房保障管理部门在20个工作日内完成对家庭申报材料的复审工作。

（3）对申报家庭人口、收入、住房、资产等未发生变动的家庭，在区（县）住房保障管理部门的监督指导下，由街道办事处（乡镇人民政府）住房保障管理部门采取抽查和普查相结合的方式进行复核。经复核，申报家庭人口变化或收入、住房、资产等增加的，视为不如实申报家庭人口、收入、住房、资产等情况，由区（县）住房保障管理部门按规定处理。

（4）对未按规定进行年度申报的租金补贴家庭，区（县）住房保障管理部门于5月起停发租金补贴，并向其下发《北京市公共租赁住房租金补贴停发通知单》（附录7）。领取公共租赁住房租金补贴家庭补报家庭变化情况的，自审核合格的次月起恢复发放租金补贴，但停发期间不予补发。

4. 公共租赁住房租金补贴额度的调整

（1）经区（县）、街道办事处（乡镇人民政府）住房保障管理部门核定，租金补贴家庭不再符合原公共租赁住房租金补贴标准，但仍符合其他租金补贴标准的，区（县）住房保障管理部门应向租金补贴家庭下发《北京市公共租赁住房租金补贴金额变更通知单》（附录7），并于核定租金补贴资格后次月起按调整后的金额发放租金补贴。

（2）公共租赁住房租金调整的，产权人应于租金调整后5日内书面通知承租人户籍所在区（县）住房保障管理部门。区（县）住房保障管理部门向租金补贴家庭下发《北京市公共租赁住房租金补贴金额变更通知单》，并于租金调整的次月起按调整后的金额发放租金补贴。

5. 公共租赁住房租金补贴的停发

（1）区（县）住房保障管理部门取消租金补贴家庭公共租赁住房租金补贴资格时，同时向其下发《北京市公共租赁住房租金补贴停发通知单》，于取消公共租赁住房租金补贴资格次月起停发租金补贴。

（2）公共租赁住房产权人在与承租人解除租赁合同5日内，应书面通知承租人户籍所在区（县）住房保障管理部门。区（县）住房保障管理部门向租金补贴家庭下发《北京市公共租赁住房租金补贴停发通知单》，于租赁合同解除次月起停发租金补贴。

（六）监督管理

1. 对不如实申报家庭人口、收入、住房、资产等情况以及伪造相关证明骗取租金补贴的申请家庭，由区（县）住房保障管理部门取消租金补贴资格，已骗取租金补贴的，由区（县）住房保障管理部门责令退还，通过媒体公示并计入信用档案，五年内不得再次申请保障性住房或廉租住房租金补贴。构成犯罪的，移交司法机关处理。国家机关、事业单位、国有企业等工作人员提供虚假证明骗取租金补贴的，移交相关纪检监察机关处理。

2. 产权人与租金补贴家庭串通骗取租金补贴的，由区（县）住房保障管理部门对产权人的行为予以通报，并通过媒体公示，责令租金补贴家庭退还骗取的租金补贴。对于公共租赁住房产权人工作人员不认真履行职责、玩忽职守造成租金补贴发放错误的，由区（县）住房保障管理部门提请产权人进行严肃处理，追究相应责任，构成犯罪的，移交司法机关处理。

3. 市住房保障管理部门对区（县）公共租赁住房租金补贴工作进行指导、监督、定期检查。发现违反相关规定或不按程序操作的，责令其限期整改，并对整改情况进行检查。对造成恶劣影响的工作人员，提请纪检监察机关进行调查、处理。

（七）其他

1. 承租廉租实物住房的廉租家庭按原有规定交纳租金；承租市场房源的廉租家庭租金补贴标准不做调整，按原相关规定执行。

2. 对于享受廉租租金补贴的公共租赁住房租金补贴家庭，自公共租赁住房租赁期限开始之日起区（县）住房保障管理部门停发其廉租金补贴，按规定标准发放公共租赁住房租金补贴。

3. 承租公共租赁住房后提出租金补贴申请的家庭，可按照规定的申请、审核程序申请租金补贴，取得租金补贴资格后，可按照核定的租金补贴金额享受租金补贴。租金补贴起始发放时间为提出租金补贴申请的次月。

六、租后管理

（一）按照保本微利的原则，租金将根据同类地段类似房屋市场价和承租家庭负担能力进行一定比例的下浮。

（二）承租家庭因家庭人口变化等原因需调整配租房屋的，可向公共租赁住房产权单位提出书面申请，经家庭原申请所在地区（县）住房保障管理部门复核，仍符合公共租赁住房申请条件的，区（县）住房保障管理部门提出调整意见。

（三）承租人在租赁期限内死亡的，经复核，家庭仍符合公共租赁住房申请条件的，家庭可按规定推举新的承租人与房屋产权单位重新签订租赁合同。家庭无共同申请人的，租赁合同自动终止。

（四）租赁合同期满后承租人需要续租的，应在合同期满前3个月向原申请所在地区（县）住房保障管理部门提出申请，经复核，仍符合公共租赁住房申请条件的，产权单位办理续租手续；不符合的不再续租，承租人应退出住房。

（五）承租家庭不符合承租条件但是暂时不能腾退承租住房的，租赁合同期满后给予2个月过渡期，过渡期内按同类地段类似房屋市场租金收取租金。过渡期届满后承租家庭仍不退出承租住房的，按房屋产权单位规定的标准收取租金，具体在租赁合同中约定；拒不退出行为记入信用档案。

（六）承租家庭自愿退出公共租赁住房的，承租人需向产权单位提出书面申请，办理相关腾房手续，在规定期限内腾退住房。公共租赁住房产权单位在与承租人解除租赁合同10个工作日内，应书面通知承租人原申请所在区（县）住房保障管理部门。

（七）个人通过购置、继承、受赠等方式取得其他住房的，在购买住房和申请房屋登记时，市住房城乡建设委将在住房保障信息系统中核对其申请保障性住房的信息。经核对，属于保障性住房申请过程中的家庭、已通过保障性住房资格审核但尚未配租配售的轮候家庭，以及已购买经济适用住房、承租公共租赁住房或廉租住房的，其购房和登记情况将通过住房保障信息系统反馈给市、区（县）住房保障管理部门，区（县）住房保障管理部门对其保障资格进行复核。

经复核，上述家庭不再符合相应的住房保障条件的，区（县）住房保障管理部门将作出停止申请受理、取消相应申请资格、责令退回已购已租相应保障性住房或停止发放租金补贴的决定，并组织家庭退出相应保障性住房。

（八）承租家庭有下列行为之一的，产权单位可与承租家庭解除租赁合同，收回住房：

1. 将承租住房转借、转租的；
2. 擅自改变承租住房居住用途的；
3. 连续6个月以上未在承租住房内居住的；
4. 连续3个月以上未按期交纳租金的；
5. 获得其他形式政策性住房保障的；
6. 其他违反租赁合同行为。

（九）不如实申报家庭住房等情况，骗租公共租赁住房的，由产权单位解除租赁合同，承租家庭应当退出住房并按房屋产权单位规定的标准补交租金；骗租行为记入信用档案，5年内不得申请政策性住房。

（十）连续三年通过摇号均未能入选的经济适用住房轮候家庭，或参加多次摇号均未能摇中且轮候三年以上的限价商品住房轮候家庭，区（县）住房保障管理部门在有房源供应时，可安排公共租赁住房配租解决住房过渡需求。

（十一）产业园区管理机构组织建设公共租赁住房，其建设计划、准入标准、申请、审核、公示、轮候、配租管理办法由园区管理机构制定，报区（县）人民政府核准后实施，并报市住房保障工作领导小组办公室备案。

（十二）外省市来京工作人员申请公共租赁住房的，由区（县）人民政府根据本地区实际制定审核、配租管理办法，报市住房保障工作领导小组办公室备案。

（十三）每月以"押一付一"的形式，将公共租赁住房家具租金与房屋租金一并支付。

【例：远洋沁山水公共租赁住房】

远洋沁山水公共租赁住房在全国首创家具产品自选模式，提供了多种家具和电器为租户选择。家具种类包括床、衣柜、沙发、茶几、餐桌、书柜、鞋柜、梳妆台等，家电包括冰箱、洗衣机、电视、空调（热水器免费安装）。租户可根据自己情况，自选所需家具项目。但不可人为恶意损坏家具家电，并出台配套的赔偿条款。

家具电器租金标准

注：以下表格含床垫等配件，部分家具如餐椅为多件。价格为每月租金（单位：元）

一居室配置方案				二居室配置方案			
电 器		家 具		电 器		家 具	
低端	中端	低档	中档	低端	中端	低档	中档
冰箱 21.61	冰箱 28.27	三人沙发 23.71	三人沙发 30.06	冰箱 21.61	冰箱 28.27	三人沙发 23.71	三人沙发 30.06
洗衣机 14.25	洗衣机 25.77	茶几 5.61	茶几 6.24	洗衣机 14.25	洗衣机 25.77	茶几 5.61	茶几 6.24

续表

一居室配置方案				二居室配置方案			
电器		家具		电器		家具	
低端	中端	低档	中档	低端	中端	低档	中档
电视 30.37	电视 34.91	餐桌 6.72	餐桌 9.46	电视 30.37	电视 34.91	电视柜 4.61	电视柜 6.55
空调 37.4	空调 37.4	餐椅 4.56*2	餐椅 5.07*2	空调 33.25*3	空调 33.25*3	餐桌 6.72	餐桌 9.46
		1.5米双人床 19.72	1.5米双人床 38.92			餐椅 4.56*3	餐椅 5.07*3
		床垫 10.79	床垫 13.8			1.5米双人床 19.72	1.5米双人床 38.92
		床头柜 2.8	床头柜 2.91			床垫 10.79	床垫 13.8
		梳妆台 7.3	梳妆台 7.3			1.2米单人床 18.89	1.2米单人床 18.89
		梳妆凳 2.33	梳妆凳 3.16			床垫 9.98	床垫 9.98
		三门衣柜 29.59	三门衣柜 29.59			床头柜 2.8*3	床头柜 2.91*3
		单门书柜 12.55	单门书柜 12.55			梳妆台 7.3	梳妆台 7.3
		鞋柜 9.61	鞋柜 9.61			梳妆凳 2.33	梳妆凳 3.16
						三门衣柜 29.01*2	三门衣柜 29.01*2
						鞋柜 9.61	鞋柜 9.61
合计 103.63	合计 126.35	合计 139.85	合计 173.74	合计 165.98	合计 188.7	合计 199.37	合计 235.93

七、常见问题

1. 单位集体户口是否等同于北京城镇户籍？

单位城镇户籍集体户口是北京市城镇户籍的一种形式，符合准入户籍要求。外地户籍人口因上学、服兵役来京不能作为申请人。

2. 重度精神残疾人员可否作为申请人？

不可以。家庭应推举一名具有完全民事行为能力的家庭成员作为申请人。重度精神残疾人员为限定行为能力人员，申请时需由其监护人代为申请。

3. 如果家庭配租的住房即将拆迁该怎么办？

如果家庭在市场中承租的住房即将拆迁，请自拆迁公告发布之日起，与房屋出租人解除租赁关系。家庭可以到市场中另外租赁住房，并到申请所在区（县）住房保障管理部门重新办理备案手续，不必重新办理资格审核。原房屋的出租人仍作为房屋的产权人或使用人享受拆迁补偿安置政策。

4. 由于一些原因，将户籍迁移到本市其他区，应如何变更申请？

申请家庭轮候期间申请家庭成员户籍在本市范围内迁移的，可向户籍迁出地街道（乡镇）住房保障管理部门书面提出保障资格跨区迁移申请。经街道（乡镇）、区（县）住房保障管理部门审核通过后，由户籍迁出区（县）住房保障部门在审核系统中办理跨区变更登记，并填写《跨区变更证明》，将申请家庭材料送到申请家庭迁入区（县）住房保障部门。迁入区（县）住房保障部门自收到《跨区变更证明》5个工作日内接收轮候家庭信息，将申请家庭材料转至户籍迁入街道（乡镇）住房保障管理部门，并向原户籍迁出区（县）住房保障管理部门反馈接收回执。家庭备案日期按照原初次备案日期为准，原登记编号不变。

轮候家庭办理保障资格跨区迁移后两年内不得再次办理保障资格跨区迁移手续。

5. 户口落在非直系亲属家或朋友家，单独申请时如何计算住房面积？

申请人户口落在非直系亲属家或朋友家，非直系亲属家或朋友家住房面积不计算申请家庭住房面积。

6. 如果申请人户口所在地与现居住地不同，并且两处住房均不在申请家庭成员名下，是申请家庭成员直系亲属自有或承租的住房，住房面积如何核定？

如两处住房为申请家庭成员直系亲属的，以户口所在地和居住地住房面积合并计算。

7. 申请家庭成员在京外有住房的，是否核定住房面积？

申请家庭成员在京外住房不需计入申请家庭成员的住房面积。自有产权住房核定房产净值，申请家庭需出具有资质的评估机构关于京外住房净值的评估报告。

8. 借住单位公房，本人与单位无任何关系，且不交房租，如何认定住房面积？

承租关系未解除前计入家庭住房面积；若承诺腾退单位公房后，此处住房不计入家庭住房面积。

9. 家庭人均住房面积如何计算？

家庭人均住房面积计算公式为：申请人户口所在地现居住住房面积÷其所在住房同一《租赁合同》或《房屋所有权证》下的长期共居户籍人口（共居人口在他处有住房除外）＋申请家庭成员他处住房面积÷申请家庭人口。

10. 房屋产权为多人共有的，如何认定资产和住房面积？

申请人房屋为共有产权的，应由产权共有人经到公证处办理析产公证，明确各自所占份额后，按析产后产权份额计入申请人住房面积，并核定该部分住房折算的家庭资产。

11. 申请保障性住房2013年最新政策是什么？

依据《北京市住房和城乡建设委员会关于进一步完善我市保障性住房申请、审核、分配政策有关问题的通知》（建法〔2013〕5号），为进一步简化我市保障性住房申请、审核程序，完善保障性住房分配政策，加快解决本市城镇中低收入家庭住房困难，推动住房保障方式向"租售并举、以租为主"转变，促进本市住房保障事业健康、持续发展，依据有关文件精神，经市政府批准，我市实行保障性住房统一申请、审核。

保障性住房申请家庭，统一填写《北京市保障性住房申请家庭情况核定表》，并递交相关证明材料。符合廉租住房保障条件的，在提出保障性住房申请时，应同时提供符合廉租住房条件的相关证明材料，由街道办事处（乡镇人民政府）住房保障管理部门在《北京市保障性住房申请家庭情况核定表》中做相应标注和说明。

12. 保障性住房是否改为统一填写申请表，最新的申请标准是什么？

是的，统一填表《北京市保障性住房申请家庭情况核定表》，申请资格按照《北京市公共租赁住房申请、审核及配租管理办法》（京建法〔2011〕25号）规定的公共租赁住房准入标准、审核程序进行审核，审核通过并获得备案资格的家庭，纳入住房保障范围。

其中，廉租家庭需注明并提交相关证明材料。

13. 统一申请保障性住房时，廉租家庭能否备注？

可以的。符合廉租住房保障条件的家庭，在提出保障性住房申请时，应同时提供符合廉租住房条件的相关证明材料，由街道办事处（乡镇人民政府）住房保障管理部门在《北京市保障性住房申请家庭情况核定表》中做相应标注和说明。

第二章 廉租住房

一、廉租住房概念

廉租住房是指政府或机构拥有，以租赁住房补贴或实物配租的方式，向符合城镇居民最低生活保障标准且住房困难的家庭提供社会保障性质的住房。廉租住房的保障对象为城市低收入住房困难家庭中没有购房支付能力的家庭。

租赁住房补贴方式，是指住房保障管理部门向符合条件的申请家庭，按照规定的标准发放住房租金补贴，由其到市场上租赁住房。

实物配租方式，是指住房保障管理部门向符合条件的申请家庭提供住房，并按照其家庭收入的一定比例收取租金。

对已承租公房的低收入家庭，按现行有关规定实行租金减免政策。

实施廉租住房保障，主要通过发放租赁补贴，增强城市低收入住房困难家庭承租住房的能力。廉租住房紧缺的城市，通过新建和收购等方式，增加廉租住房实物配租的房源。

实物配租的廉租住房来源主要包括：（一）政府新建、收购的住房；（二）腾退的公有住房；（三）社会捐赠的住房；（四）其他渠道筹集的住房。

二、申请条件

（一）申请人必须具有本市城镇户籍，在本市生活。

（二）城六区（东城区、西城区、朝阳区、海淀区、丰台区、石景山区）居民申请廉租住房家庭上年人均月收入连续一年低于960元。（即人均年收入低于11520元。申请家庭每增加1人，按每月增加960元计算）。远郊区（县）居民申请廉租住房家庭上年人均月收入连续一年低于740元（通州区同城六区，为960元）。

1. 申请家庭成员之间应具有法定的赡养、扶养或者抚养关系，包括申请人及其配偶、子女、父母等。低保申请家庭成员按民政部门核发的《北京市城市居民最低生活保障金领取证》上标明的人口认定；不属于低保的其他申请家庭成员按下列人员认定：

（1）配偶；

（2）父母；

（3）未成年子女；

（4）已成年但不能独立生活的子女；

（5）父母双亡且由祖父母或者外祖父母作为监护人的未成年或者已成年但不能独立生活的孙子女和外孙子女；

（6）根据此原则和有关程序认定的其他人员。

2. 重残人员家庭1人户按2人计算。

3. 申请廉租住房时若申请人曾离婚，离婚年限原则上应满三年。

4. 申请家庭成员申请之日前三年内迁移户口（不含从集体户口迁出）的，应提供户口迁出地住房情况证明。

（三）申请家庭总资产净值为1人户家庭低于15万元，2人户低于23万元，3人户低于30万元，4人户低于38万元，5人户及以上低于40万元。

1. 家庭收入

家庭成员申请当月前12个月的全部家庭收入总和，包括工资、奖金、津贴、补贴、各类保险金及其他劳动收入、储蓄存款利息等。

2. 家庭总资产净值

家庭成员名下的房产、汽车净值及现金、有价证券、投资（含股份）、存款、借出款等。家庭总资产净值中除拆迁补偿款及房屋折价外，现金、有价证券、投资（含股份）、存款、借出款等项之和不能超过民政部门规定的社会救助对象家庭收入的认定标准。

（1）家庭成员在本市住房的净值，由审核部门按市地税部门发布的同地段北京市已购公房再上市最低计税基准价格确定（登陆 http://www.bjjs.gov.cn 查阅），或由审核部门依据申请家庭委托有资质专业评估机构出具评估报告确定。

（2）家庭成员名下拥有的汽车净值可参考汽车市场发布的二手车辆成交价格或通过汽车重置价格及使用年限折旧确定（登陆 http://www.bjjs.gov.cn 查阅），或由申请家庭委托有资质的专业评估机构出具评估报告确定。

（3）家庭成员与企业解除劳动合同后领取的各种一次性补偿金、安置费以及离（退）休后一次性领取住房公积金等一次性费用核定为家庭资产，不计入家庭上年收入。

3. 家庭上年收入按照家庭申请之日前12个月的收入总和计算，学习毕新参加工作的申请家庭成员工作不足12个月的，不足月份的收入按照有收入月份的月收入均值计算。

4. 家庭成员按照规定由单位代缴的住房公积金和各项社会保险统筹费不计入家庭收入。

（四）家庭住房人均使用面积低于7.5平方米。

1. 家庭住房指申请家庭成员名下承租的公有住房和拥有的私有住房，家庭人均住房使用面积按申请家庭成员住房使用面积之和除以申请家庭人口计算。

2. 申请家庭按市场价租住他人住房的，需提供承租房屋产权证明或签订的房屋租赁合同；申请家庭借住他人住房的，需提供房屋借用情况证明，由街道（乡镇）工作人员通过调查方式对其住房进行核定。

3. 家庭住房是指全部家庭成员名下承租的公有住房和拥有的私有住房，住房面积按照使用面积计算。承租公有住房的，使用面积按《公有住房租赁合同》上标明的计租面积为准；居住私产住房的，以《房屋所有权证》上标明的建筑面积除以1.333计算。申请家庭现有2处或2处以上住房的，住房面积应合并计算。下列房屋面积纳入申请家庭住房面积核定范围：

（1）全部家庭成员自有私房（含已购公有住房）；

（2）全部家庭成员按照本市规定租金标准承租住房；

（3）全部家庭成员拆迁待安置的住房；

（4）全部家庭成员在集体土地上自有的正式住房。

4. 家庭人均住房面积计算公式：申请人户口所在地现居住住房面积÷其所在住房同一《租赁合同》或《房屋所有权证》下的长期共居户籍人口（共居人口在它处有住房除外）＋申请家庭成员它处住房面积÷申请家庭人口。

5. 申请家庭居住在自建房内、单独立户，且他处无正式住房的，自行拆除自建房或承诺配租后自行拆除，可申请廉租住房。

6. 申请家庭将原住房腾退给区（县）住房保障管理部门后，可按无房户配租廉租住房；申请家庭住用其父母、子女自有或承租的住房，家庭人均住房使用面积符合廉租住房申请标准的，可按全额配租廉租住房。

7. 申请家庭出售自有住房或将自有住房赠与他人后申请廉租住房时，申请家庭出售或赠与住房办理房屋转移登记手续年限须满三年，起始日期以《房屋所有权证》记载的登记日期（填发日期）或完税时间为准。

8. 家庭成员在拆迁补偿安置协议或定向安置协议中已明确作为安置对象予以安置的，安置住房面积核定为家庭住房面积。

9. 家庭成员购买的非住宅类房屋不计入家庭住房面积，计入家庭资产净值。申请家庭成员在本市的房屋资产净值由审核部门按北京市住房和城乡建设委员会定期发布的同地段房屋再上市指导价格确定,或由审核部门依据申请家庭委托的有专业评估资质的机构出具的评估报告确定。

10. 家庭成员已签定购房合同的住房计入家庭住房面积。申请家庭成员宅基地上自有住房计入申请家庭住房面积。不符合规划要求的自建住房,拆除后不计入住房面积核定。

表 2-1　廉租住房准入标准

区（县）	家庭人均月收入（元）	人均住房使用面积（m²）	家庭资产不超过（万元）				
			1人户	2人户	3人户	4人户	5人户及以上
城六区	960	7.5	15	23	30	38	40
门头沟区	740	7.5	15	23	30	38	40
房山区	740	7.5	15	23	30	38	40
通州区	960	7.5	15	23	30	38	40
顺义区	740	10	11	16	21	26	28
昌平区	740	10	10	20	25	30	35
大兴区	740	7.5	12	18	24	30	32
怀柔区	740	7.5	11	16	21	26	28
平谷县	740	7.5	12	18	24	30	32
密云县	740	10	6	10	16	20	25
延庆县	740	7.5	9	13.5	18	22.5	24

三、审核程序

根据《关于进一步完善我市保障性住房申请、审核、分配政策有关问题的通知》(京建法〔2013〕5号),自2013年4月19日起,保障性住房申请家庭统一填写《北京市保障性住房申请家庭情况核定表》(附录2),并递交相关证明材料。符合廉租住房保障条件的,在提出保障性住房申请时,同时提供符合廉租住房条件的相关证明材料,由街道办事处(乡镇人民政府)住房保障管理部门在《北京市保障性住房申请家庭情况核定表》中做相应标注和说明。

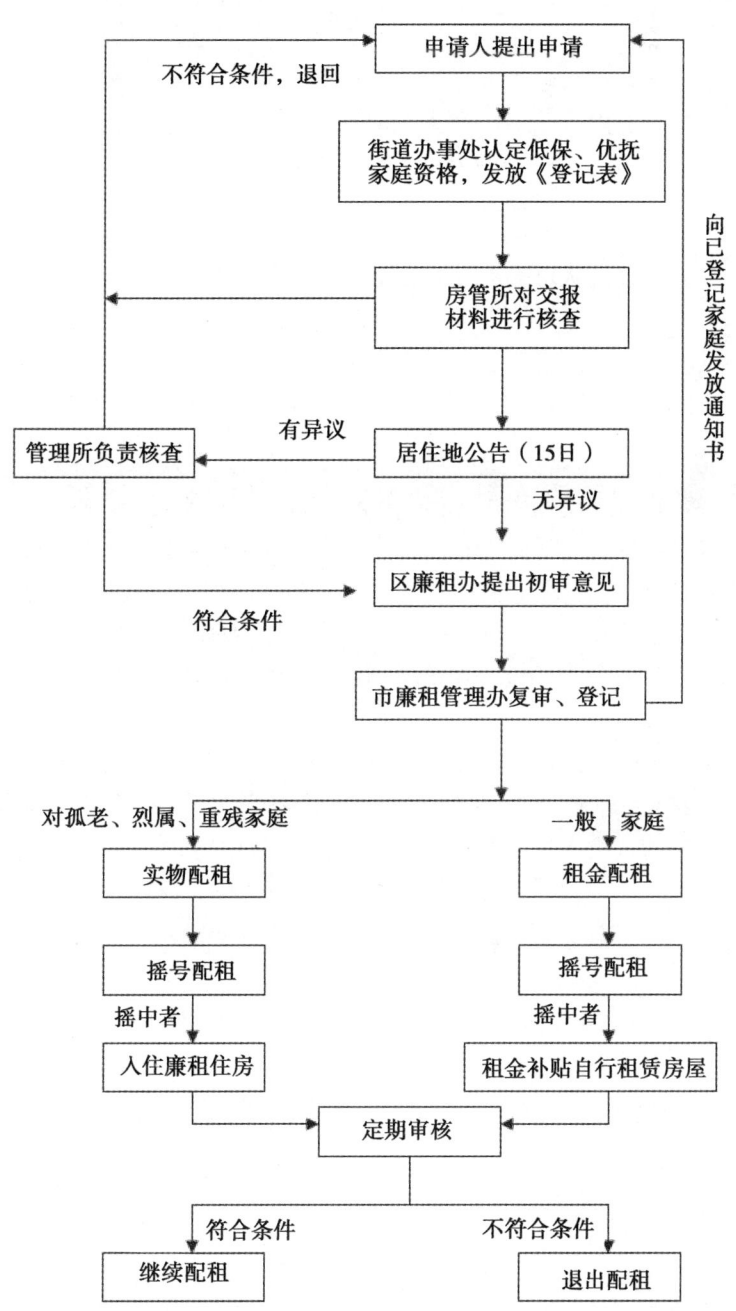

图 2-1 北京市城镇廉租住房申请登记流程图（低保、优抚家庭）

（一）申请

1. 申请家庭应由户主作为申请人；户主不具有完全民事行为能力的，申请家庭推举一名具有完全民事行为能力的家庭成员持相关证件向其户口所在地的街道办事处提出申请。申请人为非户主的，还应当出具其他具有完全行为能力的家庭成员共同签名的书面委托书。凡人户分离的家庭，必须将户口迁入现居住地，方可申请廉租住房。

2. 廉租住房申请人需提供以下材料：

（1）按要求填写的《北京市保障性住房申请家庭情况核定表》（一式两份）；

（2）申请人及家庭成员身份证（正反面印在一张纸上）；

（3）申请人及家庭成员户口簿（首页、本人页、变更页印在同一纸张上，正面是首页和本人页，背面是变更页）；

（4）外省市在京工作人员提供本市公安机关出具的同期暂住证明；

（5）已婚家庭成员的婚姻状况证明，离异的提供离婚证或法院判决书；

（6）《房屋租赁合同》、《房屋所有权证》或房屋产权单位的证明，包括申请家庭地址、户口所在地地址、户口迁入本地原地址及他处住房等；

（7）夫妇双方一方户口不在申请所在地的，需提供其户口所在地的住房证明；

（8）家庭成员工作单位或街道办事处（乡镇政府）出具的收入证明，离退休人员需提供由管理部门出具的领取离退休费的有关凭证，失业人员需提供由管理部门出具的领取失业保险金期限、标准的证明；

（9）申请人及家庭成员提供社保部门出具的缴存人申请前12个月社会保险缴纳信息凭证，如：《社会保险个人缴费信息对帐单》或《参保职工四险缴费情况表》等；

（10）申请人及家庭成员提供的公积金管理部门出具的缴存人申请前12个月《住房公积金缴存个人信息》，或受托银行经办网点为缴存人打印并加盖"住房公积金结息对账专用章"的《住房公积金查询书》、《住房公积金个人账户明细》、"住房公积金对帐簿"；

（11）申请人及家庭成员申请前12个月个人所得税完税凭证，包括完税证、缴款书、代扣代收税款凭证或个人所得税完税证明；申请家庭成员无法提供上述材料的，须出具未参加社会保险缴费、未缴存住房公积金或未缴纳个人所得税的书面承诺；

（12）申请人与本市工作单位签订的含申请时点的劳动（聘用）合同、国家机关或事业单位公务员录用证明；

（13）本市工作单位提供的加盖公章的就业单位资料复印件；

（14）原住房已经拆迁的，需提供拆迁补偿协议；

（15）申请家庭成员有重残人员的，需提供本市区（县）残联出具的重残证明；

（16）申请家庭成员中有患大病的，需提供本市区（县）级医疗机构出具的大病诊断证明；

（17）劳模家庭需提供市总工会出具的省部级劳动模范证明；

（18）成年孤儿提供本市民政部门出具的成年孤儿安置证明；

（19）申请廉租补贴资格的家庭，需提供民政部门核发的低保、低收入证明，无民政部门核发的相关证明的，由低收入家庭成员工作单位或街道办事处（乡镇政府）出具收入证明。

（20）需要提供的其他证明材料。

（上述材料需提供原件检验，留存复印件一式两份，采用 A4 纸可正反面复印。）

3. 街道（乡镇）住房保障管理部门收到申请家庭交报的材料后，应当及时做出是否受理的决定，并向申请人出具书面凭证。

符合标准的，受理部门向申请人出具《受理通知书》。

申请材料不齐全或者不符合法定形式，可以当场更正错误的，允许申请人当场更正；不能当场更正的，应当在 5 日内向申请人出具《补正材料通知书》，一次性书面告知申请人需要补正的全部内容，并将申请材料退回申请人。

申请事项不属于受理机关职权范围或者无需取得行政许可的，向申请人出具《不予受理决定书》。

受理时间从申请人补齐材料的次日起计算；逾期不告知的，自收到材料之日起即为受理。

受理时间表见表 2-2。

（二）初审

接受申请人的受理后，由街道（乡镇）住房保障管理部门对申请家庭收入、资产、人口和住房状况进行初审。初审工作按照以下程序进行：

1. 审核材料

街道（乡镇）住房保障管理部门根据申请家庭交报的材料完成对家庭人口、住房面积、家庭收入、家庭资产等情况的审核，核查原件，留存复印件。

上述申请所需材料，住房保障管理部门在审核备案过程中发现申请家庭成员能够提供但未提供的，按照瞒报家庭申请情况处理。

申请家庭户籍地址与实际居住地址不一致的，家庭户籍所在地街道（乡镇）住房保障部门受理申请后，可提出由申请家庭实际居住地街道（乡镇）

住房保障部门协助调查。申请家庭户籍所在地街道（乡镇）住房保障部门出具的《协助调查函》和《申请家庭初审公示》后，通过快递方式送到申请家庭实际居住地街道（乡镇）住房保障部门，实际居住地街道（乡镇）住房保障部门自收到《协助调查函》10 个工作日内开展入户调查和实际居住地公示工作，填写《入户调查表》。

2. 入户调查

街道（乡镇）住房保障管理部门与其他相关部门组成入户调查小组，对申请家庭的住房面积、实际居住人口、家庭资产情况进行实地调查，入户调查人员不得少于 2 人，由入户人员填写调查情况。

3. 组织评议

街道（乡镇）住房保障管理部门组织相关单位对申请家庭的收入、住房及资产情况进行评议，由经办人填写《评议记录》。

4. 公示

街道（乡镇）住房保障管理部门在正式受理申请家庭材料后 20 个工作日内，完成材料审核、入户调查和组织评议工作。经审核符合申请条件的，街道（乡镇）住房保障管理部门应当在申请人户口所在地、居住地及工作单位对申请家庭的人口、住房、收入、资产等情况进行公示，期限为 10 日。

经公示无异议或者异议不成立的，街道（乡镇）住房保障管理部门在申请家庭的《核定表》中签署初审意见、提出初步的配租方案，将申请家庭的资料录入申请审核管理系统，并在 2 个工作日内将申请家庭的书面申请材料上报区（县）住房保障管理部门。

经公示提出异议的，由街道（乡镇）住房保障管理部门会同有关单位在 10 日内完成复查，并对不符合申请条件的家庭书面告知原因；经复查符合申请条件的，按规定办理。

（三）复审

区（县）住房保障管理部门自收到申请材料之日起 10 个工作日内完成对申请资料的复审，符合条件的，确定配租方案。在区（县）政府网站或规定的范围内对申请家庭人口、住房、收入、资产情况及配租方案进行公示，期限为 5 日。

复审及公示无异议的，由区（县）住房保障管理部门对申请家庭的资格进行认定，并在申请家庭《核定表》上签署意见、盖章后，在 2 个工作日内上报市住房保障管理部门备案。

复审及公示有异议的，由街道（乡镇）住房保障管理部门会同有关单位在 10 日内进行复查，并对不符合申请条件的家庭书面告知原因；符合条件的，按前款规定办理。

市住房保障管理部门自接到区（县）住房保障管理部门上报材料之日起8个工作日内完成备案工作，并在2个工作日内向区（县）住房保障管理部门下发备案通知。由街道（乡镇）住房保障管理部门向符合条件的家庭发放《北京市城市廉租住房资格审核及配租通知单》（附录11）。

市、区（县）、街道（乡镇）住房保障管理部门在审核过程中，因申请家庭提供的要件不全需补交材料的，所需时间不计入审核时限。

表2-2 受理时间表

程 序	事 项	受理时间规定（天）
初审（街道/乡）	通知补全	5
	审核、调查、评议	20
	公示	10
	无异议，上报/有异议，复查	2/10
复审（区/县）	区级复审	10
	公示	5
	无异议，上报/有异议，复查	2/10
备案通知（市）	市级备案	8
	下发通知	2
总计		64

注：根据《北京市人民政府关于印发北京市城市廉租住房管理办法的通知》（京政发〔2007〕26号）及《关于北京市廉租住房、经济适用住房和限价商品住房申请审核有关问题的通知》（京住综字〔2008〕35号）核定。

（四）备案

1. 符合廉租住房申请条件家庭向户籍所在地街道办事处或乡镇政府提出申请时，需填写家庭情况核定表及申请材料一式两份。区（县）、街道（乡镇）两级住房保障管理部门各留存一份。

全体申请家庭成员申请时应提供居民有效身份证件。无法提供居民身份证件的，须提供户籍所在地户籍管理部门或军队团级以上部门出具的证明材料，标明身份证件号码。

2. 各街道（乡镇）、区（县）住房保障管理部门应严格按照审核程序和时限完成对申请家庭的初审和复审工作。区（县）住房保障管理部门完成复审后上报市住房城乡建设委。市住房城乡建设委按照规定时限完成备案审查，并下发《备案结果通知书》（附录11），加盖行政审批专用章。

3. 各区（县）住房保障管理部门接到《备案结果通知书》后，应在《北京市城市居民申请廉租住房家庭情况核定表》的"备案情况"栏中加盖"已备案"或"不予备案"印章。印章标准：章长 3.5cm，章宽 1.0cm，用一号仿宋字体。

通过备案的家庭，由区（县）住房保障管理部门通知街道（乡镇）住房保障管理部门在 10 个工作日内向符合条件的申请家庭发放《北京市城市廉租住房资格审核及配租通知单》。未通过备案的，发放《不予备案通知单》（附录11）。

四、租房补贴配租管理

（一）补贴对象

同时符合以下条件的家庭可申请廉租住房住房补贴：

1. 家庭月人均收入低于本市当年城市居民最低生活保障标准，并且经本市民政部门批准、连续享受本市城市低保待遇一年以上的城市低保家庭；或具有本市非农业常住户口、持有本市民政部门认定的优抚对象身份证明的家庭。

2. 家庭人均住房使用面积 7.5（含）平方米以下。

（二）补贴标准

1. 由政府统一管理的廉租住房实物配租租金按照使用面积计租。

2. 城六区廉租家庭租房补贴金额按下列公式计算：

低保家庭月租房补贴数额＝每平方米月补贴额×（人均住房保障面积标准－人均现住房使用面积）×配租家庭人口。

其他低收入家庭月租房补贴数额＝每平方米月补贴额×（人均住房保障面积标准－人均现住房使用面积）×配租家庭人口－（家庭人均月收入－北京市城市低保标准）×配租家庭人口。

上述公式计算每户计发的租房补贴数额不足月租房补贴最低限额标准的，按月租房补贴最低限额标准计；高于月租房补贴最高限额标准的，按月租房补贴最高限额标准计。

远郊区（县）廉租家庭按各自区（县）的标准计算月租房补贴金额、月租房补贴最低限额及最高补贴限额。

3. 北京市城六区廉租住房租房补贴标准为每平方米使用面积每月 40 元，城六区廉租家庭月租房补贴最低限额为 550 元，月租房补贴最高限额为 1500 元。市、区（县）两级财政按 8∶2 的比例拨付廉租家庭租房补贴资金。

4.《北京市住房和城乡建设委员会关于调整本市社会救助相关标准后做

好住房保障相关衔接工作的通知》规定，自 2013 年 1 月起，本市城市低保标准由家庭人均月收入调整为 580 元，租房补贴公式中的取值应做出相应调整。

5. 在此之前已通过租房补贴资格审核，但未租到住房的家庭，可持《北京市廉租住房租房补贴通知单》到户口所在地的住房保障管理部门按调整后的标准申请核发租房补贴。

6. 对已通过租房补贴资格审核，并已签订《北京市城镇廉租住房租赁合同（租房补贴协议）》的廉租家庭，在合同履行期内对租房补贴标准不作调整。合同到期重新签订《北京市城镇廉租住房租赁合同—租房补贴协议》时再按调整后的租房补贴标准核发租房补贴。

（三）补贴申请

申请廉租住房的家庭按属地管理的原则，以家庭为单位，由申请人向户口所在地的区廉租住房管理部门提出书面申请，同时提交以下材料：

1. 申请家庭提出的书面申请；
2. 民政部门核发的《北京市城市居民最低生活保障金领取证》或优抚证明。（优抚证件包括：《革命烈士证明书》、《革命军人因公牺牲证明书》、《革命军人病故证明书》、《革命伤残军人证》、《定期抚恤领取证》、《定期补助领取证》）；
3. 申请家庭及同户籍家庭成员户口本（首页、本人页、变更页）；
4. 申请家庭及同户籍家庭成员身份证；
5. 申请家庭成员户口不在申请地址的，由申请家庭所在街道或居委会出具长期居住证明；
6. 夫妻双方应提供结婚证明，离异的提供离婚协议书或法院判决书；
7. 残疾人需提供残疾证。重残家庭须提供重残证明；
8. 《北京市公有住房租赁合同》、《房屋所有权证》或其他房屋证明，提供的房屋证明包括申请家庭地址、户口所在地地址、户口迁入本地原地址及他处住房等；
9. 夫妇双方有一方户口不在申请所在地的，须提供其户口所在地的住房证明；
10. 原住房拆迁的家庭须提供《拆迁补偿协议书》；
11. 其他相关资料。

（上述材料申请人员均需提供原件及复印件，复印件采用 A4 纸。）

（四）补贴发放

1. 已确定为租房补贴的家庭应在 6 个月内落实租赁房屋，并与房屋出租人签订《北京市城市廉租住房租赁合同－租房补贴协议》，双方当事人将合同报廉租住房申请人户口所在区（县）住房保障管理部门备案后，区（县）住房保障管理部门向房屋出租人发放《北京市廉租住房租房补贴发放通知单》，房屋出租人持《北京市廉租住房租房补贴发放通知单》和身份证件到住房保障管理部门指定的地点按月领取补贴资金。

2. 配租家庭所租房屋实纳租金超过家庭月租房补贴数额的，超出部分由配租家庭自行承担；低于月租房补贴数额的，按实际发生额发放租房补贴。

3. 每月 15 日（含）前签订租赁合同并备案的，房屋出租人可从当月领取租房补贴；15 日后签订租赁合同并备案的，房屋出租人从次月开始领取租房补贴。

4. 自 2008 年 6 月 16 日起原由北京住房公积金管理中心为房屋出租方统一办理中国工商银行活期储蓄存折改为由房屋出租方提供存折账号，北京住房公积金管理中心直接向房屋出租人账户中按月拨付补贴资金。

各区住房保障管理部门向房屋出租人发放《北京市廉租住房租房补贴发放通知单》时，须告知房屋出租人携带户名为本人的中国工商银行活期储蓄存折原件及存折首页复印件、身份证件及复印件到指定地点办理租房补贴领取手续；北京住房公积金管理中心城六区第一管理部在办理租房补贴发放手续时，应认真核对出租人提供的《北京市廉租住房租房补贴发放通知单》、中国工商银行活期储蓄存折原件、身份证件，核对无误后留存存折首页复印件及身份证复印件。

五、实物配租管理

（一）配租对象

1. 符合基本申请条件规定的老人、严重残疾人员（以下简称重残人员）、患有大病人员和承租危房及面临拆迁的家庭可以申请实物配租。实物房源不足时，可采取租房补贴方式过渡。

（1）老人是指申请家庭成员中至少有 1 人年满 60 周岁以上（含 60 周岁）；

（2）重残人员是指申请家庭成员中有经残联鉴定为重度残疾人员；

（3）患有大病人员家庭是指申请家庭成员中患有以下病症或做过以下手术：具体指慢性肾衰竭（尿毒症）、恶性肿瘤、再生障碍性贫血、慢性重型肝炎、心脏瓣膜置换手术、冠状动脉旁路手术、颅内肿瘤开颅摘除手术、重大器官移植手术、主动脉手术等。家庭成员是否患有上述病种，需要出示医疗机构提供的证明；

（4）承租危房是指申请家庭承租的住房经有资质的房屋安全鉴定机构鉴

定为危险房屋。

面临拆迁是指申请家庭居住房屋已列入区（县）建委（房管局）核发房屋拆迁许可证确定的拆迁范围内，并已在拆迁范围内发布拆迁公告。

2. 符合本市廉租住房申请条件，且符合以下情形之一的家庭可以申请实物配租：

（1）连续享受城市居民最低生活保障两年及以上的家庭；

（2）家庭收入连续两年低于本市城市低收入家庭认定标准，并且成员中有55周岁（含）以上男性或50周岁（含）以上女性；

（3）家庭成员中有严重残疾人员；

（4）家庭成员中有患大病人员；

（5）家庭住房为危房，且无其他住房；

（6）家庭住房已拆迁，且无其他住房；

（7）其他经住房保障部门认定的确需解决的住房困难家庭。

实物配租是指政府部门利用新建、收购的住房或以腾退的直管公房向上述家庭配租。

（二）配租标准

1. 向廉租家庭配租实物住房的人均住房使用面积原则上不超过人均住房保障面积标准。住房分配考虑家庭代际、性别、年龄结构和家庭人口数量等因素，全额保障标准见表2-3。

表2-3 配租标准

家庭人口	家庭构成	配租居室
1人	单身（未婚、离异、丧偶）	单间平房
2人	夫妻、同性单亲家庭	1居室
	异性单亲家庭（子女年满10周岁）	2居室或两间平房
3人	夫妻及子女或夫妻一方父母	2居室或两间平房
	祖孙三代	
4人	两对夫妻、夫妻及两单身同性子女	3居室
	夫妻及两单身异性子女（年满10周岁）	
5人以上	夫妻、子女及夫妻一方父母	
	3居室或根据家庭人口、性别、年龄结构确定配租住房	

2. 由政府统一管理的廉租住房实物配租租金按照使用面积计租。可按照

廉租家庭总收入的一定比例确定租金标准;也可参照廉租住房的各项成本及市场租金水平实行政府定价,并根据家庭收入不同实行差别补助。

3. 人均住房使用面积 10 平方米(包括原住房面积)。实物配租家庭补差面积不足 10 平方米的,原则上实行租金补贴。

4. 折旧费和利息按照房屋预定使用期限采取资本还原法计算,可适当预估部分残值;维修费是房屋预定使用期限内正常使用所必须的修理、养护等费用,包括小修和中、大修两部分;管理费是指实施房屋管理所需人员、办公等正常开支等费用(含物业服务费用)。

5. 承租家庭实缴月租金计算公式如下:

家庭实缴月租金=月租金标准×配租房屋建筑面积×(1-补贴系数)+(家庭人均月收入-低保收入线)×负担系数×标准配租人口。

其中,月租金标准=月标准租金×(1+调节系数);标准配租人口为一居室 2 人、二居室 3 人。承租家庭应缴月租金、实缴月租金应在租赁合同中明确。

6. 当廉租家庭因收入、资产、住房、人口等因素发生变化,不符合廉租住房承租条件,但又不能腾退廉租住房时,按标准租金或市场租金缴纳房租。

7. 承租家庭应缴租金具体计算公式为:

月租金=月标准租金×配租房屋建筑面积×(1+调节系数)。

8. 标准租金按照折旧费、维修费、管理费、利息等因素并参照同类地段类似房屋市场租金水平确定;调节系数按照廉租实物住房的楼层、朝向等因素确定,原则上不超过±4%。

9. 廉租实物住房项目标准租金和调节系数由市住房保障管理部门会同相关部门测算后发布。

廉租房租金调节系数、补贴系数、负担系数见表 2-4。

表 2-4 廉租房租金调节系数、补贴系数、负担系数表

1. 租金调节系数		
因素	项目	调节系数
居室朝向	南、北	3%
	南、东、南	2%
	东、西、南	0
	北、东、北	−1%
	东、西、西、北	−2%
	西	−3%

续表

因素		项目	调节系数
楼层	无电梯	一层	−2%
		二层	0
		三、四层	2%
		五层	1%
		六层	−2%
	有电梯	一层、顶层	−3%
		二层	−2%
		三层	−1%
		四、五层	0
		六层及以上	1%

2. 补贴系数为 0.95，负担系数为 0.1。

（三）轮候配租

1. 对符合承租廉租实物住房条件的家庭实行轮候配租制度。轮候期间，申请家庭收入、人口、住房、资产等情况发生变化，申请人应当及时告知街道（乡镇）住房保障管理部门。经审核后，街道（乡镇）住房保障管理部门应上报区（县）住房保障管理部门，并对变更情况进行登记，不再符合申请条件的，由区（县）住房保障管理部门取消轮候资格。

2. 区（县）住房保障管理部门定期通过摇号方式确定实物配租家庭：

（1）确定配租家庭数量

区（县）住房保障管理部门根据每年筹集房源数量决定实物配租的家庭户数。

（2）摇号配租

区（县）住房保障管理部门根据配租住房面积（户型）将申请家庭分成不同组别，并根据申请家庭的住房困难程度等因素进行排队，按照配租数量的一定比例确定参加摇号的家庭范围。区（县）住房保障管理部门向中选家庭发放《北京市廉租住房实物配租摇号结果通知单》。

申请家庭根据区（县）住房保障管理部门提供的房源，按照摇号结果顺序选房，填写《北京市廉租住房实物配租选房确认单》。

申请家庭放弃选房的，须重新轮候，由后续家庭依次递补。两次放弃选房的，须进行重新申请。

同一家庭参加3次摇号均未能选中住房的，区（县）住房保障管理部门可直接为其配租。

原住房已拆迁尚未落实房源的家庭，按"三级审核、两级公示"的审核程序通过廉租住房实物配租资格审核的，可优先配租。

已按"三级审核、两级公示"的审核程序通过廉租住房实物配租资格审核的家庭，轮候期间原住房已拆迁，经区（县）建委（房管局）认定，资产符合准入条件的，可优先配租廉租实物住房。

区（县）住房保障管理部门组织摇号活动应公开透明，可邀请人大代表、政协委员以及新闻媒体参加，接受社会监督。摇号排序结果及选房结果应在一定范围内予以公布。

（3）发放通知

申请家庭选房确认后，区（县）住房保障管理部门为选房家庭发放《北京市廉租住房实物配租通知单》。其中需要退出原住房的配租家庭，须与区（县）住房保障管理部门办理原住房退出手续。

（四）租后管理

1.廉租住房申请家庭成员承租公有住房或拥有私有住房的，配租廉租实物住房时须将原承租的公有住房或拥有的私有住房腾退给区（县）住房保障管理部门或其指定机构。

原住房为公房的，区（县）住房保障管理部门或其指定机构与产权单位办理承租关系变更手续；原住房为私房的，由区（县）住房保障管理部门或其指定机构收购。腾退原住房的，按全额保障面积标准配租或发放租房补贴；不腾退原房的，按差额保障面积标准配租或发放租房补贴。

2.申请家庭选房确认后，区（县）住房保障管理部门为选房家庭发放《北京市廉租住房实物配租通知单》。其中需要退出原住房的配租家庭，须与区（县）住房保障管理部门办理原住房退出手续。

3.区（县）住房保障管理部门在为符合廉租住房实物配租条件的家庭办理廉租实物住房入住手续之日起30日后停发其租房补贴。

4.申请家庭凭《北京市廉租住房实物配租通知单》与廉租住房产权单位签订《北京市城市廉租住房实物配租租赁合同》。合同应当明确廉租住房情况、租赁期限、房屋面积、租金标准、权利、义务、腾退住房方式及违约责任等内容。承租人应当按合同约定的标准缴纳租金，并按约定的期限腾退原有住房。

5.合同租期一般不超过5年。合同期满需继续承租的，承租家庭应在合同期满前3个月向区（县）住房保障管理部门提出申请，经审核符合条件的，与产权单位续签租赁合同。

6.承租家庭因收入、资产、住房、人口等因素发生变化，不符合廉租住房承租条件的，区（县）住房保障管理部门应及时会同产权单位核减或停止计发租房补贴；承租家庭应主动腾退住房，不能腾退的，要按照同类地段类似房屋市场租金标准向产权单位缴纳租金。

未按约定办理上述腾退或交款手续的，或逾期不签订《北京市城市廉租住房实物配租租赁合同》的，视为放弃本次廉租住房实物配租资格。

六、租金减免

（一）租金减免对象和标准

1. 下列人员家庭承租北京城镇公有住房，在规定住房面积标准以内部分可申请租金减免：

（1）离休干部家庭（以下简称离休干部）和按照《劳动人事部关于建国前参加工作的老工人退休待遇的通知》（劳人险〔1983〕3号）规定享受原标准工资100%退休费的退休工人家庭（以下简称老退休工人），新增租金超过其本人及配偶增发补贴的部分免交。

新增租金是指2000年4月1日提租后新增加的租金（下同）。

（2）享受国家定期抚恤补助待遇的优抚户和享受城市居民最低生活保障待遇的家庭，其新增租金免交。

（3）家庭人均月收入高于273元、低于400元（含）的居民家庭，房租超过其家庭月总收入10%的部分免交。

（4）其他家庭，房租超过其家庭月总收入15%的部分免交。

家庭收入是指家庭中具有北京市城镇居民常住户口并同住一年以上成员收入的总和。包括：工资、奖金、津贴、补贴及其他劳动收入；储蓄存款及利息、股票等有价证券及红利；亲属的赡养费和抚养费及继承的遗产、遗赠；离退休金、失业救济金；房屋出租收入；其他应计入的家庭收入。

2. 对职工家庭住房超过规定面积标准的部分不予租金减免。

职工家庭享受租金减免的住房面积，行政机关和比照行政机关管理的单位职工，按其家庭成员中职级最高一方规定的职级住房面积标准计算。职级住房面积标准按《国务院机关事务管理局、中共中央直属机关事务管理局关于印发〈在京中央和国家机关职工住房面积核定及未达标、超标处理办法〉的通知》（国管房改字〔2000〕36号）规定的住房控制面积标准执行。

3. 其他无级别规定的单位职工或居民，可按人均住房使用面积15平方米申请租金减免。其家庭人口按具有北京市城镇常住户口并同住一年以上的成员计算，丧偶、离异者按两人计算。

（二）租金减免的申请和审批程序

1. 离休干部和老退休工人凭老干部离休荣誉证或退休证、户口簿、本人及其配偶所在单位出具的住房情况和增发补贴发放情况证明向房屋产权单位提出申请，经房屋产权单位核定后按规定减免租金。

2. 享受国家定期抚恤补助待遇的优抚户和享受城市居民最低生活保障待遇的家庭，凭民政部门颁发的有效证件向房屋产权单位提出申请，经房屋产权单位核定后按规定减免租金。

优抚家庭和低保家庭申请租金减免需提供以下材料：

（1）享受优抚待遇的证件，包括：《革命烈士证明书》《革命军人因公牺牲证明书》《革命军人病故证明书》《革命伤残军人证》《定期抚恤领取证》《定期补助领取证》及区（县）以上民政部门出具的优抚对象身份的相关证明。

（2）民政部门核发的城市最低生活保障金领取证。

3. 其他家庭，租金减免按以下程序办理：

（1）承租人持户口簿、居民身份证和租赁契约，向房屋产权单位申领并填写《北京城镇居民家庭公有住房租金减免申请审批表（以下简称《申请审批表》)。

（2）由承租人及其家庭同住成员所在单位核定收入和增发补贴并签署意见、盖章后（无工作单位的，由居家委会核定收入），由居家委会进行核实并张榜公布，无异议的，居家委会在《申请审批表》签署初审意见，经街道办事处或乡镇政府审核后（承租人住房所在地没有成立居家委会的，直接由街道办事处或乡镇政府审核），由承租人持《申请审批表》向房屋产权单位提出申请。

（3）房屋产权单位对《申请审批表》进行核定后，按规定减免租金。

七、监督管理

（一）核实跟踪

1. 享受廉租住房保障的城市低收入家庭每年应按期向街道（乡镇）住房保障管理部门如实申报家庭收入、人口、住房、资产等变动情况。

区（县）、街道（乡镇）住房保障管理部门应当定期会同同级民政等相关部门对享受廉租住房保障家庭的收入、人口、住房、资产等变动状况进行复核，并根据复核结果对享受廉租住房保障的资格、方式、租房补贴发放额度、实物住房租金等进行及时调整并书面告知当事人。

2. 享受廉租住房保障的城市低收入家庭在承租廉租住房期间，因家庭人口减少的，减少租房补贴或配租住房面积；因家庭人口增加，需增加租房补贴或实物配租面积的，需按照第三章审核程序申请轮候。

3. 享受廉租住房保障的家庭有下列情况之一的，由区（县）住房保障管理部门做出取消保障资格的决定，收回承租的廉租住房，或者停发租房补贴：

（1）未如实申报家庭收入、家庭人口、住房、资产等状况的；

（2）家庭人均收入连续一年以上超出廉租住房政策确定的收入标准的；

（3）人均住房面积超出规定的住房保障标准的；

（4）擅自改变房屋用途，经劝告不改正的；

（5）将承租的廉租住房转借、转租的；

（6）连续六个月以上未在廉租住房居住的；

（7）连续三个月或累计超过六个月未交纳房租的；

（8）其他违反合同约定行为的。

区（县）住房保障管理部门做出取消保障资格的决定后，向配租家庭发放《北京市廉租住房终止配租通知单》，并说明理由。

对享受租房补贴的家庭，住房保障管理部门停发租房补贴。

4. 享受实物配租的家庭，应当在6个月内将承租的廉租住房退回住房保障管理部门，并结清相关费用。逾期不退回的，区（县）住房保障管理部门可从次月起按照市场租金标准提高租金，或向人民法院提起诉讼。处理结果向社会公布，计入不良信用档案，五年内不允许该家庭申请廉租住房。

5. 已享受廉租住房租房补贴或实物配租家庭，可申请购买经济适用住房或限价商品住房。家庭购房后，住房保障管理部门应停发租房补贴或由家庭按约定退回廉租住房。

（二）年度复核

1. 各区（县）住房保障管理部门按照《关于对已通过廉租住房、经济适用住房和限价商品住房申请资格审核家庭进行定期复核等有关问题的通知》（京建住〔2009〕830号）要求，在规定时间内完成申请家庭资格复核和结果上报工作。

资格复核主要包括对被复核家庭申报的人口、住房、收入及资产情况进行核实，核对住房保障申请资格审核系统数据与实际情况是否一致等。

2. 申请家庭资格复核工作按照下列程序进行：

（1）家庭申报：家庭按要求填写《家庭定期复核表》，持相关证明材料向户籍所在地街道（乡镇）住房保障管理部门如实申报家庭变动情况。

（2）街乡初审：街道（乡镇）住房保障管理部门在10个工作日内完成对家庭申报材料初审工作。经初审符合条件的，由街道（乡镇）住房保障管理部门提出初审意见后上报区（县）住房保障管理部门复审。

（3）区（县）复审：区（县）住房保障管理部门在10个工作日内完成对

家庭申报材料的复审工作，并依据复核结果按相关规定做出保留资格、调整配租配售方案、终止或取消资格的处理决定。

（三）举报查处

1. 各级住房保障管理部门在资格审核、年度复核工作中发现或接到群众举报申请家庭有不实申报行为的，区（县）住房保障管理部门应在30日内会同街道（乡镇）、民政、社保、公安、社区居委会等部门对家庭情况进行复查。复查可通过约谈当事人、入户调查、单位走访等方式进行。

2. 街道（乡镇）住房保障管理部门应在约谈前15日按照申请人留存的联系方式向当事人送达约谈通知。对无法取得联系的，区（县）住房保障管理部门在区（县）政府网站或相关媒体上公告约谈通知。当事人不按约定时间到指定地点参加谈话的，视为放弃申辩权利。

应有不少于两名的工作人员参加复查。调查人员应制作《询问调查笔录》（附录11），并要求被调查人在书面材料上签字。被调查人拒绝签字的，复查人员应注明情况并签字。

3. 区（县）住房保障管理部门查询核查对象房产情况时，可向房屋所在地房屋交易部门或房屋登记部门出具《房产情况协助查询函》（附录11）。区（县）房屋交易部门或房屋登记部门应积极配合住房保障管理部门查询申请家庭成员的住房情况，在接到协助查询函后5个工作日内完成协查工作，以《房屋情况查询表》（附录11）的形式，将查询结果书面反馈至住房保障管理部门。

4. 街道（乡镇）住房保障管理部门依据调查结果填写《申请家庭资格复查登记表》（附录11），提出初步处理意见后，报区（县）住房保障管理部门按相关规定作出处理决定。

申请家庭在申请或轮候期间家庭情况发生变化后，弄虚作假，隐瞒家庭住房、收入及资产等状况的，经复查属实，由区（县）住房保障管理部门作出取消申请资格的决定，记入不良信用档案，并通过区（县）政府网站或相关媒体公开曝光。该家庭自被取消申请资格之日起五年内不得再次申请保障性住房。

对于已签订经济适用住房或限价商品住房购买合同的家庭，区（县）住房保障管理部门应及时向开发企业发放《取消购房资格通知书》（附录11）。开发企业自接到通知后20个工作日内按合同约定与购房人解除购房合同，并到区（县）房屋登记部门办理合同注销手续。

5. 对不符合申请条件的家庭，由区（县）住房保障管理部门组织街道（乡镇）住房保障管理部门送达《北京市保障性住房配租（购买）资格取消通知书（附录11）》。当事人应在《送达回证》上签字并注明签收日期。当事人拒绝接受《资格取消通知书》的,由送达人员邀请社区居委会等部门工作人员到场见证,在《送达回证》上注明拒收事由和日期,由送达人、见证人签字后,将《资格取消通知书》留置当事人处,即视为送达。对于无法取得联系的,区(县)住房保障管理部门可在区(县)政府网站或相关媒体上公告送达。

6. 因取消资格收回的房源由市或区(县)住房保障管理部门重新调配。

八、常见问题

1. 单位集体户口是否等同于北京城镇户籍?

单位城镇户籍集体户口是北京市城镇户籍的一种形式,符合准入户籍要求。外地户籍人口因上学、服兵役来京不能作为申请人。

2. 大家庭中有多个小家庭,是否可同时申请?家庭原住房拆迁,原住房内多个核心家庭是否可同时申请,是否均享受优先购房或配租?

大家庭中多个核心家庭可以拆分成几个家庭分别同时申请,但申请家庭成员不能有重叠。按照《北京市城市廉租住房管理办法》(京政发〔2007〕26号)和《北京市经济适用住房管理办法(试行)》(京政发〔2007〕27号)规定,属经济适用住房建设用地涉及的被拆迁家庭、重点工程建设涉及的被拆迁家庭、旧城改造和风貌保护涉及的被拆迁家庭等公益性项目拆迁家庭,且符合准入标准,可以优先配售配租。

3. 同一家庭能否同时申请廉租住房和经济适用住房?

不可以。申请家庭只能根据自身情况,选择申请一种保障住房方式。申请家庭如符合廉租住房申请条件,可申请廉租住房;放弃申请廉租住房,可以申请购买经济适用住房。申请家庭已享受廉租住房保障,若承诺配售经济适用住房后放弃已配租的廉租住房,该家庭可以申请购买经济适用住房参加轮候。

4. 申请家庭中的成员是否可以再次作为其他申请家庭的成员参与申请?

一个人只要在申请家庭中作为申请家庭成员参与申请,就不能再次作为其他申请家庭成员参与申请。

5. 房屋产权为多人共有的,如何认定资产和住房面积?

申请人房屋为共有产权的,应由产权共有人经到公证处办理析产公证,明确各自所占份额后,按析产后产权份额计入申请人住房面积,并核定该部分住房折算的家庭资产。

6. 家庭居住在自建房内,申请廉租住房面积如何计算?

家庭居住在自建房内,如果家庭单独立户,且他处无正式住房的,家庭自行拆除自建房或承诺配租后自行拆除,可按无房户申请廉租住房。自建房不愿拆除的,且房屋无安全隐患的,申请廉租住房时核定家庭住房面积。

7. 未成年人员因入学原因将户口迁入我家,其父母在他处有住房,是否计算为共居人口分摊住房面积?

不作为迁入家庭共同申请成员,不分摊住房面积。

8. 如果申请人户口所在地与现居住地不同,并且两处住房均不在申请家庭成员名下,是申请家庭成员直系亲属自有或承租的住房,住房面积如何核定?

如两处住房为申请家庭成员直系亲属的,以户口所在地和居住地住房面积合并计算。

9. 借住单位公房,本人与单位无任何关系,且不交房租,如何认定住房面积?

承租关系未解除前计入家庭住房面积,若承诺腾退单位公房后,此处住房不计入家庭住房面积。

10. 家庭年收入如何计算?

家庭收入是指家庭每个申请成员在申请当月前12个月的全部收入总和,包括每个人的工资、奖金(含年终一次性奖金)、津贴、补贴、各类保险金及其他劳动收入、储蓄存款利息等。

11. 申请家庭总资产净值包括哪些内容?

家庭总资产净值是指全部家庭成员名下的房产、汽车等净值及有价证券、投资(含股份)、存款(含现金和借出款)等总和。

12. 无业、无固定收入的人员及买断工龄下岗人员,档案放在人才服务中心或街道,其家庭成员收入如何计算?

申请家庭成员档案放在人才服务中心或街道的,应由人才服务中心或街道出具收入证明。档案存放地不给出具收入证明的,由所在街道通过入户调查、邻里访问及信函索证等方法,对其家庭成员收入进行核定。

13. 一个拆迁协议,涉及两个家庭,其中一个家庭申请保障住房,拆迁补偿款如何划分份额?

补偿份额的划分根据拆迁协议中的规定确定。如拆迁协议没有规定,可按如下方式处理:第一、在申请时向审核部门提交经有资质的公证处出具的份额公证书。第二、在申请时向审核部门提交原拆迁公司出具的各家庭所享有的份额的证明。第三、根据申请家庭人口所占拆迁协议中在册人口的比例确定。

14. 租房补贴标准是如何设定的?

目前我市城八区廉租住房租房补贴标准为每人每平方米使用面积每月不

低于 40 元。城八区廉租住房租房补贴标准设有低限和高限，其中廉租家庭月租房补贴最低限额为 550 元；月租房补贴最高限额为 1500 元。远郊区（县）结合各自实际制定本区（县）廉租住房租房补贴标准及最低和最高限额标准。

15. 获得补贴配租资格的家庭租到住房后，租赁住房补贴是直接发给配租家庭吗？

不是。获得廉租住房租赁住房补贴配租资格的家庭租到住房，并与房主签订《北京市城市廉租住房租赁合同》后，一起到区住房保障管理部门办理备案登记手续，区（县）住房保障管理部门按月向房屋出租人发放租赁住房补贴。

16. 房屋出租人每月什么时候可以领取租赁补贴？

配租家庭和房屋出租人每月 15 日（含）前签订租赁合同并备案的，房屋出租人可从当月底领取租房补贴；15 日后签订合同并备案的，房屋出租人从签订合同的下一个月开始领取租赁住房补贴。

17. 家庭每月获得政府租房补贴 550 元，找到月租金为 600 元的住房，多出来部分房租由谁负担？

按照我市廉租住房管理规定，配租家庭所租房屋实纳租金超过家庭月租房补贴数额的，超出部分由配租家庭自行承担；低于月租房补贴数额的，按实际发生额发放租房补贴。

18. 如果家庭配租的住房即将拆迁该怎么办？

如果家庭在市场中承租的住房即将拆迁，请自拆迁公告发布之日起，与房屋出租人解除租赁关系。家庭可以到市场中另外租赁住房，并到申请所在区（县）住房保障管理部门重新办理备案手续，不必重新办理资格审核。原房屋的出租人仍作为房屋的产权人或使用人享受拆迁补偿安置政策。

19. 廉租住房实物配租资格审核通过后，如何进行配租？

廉租住房实物配租通过摇号活动确定选房顺序，家庭按顺序挑选廉租实物住房。申请家庭放弃选房的，须重新轮候，由后续家庭依次递补。两次放弃选房的，须进行重新申请。

20. 符合承租廉租实物住房条件的家庭，轮候期间家庭收入、人口、住房、资产等情况发生变化了怎么办？

申请人应及时告知街道（乡镇）住房保障管理部门。经街道（乡镇）住房保障管理部门审核后，办理变更登记，同时上报区（县）住房保障管理部门；对不再符合申请条件的，由区（县）住房保障管理部门取消轮候资格。

21. 家庭选中住房后，未在规定时间内与区住房保障管理部门签订配租合同应如何处理？

家庭未在规定期限内与区（县）住房保障管理部门签订《北京市城市廉

租住房实物配租租赁合同》，视为放弃本次廉租住房实物配租资格。

22. 配租后的廉租住房是否可以借给朋友居住？

不可以。廉租住房只能用于申请家庭及其成员自住，不得转租、转借以及从事居住以外的任何活动。

23. 在享受廉租住房政策期间家庭人口减少或增加怎么办？

在承租廉租住房期间，因家庭人口减少，需减少租房补贴或配租住房面积；因家庭人口增加，需增加租房补贴或实物配租面积的，按照审核程序申请轮候。

24. 家庭享受廉租住房配租后，需要每年申报家庭情况吗？

需要。享受廉租住房保障的家庭每年应按期向街道（乡镇）住房保障管理部门如实申报家庭收入、人口、住房、资产等变动情况。区住房保障管理部门也会定期会同民政等相关部门对配租家庭的收入、人口、住房、资产等变动状况进行复核，并根据复核结果调整配租方案。

25. 家庭退出廉租住房如何处理？

区（县）住房保障管理部门做出取消保障资格的决定后，向配租家庭发放《北京市廉租住房终止配租通知单》。享受租房补贴的家庭，住房保障管理部门停发租房补贴。享受实物配租的家庭，在 6 个月内将承租的廉租住房退回住房保障管理部门，并结清相关费用。

26. 申请保障性住房 2013 年最新政策是什么？

依据《北京市住房和城乡建设委员会关于进一步完善我市保障性住房申请、审核、分配政策有关问题的通知》（建法〔2013〕5 号），为进一步简化我市保障性住房申请、审核程序，完善保障性住房分配政策，加快解决本市城镇中低收入家庭住房困难，推动住房保障方式向"租售并举，以租为主"转变，促进本市住房保障事业健康、持续发展，依据有关文件精神，经市政府批准，我市实行保障性住房统一申请、审核。

保障性住房申请家庭，统一填写《北京市保障性住房申请家庭情况核定表》，并递交相关证明材料。符合廉租住房保障条件的，在提出保障性住房申请时，应同时提供符合廉租住房条件的相关证明材料，由街道办事处（乡镇人民政府）住房保障管理部门在《北京市保障性住房申请家庭情况核定表》中做相应标注和说明。

27. 申请保障性住房是否改为统一填写申请表，最新的申请标准是什么？

是的，统一填表《北京市保障性住房申请家庭情况核定表》，申请资格按照《北京市公共租赁住房申请、审核及配租管理办法》（京建法〔2011〕25 号）规定的公共租赁住房准入标准、审核程序进行审核，审核通过并获得备案资格的家庭，纳入住房保障范围。

其中，廉租家庭需注明并提交相关证明材料。

28. 统一申请保障性住房时，廉租家庭能否备注？

可以的。符合廉租住房保障条件的，在提出保障性住房申请时，应同时提供符合廉租住房条件的相关证明材料，由街道办事处（乡镇人民政府）住房保障管理部门在《北京市保障性住房申请家庭情况核定表》中做相应标注和说明。

第三章　经济适用住房

一、经济适用住房概念

经济适用住房是指政府提供优惠政策，限定建设标准、供应对象和销售价格，向低收入住房困难家庭出售的具有保障性质的政策性住房。

二、申请条件

依据《北京市住房和城乡建设委员会关于进一步完善我市保障性住房申请、审核、分配政策有关问题的通知》（建法〔2013〕5号），为进一步简化北京市保障性住房申请、审核程序，完善保障性住房分配政策，加快解决本市城镇中低收入家庭住房困难，推动住房保障方式向"租售并举，以租为主"转变，促进本市住房保障事业健康、持续发展，依据有关文件精神，经市政府批准，北京市实行保障性住房统一申请、审核。

保障性住房申请家庭须统一填写《北京市保障性住房申请家庭情况核定表》（附录2），并递交相关证明材料。符合廉租住房保障条件的，在提出保障性住房申请时，应同时提供符合廉租住房条件的相关证明材料，由街道办事处（乡镇人民政府）住房保障管理部门在《北京市保障性住房申请家庭情况核定表》中做相应标注和说明。

按照《北京市公共租赁住房申请、审核及配租管理办法》（京建法〔2011〕25号）规定的公共租赁住房准入标准、审核程序进行审核，审核通过并获得备案资格的家庭，纳入住房保障范围。

（一）本市城镇户籍家庭

1. 北京城镇户籍（含单位集体户口，不包括在校就读取得的集体户口）。

2. 家庭人均住房使用面积15平方米（含）以下；3口及以下家庭年收入10万元（含）以下、4口及以上家庭年收入13万元（含）以下，包括工资、奖金、津贴、补贴、各类保险金及其他劳动收入、储蓄存款利息等。

3. 申请保障性住房家庭成员包括申请人、配偶、未成年子女、与申请家庭成员在本市同一户籍的已成年单身子女。

4. 申请家庭应当推举一名具有完全民事行为能力的家庭成员作为申请人到户籍所在地街道或乡镇住房保障管理部门申请。

（二）外省市来京家庭

来京连续稳定工作一定年限，具有完全民事行为能力，有稳定收入。能提供同期暂住证、住房公积金证明或社保证明，本人及家庭成员在本市均无住房，可向单位所在街道申请。

（三）产业园区就业人员

主要用于解决引进人才和园区就业人员住房困难，具体申请条件由产业园区管理机构确定并报区（县）人民政府批准后实施，并报市住房保障工作领导小组办公室备案。

（四）优先家庭

老人家庭、严重残疾人员家庭、患大病人员家庭、承租危房家庭、优抚对象、面临拆迁的家庭、省部级劳模以及成年孤儿。

（1）老年家庭是指申请家庭成员中至少有一人年满60周岁；

（2）严重残疾人员家庭是指家庭成员中有残联鉴定为重度残疾人员；

（3）患有大病人员家庭是指申请家庭成员有一人以上患有经医疗卫生部门确定的特殊病种；

（4）承租危房家庭是指申请家庭承租的原有住房经有资质的房屋安全鉴定机构鉴定为危险房屋。

三、审核程序

（一）申请

1. 本市城镇户籍家庭填写《北京市保障性住房申请家庭情况核定表》，向申请人户籍所在地街道办事处（乡镇人民政府）提出申请；符合条件的外省市来京工作人员向申请人工作单位所在街道（乡镇）住房保障管理部门提出申请。所需材料如下：

（1）《北京市保障性住房申请家庭情况核定表》（一式两份）；

（2）申请人及家庭成员身份证（正反面印在一张A4纸上）；

（3）申请人及家庭成员户口簿（首页、本人页、变更页印在同一A4纸上，正面是首页和本人页，背面是变更页）；

（4）外省市在京工作人员提供本市公安机关出具的同期暂住证明；

（5）已婚家庭成员的婚姻状况证明，离异的提供离婚证或法院判决书；

（6）《房屋租赁合同》、《房屋所有权证》或房屋产权单位的证明，包括申请家庭地址、户口所在地地址、户口迁入本地原地址及他处住房等；

（7）夫妇双方一方户口不在申请所在地的，须提供其户口所在地的住房证明；

（8）原住房已经拆迁的，需提供拆迁补偿协议；

（9）申请人及家庭成员提供社保部门出具的缴存人社会保险缴纳信息凭证，如：《社会保险个人缴费信息对帐单》或《参保职工四险缴费情况表》等；

（10）申请人及家庭成员提供的公积金管理部门出具的缴存人《住房公积金缴存个人信息》，或受托银行经办网点为缴存人打印并加盖"住房公积金结息对账专用章"的《住房公积金查询书》、《住房公积金个人账户明细》、"住房公积金对帐簿"；

（11）个人所得税完税凭证，包括完税证、缴款书、代扣代收税款凭证或个人所得税完税证明；

（12）申请人与本市工作单位签订的含申请时点的劳动（聘用）合同、国家机关或事业单位公务员录用证明；

（13）本市工作单位提供的加盖公章的就业单位资料复印件；

（14）优抚家庭提供民政部门核发的优抚证明；

（15）家庭成员工作单位或街道办事处（乡镇政府）出具的收入证明，离退休人员需提供由管理部门出具的领取离退休费的有关凭证，失业人员需提供由管理部门出具的领取失业保险金期限、标准的证明；

（16）申请家庭成员有重残人员的，需提供本市区（县）残联出具的重残证明；

（17）申请家庭成员中有患大病的，需提供本市区（县）级医疗机构出具的大病诊断证明；

（18）劳模家庭须提供市总工会出具的省部级劳动模范证明；

（19）成年孤儿提供本市民政部门出具的成年孤儿安置证明；

（20）需要提供的其他证明材料。

（上述材料需提供原件检验，留存复印件一式两份，采用 A4 纸可正反面复印。）

2. 引进人才和园区就业人员具体申请条件由产业园区管理机构确定并报区（县）人民政府批准后实施，并报市住房保障工作领导小组办公室备案，用人单位可以代表本单位职工申请。

3. 申请人应当根据市、县级人民政府住房保障主管部门的规定，提交申请材料，并对申请材料的真实性负责。申请人应当书面同意市、县级人民政府住房保障主管部门核实其申报信息。

申请人提交的申请材料齐全的，市、县级人民政府住房保障主管部门应当受理，并向申请人出具书面凭证；申请材料不齐全的，应当一次性书面告知申请人需要补正的材料。

（二）初审

受理申请后，由街道（乡镇）住房保障管理部门对申请家庭收入、资产、人口和住房状况进行初审。初审工作按照以下程序进行：

1. 审核材料

街道（乡镇）住房保障管理部门根据申请家庭交报的材料完成对家庭人口、住房面积、家庭收入、家庭资产等情况的审核，核查原件，留存复印件。

2. 入户调查

街道（乡镇）住房保障管理部门与其他相关部门组成入户调查小组，对申请家庭的住房面积、实际居住人口、家庭资产情况进行实地调查，入户调查人员不得少于2人，由入户人员填写调查情况。

3. 组织评议

街道（乡镇）住房保障管理部门组织相关单位对申请家庭的收入、住房及资产情况进行评议，由经办人记录评议情况。

4. 公示

街道（乡镇）住房保障管理部门在正式受理申请家庭材料后20个工作日内，完成材料审核、入户调查和组织评议工作。经审核符合申请条件的，街道（乡镇）住房保障管理部门应在申请人户口所在地、居住地或工作单位对申请家庭的人口、住房、收入、资产等情况进行公示，期限为5日。

经公示无异议的，或者异议不成立的，街道（乡镇）住房保障管理部门在《核定表》中签署初审意见、提出初步配售意见，将申请家庭的资料录入申请审核管理系统，并在2个工作日内将申请资料上报区（县）住房保障管理部门。

经公示提出异议的，由街道（乡镇）住房保障管理部门会同有关单位在10日内完成复查。并对不符合申请条件的家庭书面告知原因；经复查符合申请条件的，按前款规定办理。

5. 申请家庭户籍地址与实际居住地址不一致的，家庭户籍所在地街道（乡镇）住房保障部门受理申请后，可提出由申请家庭实际居住地街道（乡镇）住房保障部门协助调查。申请家庭户籍所在地街道（乡镇）住房保障部门出具的《协助调查函》和《申请家庭初审公示》后，通过快递方式送到申请家庭实际居住地街道（乡镇）住房保障部门，实际居住地街道（乡镇）住房保障部门自收到《协助调查函》10个工作日内开展入户调查和实际居住地公示工作，填写《入户调查表》，并将调查结果通过公函反馈至受理街道（乡镇）住房保障管理部门。

（三）复审

区（县）住房保障管理部门自收到申请材料之日起10个工作日内完成对申请资料的复审，符合条件的，确定配售方案。在区（县）政府网站和指定范围内对申请家庭人口、工作单位、住房、收入、家庭资产情况及配售方案等进行公示，期限为5日。

复审及公示无异议的，由区（县）住房保障管理部门对申请家庭的资格进行认定，并在申请家庭《核定表》上签署意见、盖章后，在2个工作日内上报市住房保障管理部门备案。

复审及公示有异议的，由街道（乡镇）住房保障管理部门会同有关单位在10日内进行复查，并对不符合申请条件的家庭书面告知原因；符合条件的，按前款规定办理。

市住房保障管理部门自接到区（县）复审备案材料后，在2个工作日内向区（县）住房保障管理部门下发备案通知。由街道（乡镇）住房保障管理部门向符合条件的家庭发放《北京市城市居民购买经济适用住房申请备案通知单》（附录11）。

市、区（县）、街道（乡镇）住房保障管理部门在审核过程中，因申请家庭提供的要件不全需补交材料的，所需时间不计入审核时限。

（四）备案

1. 符合经济适用住房申请条件家庭向户籍所在地街道办事处或乡镇政府提出申请时，需填写家庭情况核定表及申请材料一式两份。区（县）、街道（乡镇）两级住房保障管理部门各留存一份。

申请时应提供全体申请家庭成员的居民有效身份证件。无法提供居民身份证件的，须提供户籍所在地户籍管理部门或军队团级以上部门出具的证明材料，标明身份证件号码。

2. 各街道（乡镇）、区（县）住房保障管理部门应严格按照审核程序和时限完成对申请家庭的初审和复审工作。区（县）住房保障管理部门完成复审后上报市住房城乡建设委。市住房城乡建设委按照规定时限完成备案审查，并下发《备案结果通知书》（附录11），加盖行政审批专用章。

3. 各区（县）住房保障管理部门接到《备案结果通知书》后，应在《北京市城市居民购买经济适用住房申请核定表》的"备案情况"栏中加盖"已备案"或"不予备案"印章。印章标准：章长3.5cm，章宽1.0cm，用一号仿宋字体。

通过备案的家庭，由区（县）住房保障管理部门通知街道（乡镇）住房保障管理部门在 10 个工作日内向符合条件的申请家庭发放《北京市城市居民购买经济适用住房申请备案通知单》。未通过备案的，发放《不予备案通知单》（附录 11）。

四、轮候配售管理

（一）轮候程序

1. 经审核通过并备案的申请家庭进入轮候期，由区（县）住房保障管理部门统一组织摇号配售。

2. 由区（县）住房保障管理部门公布房源信息，内容包括房源位置、套数、工期、户型面积、销售价格、供应对象范围、认购登记时限、登记地点等内容。

3. 区（县）住房保障管理部门根据申请家庭困难程度对登记居民排序，按照一定比例选出入围家庭公开摇号。入围家庭名单通过媒体公布。

区（县）住房保障管理部门组织公开摇号，确定选房顺序。摇号排序过程邀请人大代表、政协委员、政风行风监督员以及新闻媒体监督。摇号排序过程应当由公证部门全程监督并出具公证证明，摇号排序结果通过相关媒体公布。

4. 在轮候期间的申请家庭有下列情况之一的，由区（县）住房保障管理部门做出取消其家庭保障资格的决定：

（1）未如实申报家庭收入、家庭人口、住房、资产等状况的；

（2）家庭人均收入、资产连续 12 个月以上超出规定的低收入家庭收入标准的；

（3）因家庭人数减少或住房面积增加，人均住房面积超出规定的住房保障标准的。

5. 有购房意向且已通过资格审核的申请人应在规定的时限内到指定地点登记。登记情况由区（县）住房保障管理部门在相关媒体公布。

6. 摇号结果公布后，摇中的申请人须在规定期限内持身份证明到街道（乡镇）住房保障管理部门领取选房排序单。

7. 经济适用住房申请家庭，在轮候期间申请家庭成员年龄超过 60 周岁的，应纳入优先配售范围。区（县）公布的房源预登记截止日期，为确定申请家庭成员年龄界定时点。

8. 申请家庭轮候期间申请家庭成员户籍在本市范围内迁移的，可向户籍迁出地街道（乡镇）住房保障管理部门书面提出保障资格跨区迁移申请，经街道（乡镇）、区（县）住房保障管理部门审核通过后，由户籍迁出区（县）

住房保障部门在审核系统中办理跨区变更登记，并填写《跨区变更证明》，将申请家庭材料送到申请家庭迁入区（县）住房保障部门。迁入区（县）住房保障部门自收到《跨区变更证明》5个工作日内接收轮候家庭信息，将申请家庭材料转至户籍迁入街道（乡镇）住房保障管理部门，并向原户籍迁出区（县）住房保障管理部门反馈接收回执。家庭备案日期按照原初次备案日期为准，原登记编号不变。轮候家庭办理保障资格跨区迁移后两年内不得再次办理保障资格跨区迁移手续。

（二）配售程序

1. 按照统一申请审核政策备案的家庭，分配实行"租售并举，以租为主"。先通过配租公共租赁住房予以保障，待有可配售房源时，按照届时本市出售型保障性住房政策进行配售资格核定并组织配售。

鼓励各区（县）结合自身实际，加大工作创新力度，对轮候公共租赁住房超过一定期限的家庭，可以采取扩大租金补贴范围，由轮候家庭承租社会存量房源等方式解决。

2. 申请家庭需在规定期限内持户口本、身份证明及选房排序单到指定地点按顺序选房，并与开发建设单位签订经济适用住房购买合同。

申请人未在规定时间内选房或签订购房合同，视同放弃购房资格，但可重新参加摇号排序。同一申请家庭只能放弃两次购房机会，之后须重新提出申请。

3. 经济适用住房配售面积标准为人均使用面积15平方米。申请家庭将原住房腾退给区（县）住房保障部门的，按全额配售面积标准配售；不腾退原房的，按差额面积配售。

申请家庭原住房腾退及补偿的具体办法，由区（县）政府根据本区（县）实际情况制定。

4. 对无房家庭原则上二人及二人以下户配售一套一居室，三人户最大配售一套两居室，四人及四人以上户最大配售一套三居室，超出配售标准的面积需在产权证上注记。腾退原房的，按无房户标准配售。重残家庭、重大疾病人员家庭人口不足2人的，配售面积按2人计算。

对子女年满10岁的单亲2人户家庭，家庭无原住房的可配售两居室经济适用住房。

5. 统一申请审核政策实行前已备案的轮候家庭，在轮候期间，可通过配租公共租赁住房或其他方式解决过渡需求。

（三）资格审核

1. 资格变更、取消

（1）已通过经济适用住房资格审核，在轮候期间家庭住房、收入和资产等情况发生变化的，申请家庭应如实向户籍所在地街道（乡镇）住房保障管理部门进行申报。

（2）经审核，申请家庭发生变化后仍符合申请条件的，街道（乡镇）住房保障管理部门填写《申请家庭情况变更核定表》补充相关材料后，上报区（县）住房保障管理部门复审。其中，家庭增加或减少保障人口的，需重新填写《申请核定表》，补充相关材料后按"三级审核、两级公示"程序重新审核，原登记编号不变。新生儿登记户口后家庭提出增加保障人口的，经街道（乡镇）、区（县）住房保障管理部门审核可直接调整配售意见。

不符合条件的，街道（乡镇）住房保障管理部门填写《申请家庭资格取消核定表》说明原因后，报区（县）住房保障管理部门按规定作出处理决定，取消家庭申请资格。

（3）已通过经济适用住房购买资格审核的家庭，放弃购买经济适用住房申请配售限价商品住房的，经全体申请家庭成员书面认可后，可直接向户口所在地的街道（乡镇）住房保障管理部门提交书面申请。街道（乡镇）住房保障管理部门办理经济适用住房资格终止手续后，将该家庭信息录入限价商品住房审核系统，并标注优先配售。

家庭轮候超过一年的，经复核仍符合经济适用住房申请条件的，继续纳入限价商品住房优先配售范围；不符合经济适用住房申请条件但仍符合限价商品住房申请条件的，按限价商品住房一般家庭配售。

（4）家庭成员在申请经济适用住房前已经正式办理退（离）休手续，通过资格审核后，因职工退（离）休养老金统一上调而超出收入准入标准的，经街道（乡镇）、区（县）住房保障管理部门复核后，可继续保留申请轮候资格。

（5）区（县）住房保障管理部门每月5日前，向北京市住房和城乡建设委员会上报本区（县）上月申请家庭变化情况，北京市住房和城乡建设委员会在5个工作日内向区（县）下发《备案结果通知书》。

2. 年度复核

（1）各区（县）住房保障管理部门按照《关于对已通过廉租住房、经济适用住房和限价商品住房申请资格审核家庭进行定期复核等有关问题的通知》（京建住〔2009〕830号）要求，在规定时间内完成申请家庭资格复核和结果上报工作。

资格复核主要包括对被复核家庭申报的人口、住房、收入及资产情况进行核实，核对住房保障申请资格审核系统数据与实际情况是否一致等。

（2）申请家庭资格复核工作按照下列程序进行：

①家庭申报：家庭按要求填写《家庭定期复核表》，持相关证明材料向户

籍所在地街道（乡镇）住房保障管理部门如实申报家庭变动情况。

②街乡初审：街道（乡镇）住房保障管理部门在10个工作日内完成对家庭申报材料初审工作。经初审符合条件的，由街道（乡镇）住房保障管理部门提出初审意见后上报区（县）住房保障管理部门复审。

③区（县）复审：区（县）住房保障管理部门在10个工作日内完成对家庭申报材料的复审工作，并依据复核结果按相关规定做出保留资格、调整配租配售方案、终止或取消资格的处理决定。

3. 举报查处

（1）各级住房保障管理部门在资格审核、年度复核工作中发现或接到群众举报申请家庭有不实申报行为的，区（县）住房保障管理部门应在30日内会同街道（乡镇）、民政、社保、公安、社区居委会等部门对家庭情况进行复查。复查可通过约谈当事人、入户调查、单位走访等方式进行。

（2）街道（乡镇）住房保障管理部门应在约谈前15日按照申请人留存的联系方式向当事人送达约谈通知。对无法取得联系的，区（县）住房保障管理部门在区（县）政府网站或相关媒体上公告约谈通知。当事人不按约定时间到指定地点参加谈话的，视为放弃申辩权利。

应有不少于两名的工作人员参加复查。调查人员应制作《询问调查笔录》，并要求被调查人在书面材料上签字。被调查人拒绝签字的，复查人员应注明情况并签字。

（3）区（县）住房保障管理部门查询核查对象房产情况时，可向房屋所在地房屋交易部门或房屋登记部门出具《房产情况协助查询函》。区（县）房屋交易部门或房屋登记部门应积极配合住房保障管理部门查询申请家庭成员的住房情况，在接到协助查询函后5个工作日内完成协查工作，以《房屋情况查询表》的形式，将查询结果书面反馈至住房保障管理部门。

（4）街道（乡镇）住房保障管理部门依据调查结果填写《申请家庭资格复查登记表》，提出初步处理意见后，报区（县）住房保障管理部门按相关规定作出处理决定。

申请家庭在申请或轮候期间家庭情况发生变化后，弄虚作假，隐瞒家庭住房、收入及资产等状况的，经复查属实，由区（县）住房保障管理部门作出取消申请资格的决定，记入不良信用档案，并通过区（县）政府网站或相关媒体公开曝光。该家庭自被取消申请资格之日起五年内不得再次申请保障性住房。

对于已签订经济适用住房购买合同的家庭，区（县）住房保障管理部门应及时向开发企业发放《取消购房资格通知书》。开发企业自接到通知后20个工作日内按合同约定与购房人解除购房合同，并到区（县）房屋登记部门办理合同注销手续。

（5）对不符合申请条件的家庭，由区（县）住房保障管理部门组织街道（乡镇）住房保障管理部门送达《北京市经济适用住房购买资格取消通知书》（以下简称《资格取消通知书》）。当事人应在《送达回证》上签字并注明签收日期。当事人拒绝接受《资格取消通知书》的，由送达人员邀请社区居委会等部门工作人员到场见证，在《送达回证》上注明拒收事由和日期，由送达人、见证人签字后，将《资格取消通知书》留置当事人处，即视为送达。对于无法取得联系的，区（县）住房保障管理部门可在区（县）政府网站或相关媒体上公告送达。

（6）因取消资格收回的房源由市或区（县）住房保障管理部门重新调配。

4. 其他

（1）申请家庭上年收入按照家庭申请之日前12个月的收入总和计算，学习毕业新参加工作的申请家庭成员工作不足12个月的，不足月份的收入按照有收入月份的月收入均值计算。

申请家庭成员按照规定由单位代缴的住房公积金和各项社会保险统筹费不计入家庭收入。

（2）申请家庭成员购买的非住宅类房屋不计入家庭住房面积，计入家庭资产净值。申请家庭成员在本市的房屋资产净值由审核部门按市住房城乡建设委定期发布的同地段房屋再上市指导价格确定，或由审核部门依据申请家庭委托的有专业评估资质的机构出具的评估报告确定。

（3）申请家庭成员已签定购房合同的住房计入家庭住房面积。申请家庭成员宅基地上自有住房计入申请家庭住房面积。不符合规划要求的自建住房，拆除后不计入住房面积核定。

五、税费

1. 契税

（1）若买方为首次购房，房屋为面积不足90平方米的普通住宅，缴纳交易总额的1%；

（2）若买方为首次购房，房屋面积为90—140平方米之间的普通住宅，缴纳交易总额的1.5%；

（3）若买方为二套房，缴纳交易总额3%。

2. 公共维修基金：多层住宅每建筑平方米100元，高层住宅每建筑平方米200元。

3. 印花税：已免征收。

4. 权属登记费：80元/套。

5. 买卖手续费 120 平方米（含）以下的每套房屋买卖交易的手续费为 250元；120 平方米以上的，每套 500元。

6. 登记费：每建筑平方米 0.3 元。

7. 印花税：每件 5 元。

8. 其他费用。

六、贷款

目前，购买经济适用住房有以下几种付款方式：一次性付清、个人住房公积金贷款、个人住房商业贷款和个人住房组合贷款。购房人可以根据自己的实际情况选择付款方式。

（一）个人住房公积金贷款

根据单位性质不同，个人住房公积金贷款分为中央国家机关个人住房公积金贷款和北京市住房公积金贷款。

1. 中央国家机关个人住房公积金贷款（国管公积金）

1）贷款申请条件

同时具备以下条件的住房公积金缴存职工（含在职期间缴存住房公积金的离退休职工），可以申请贷款：

（1）借款申请人原则上申请贷款前 12 个月应足额连续缴存，且申请贷款时处于缴存状态。购买政策性住房的借款申请人，原则上应建立住房公积金账户满 12 个月，申请贷款前 6 个月应足额连续缴存，且申请贷款时处于缴存状态。

（2）借款申请人及配偶均无尚未还清的住房公积金个人贷款（含贴息贷款）。

（3）符合中央国家机关住房资金管理中心（以下简称资金中心）规定的其他条件。

2）购买经济适用住房的低收入借款申请人，其贷款额度可不受月收入限制。

3）首付比例

（1）首套自住住房贷款

通过北京市住房和城乡建设委员会房屋交易权属信息查询系统、中国人民银行征信系统和住房公积金管理信息系统及其他尽责调查，查询借款申请人及配偶无住房记录、无个人住房贷款记录、无住房公积金购房提取记录的，认定为首套自住住房。

购买首套自住住房，套型建筑面积在 90 平方米（含）以下的，贷款首付款比例不得低于 20%；套型建筑面积在 90 平方米以上的，贷款首付款比例不得低于 30%。

（2）第二套住房贷款

购买第二套自住住房，贷款首付款比例不得低于 70%；对于在北京市住房和城乡建设委员会房屋交易权属信息查询系统中显示无房，但通过中国人民银行征信系统、住房公积金管理信息系统查询，有 1 笔个人住房贷款记录或 1 条购房提取记录，符合第二套住房贷款条件的借款申请人，仍执行贷款首付款比例不得低于 60% 的政策。

4）贷款额度和期限

（1）贷款额度

单笔住房公积金个人贷款最高额度为 80 万元。

购买政策性住房或小户型首套住房的上浮贷款额度：购买政策性住房或套型建筑面积在 90 平方米（含）以下的首套自住住房，个人信用等级为 A 级，贷款最高额度上浮 30%；个人信用等级为 B 级，贷款最高额度上浮 15%。购买第二套住房或套型建筑面积在 90 平方米以上的非政策性住房，贷款最高额度不再上浮。

（2）贷款期限

最长可计算到借款人 70 周岁，且不超过 30 年。二手房的贷款期限应低于房屋土地剩余使用年限 3 年（含）以上。

5）贷款申请程序

（1）贷款申请与受理

借款申请人到资金中心委托的银行提交贷款申请材料，符合受理条件的，受委托银行予以受理。

（2）贷款审批

借款申请经审核审批后，受委托银行在规定时间内将审批结果通知借款申请人。

（3）担保及签约

准予贷款的，借款申请人、配偶及共有产权人到担保机构驻受委托银行柜台办理贷款担保，并到面签柜台签订借款合同。

（4）放款

受委托银行于借款合同签订后 4 个工作日内完成放款，借款人于放款 3 个工作日后领取借款合同。

6）所需材料

①个人申请材料（表 3-1）

表 3-1　个人申请材料汇总表

项　目	份　数	备　注
借款申请书	原件2份	
申请人身份证件或有效身份证明	复印件4份	第二代身份证须双面复印
配偶身份证件或有效身份证明	复印件4份	第二代身份证须双面复印
申请人户口簿首页、本人登记页、变更页	复印件3份	
配偶户口簿首页、本人登记页、变更页	复印件3份	
结婚证或有效婚姻关系证明	复印件3份	
配偶住房公积金缴存证明	原件1份，复印件1份	配偶不在资金中心缴存住房公积金的须提供
离退休证明（含在职期间缴存住房公积金证明）	复印件2份	离退休职工须提供
工作及收入情况证明	原件2份	申请人或配偶达到月缴存额上限的和离退休职工须提供
经公证的房屋共有产权人声明	原件2份	所购房屋有非申请人及配偶的共有产权人须提供
共有产权人身份证或有效身份证明	复印件3份	
暂住证或北京市工作居住证	复印件2份	申请人或配偶非京籍户口须提供
劳动合同	复印件2份	

②经济适用住房材料（表3-2）

表 3-2　申请贷款的经济适用房材料

项　目		份　数	备　注
购房合同（正本）		原件1份，复印件3份	
首付款发票		复印件2份	
《房屋所有权证》收押合同		原件3份	
同意销售和解除抵押权证明		原件2份	所购房屋已设定抵押须提供
期房	房屋预售许可证	复印件2份	

续表

项　　目		份　　数	备　　注
	预售合同联机备案表	原件1份，复印件2份	
现房	国有土地使用证	复印件2份	
	房屋所有权证	复印件2份	

③职工住宅及腾退旧房材料（表3-3）

表3-3　申请贷款时递交的腾退旧房材料

项　　目		份　　数	备　　注
购房合同（正本）		原件1份，复印件3份	
首付款收据		复印件2份	
《房屋所有权证》收押合同		原件3份	
职工住宅	房改部门批复及购房人员名单	复印件2份	如售房单位已统一提交备案，则申请人可不提供
腾退旧房	房改部门批复及购房人员名单	复印件2份	
	《房屋所有权证》或确权证明	复印件2份	

注：所有复印件均须使用 A4 纸清晰复印。如申请信用评级，需按信用评级的相关规定提交材料（所需材料下载网址 http://www.zzz.gov.cn/）。

7）违规违约行为惩处

（1）缴存职工有违规提取等违反住房公积金政策的行为，不享受贷款额度上浮等差别化优惠政策，资金中心有权视违规情节轻重下调其贷款最高额度或拒绝受理其贷款申请；

（2）申请贷款前2年内，个人征信系统和住房公积金管理信息系统显示借款申请人及配偶贷款（不含助学贷款）逾期连续达到6期的，不予贷款；存在其他逾期情况的，视情节轻重不享受贷款额度上浮，或下调其最高额度；

（3）借款申请人或其配偶采取伪造材料、隐瞒婚姻状况等弄虚作假方式骗取贷款的，拒绝受理其贷款申请，并自发现之日起3年内取消贷款申请资格，同时记入个人征信系统。已发放贷款的，资金中心有权提前收回剩余贷款全部本息。给资金中心造成损失的，应予赔偿，资金中心有权追究其法律责任；

（4）借款人在贷款后无故不正常缴存住房公积金的，或贷款存续期间发生违约，经多次催收仍处于违约状态且无正当理由的，资金中心有权提前收回剩余贷款全部本息，并将不良行为记入相关信用记录。

2. 北京市住房公积金贷款（市管公积金）

1）贷款申请条件

（1）具有合法有效身份；

（2）具有完全的民事行为能力；

（3）具有稳定的职业和收入，信用状况良好，有偿还贷款本息的能力；

（4）购买、建造、翻建、大修自住住房；

（5）具有购买、建造、翻建、大修自住住房的合同或相关证明文件；

（6）符合委托人规定的有关贷款的住房公积金缴存条件；

（7）提供委托人认可的担保；

（8）借款人夫妻双方均无尚未还清的住房公积金贷款和住房公积金政策性贴息贷款；

（9）符合委托人规定的其他条件。

2）购买政策性住房的借款申请人不受北京住房公积金缴存时限限制。借款申请人只需满足建立住房公积金账户且处于缴存状态条件即可申请住房公积金贷款。

3）首付比例

通过北京市住房和城乡建设委员会房屋交易权属信息查询系统、中国人民银行征信系统和北京住房公积金管理系统及其他尽责调查，查询借款申请人无住房记录、无个人住房贷款记录、无住房公积金购房提取记录的，为首套自住住房。

购买首套自住住房，套型建筑面积在 90 平方米（含）以下的，贷款首付款比例不得低于 20%；套型建筑面积在 90 平方米以上的，贷款首付款比例不得低于 30%。

严格执行《关于规范商业性个人住房贷款中第二套住房认定标准的通知》（建房〔2010〕83 号）的规定。第二套住房贷款首付款比例不低于 70%，对于在北京市住房和城乡建设委员会房屋交易权属信息查询系统中显示无房，但通过中国人民银行征信系统、北京住房公积金管理系统查询，有 1 笔个人住房贷款记录或 1 条购房提取记录，符合第二套住房贷款条件的借款申请人，仍执行贷款首付款比例不低于 60% 的政策。

4）贷款额度和期限

（1）贷款额度

目前北京住房公积金贷款单笔最高额度为 80 万元。具体贷款额度的确定方法：

①计算本人及共同申请人的月收入：月收入＝个人住房公积金月缴存额÷住房公积金缴存比例；

②计算最高可贷款额度：家庭月收入扣除至少 400 元的生活费后所剩余额，再除以申请贷款年限的每万元贷款月均还款额的所得即为最高可贷款额度。

③住房公积金贷款额度与借款人公积金缴存额、申请借款年限、首付款金额、所购房屋建筑面积都有关系。个人信用评估机构评定的信用等级为 AA 级的可上浮 15%，即 92 万元，AAA 级的借款申请人，贷款金额可上浮 30%，即 104 万元。其中借款申请人购买第二套住房，贷款最高额度不再上浮，即不超过 80 万元。

④贷款额度不能超过抵押物最高可抵押价值。

（2）贷款期限

借款人的贷款期限最长可以计算到借款人 70 周岁，同时不得超过 30 年。

5）申请程序

咨询—初审（信用评估、抵押物评估）—复审—合同打印—（担保中心担保审核）—面签—转银行—办理相关手续—发放贷款。

6）申请所需材料（表 3-4）

表 3-4　申请贷款所需材料汇总

序号	材料名称	经济适用住房		
		规格	份数	备注
1	身份证或有效身份证明	原件	1	对于已婚者，须夫妻双方共同提供，对于有房屋共有权人的，共有权人须夫妻双方提供；第二代身份证正反两面均复印
		复印件	4	
2	户口本首页、本人页及变更页	原件	1	对于已婚者，须夫妻双方共同提供，对于有房屋共有权人的，共有权人须夫妻双方提供
		复印件	3	
3	暂住证或有效居住证明	原件	1	非北京市户口提供
		复印件	3	
4	有效婚姻关系证明	原件	1	已婚者、离异者提供
		复印件	3	
5	离退休证明	原件	1	离退休职工提供
		复印件	2	

续表

序号	材料名称	经济适用住房		
		规格	份数	备注
6	收入证明	原件	2	离退休职工提供
7	购房首付款发票（收据）	原件	1	
		复印件	3	
8	购房合同（正本）（对于需要网签的，提供联机备案表及网签信息表）	原件	1	其中1份个人留存
		复印件	4	
9	大专（含）以上学历、学位证书、职称证书、自有产权住房证明、租赁公有住房证明	原件	1	根据信用评估申请人实际情况提供
10	贷款还清证明	原件	1	需要对借款申请人是否已办理公积金贷款或政策性贴息情况进行认定的提供，复印件贷款中心留存
		复印件	1	
11	中心要求的其他材料			

特别说明：
1. 审核原件后将原件退还给借款人；
2. 提交的资料统一使用 A4 纸复印；
3. 对于有代理机构代理须提供代办授权书（原件）3 份。

7）涉及的相关费用及收费标准

（1）担保费

通常情况下，常见到的担保方式为北京市住房贷款担保中心连带责任保证担保、抵押担保。其中担保中心担保涉及担保服务费，担保费收费标准为，贷款额度的千分之三，最低收费 300 元。个人信用评估 AA，给予 9.8 折扣，个人信用评估 AAA，给予 9.5 折扣。

（2）房屋评估费

抵押物价值评估，目前对于商品房期房、商品房现房、二手房需要进行抵押物价值评估，涉及费用，按照评估价值的千分之三收取，最低收费 300 元，最高 1500 元。

（二）个人住房商业贷款

个人住房商业贷款是用信贷资金向在中国大陆境内城镇购买、建造、大修各类型住房的自然人发放的贷款，即通常所称"个人住房按揭贷款"。

1. 贷款用途

用于支持个人在中国大陆境内城镇购买、建造、大修住房。

2. 贷款对象

具有完全民事行为能力的中国公民，在中国大陆有居留权的具有完全民事行为能力的港澳台自然人，在中国大陆境内有居留权的具有完全民事行为能力的外国人。

3. 贷款条件

借款人必须同时具备下列条件：

（1）有合法的身份；

（2）有稳定的经济收入，信用良好，有偿还贷款本息的能力；

（3）有合法有效的购买、建造、大修住房的合同、协议以及贷款行要求提供的其他证明文件；

（4）支付所购住房的首付款；

（5）有贷款行认可的资产进行抵押或质押，或（和）有足够代偿能力的法人、其他经济组织或自然人作为保证人；

（6）贷款行规定的其他条件。

4. 贷款额度

最高为所购（建造、大修）住房全部价款或评估价值（以低者为准）的 80%。

5. 贷款期限

一般最长不超过 30 年。

6. 贷款利率

按照中国人民银行和中国银行业监督管理委员会的相关利率政策执行。

7. 申请贷款资料：

（1）身份证件复印件（居民身份证、户口簿、军官证、在中国大陆有居留权的境外、国外自然人为护照、探亲证、返乡证等居留证件或其他身份证件）；

（2）贷款行认可的借款人偿还能力证明资料；

（3）合法有效的购买（建造、大修）住房合同、协议及相关批准文件；

（4）借款人用于购买（建造、大修）住房的自筹资金的有关证明；

（5）房屋销（预）售许可证或楼盘的房地产权证（现房）（复印件）；

（6）贷款行规定的其他文件和资料。

8. 贷款流程

（1）贷款咨询：通过网点、电话或网站了解个人住房贷款对象、贷款条件、贷款额度、期限、利率、还款方式、贷款程序等情况；

（2）贷款申请：提交银行规定的申请个人住房贷款的材料；

（3）签订合同：申请获得批准后，与银行签订住房贷款合同；

（4）贷款发放：银行在条件具备时按合同约定发放贷款；

（5）客户还款：按合同约定按时还款；

（6）贷后服务。

(三) 个人住房组合贷款

个人住房组合贷款是指对按时足额缴存住房公积金的自然人在购买、建造、大修各类型住房时，银行同时为其发放公积金个人住房贷款和自营性个人住房贷款而形成的特定贷款组合。

1. 贷款用途

用银行信贷资金与住房公积金相配套，向在中国大陆境内城镇购买（建造、大修）各类型住房的具有完全民事行为能力且按时足额缴存住房公积金的自然人发放的贷款。

2. 贷款对象

在中国大陆境内城镇购买各类型住房的按时足额缴存住房公积金的自然人。

3. 贷款条件

应同时具备的以下条件：

（1）有合法的身份；

（2）按时足额缴存住房公积金的自然人；

（3）有稳定的经济收入，信用良好，有偿还贷款本息的能力；

（4）有合法有效的购买（建造、大修）住房的合同、协议以及贷款行要求提供的其他证明文件；

（5）用于支付所购住房的首付款；

（6）有贷款行认可的资产进行抵押或质押，或（和）有足够代偿能力的法人、其他经济组织或自然人作为保证人；

（7）符合当地公积金管理部门规定的借款条件；

（8）贷款行规定的其他条件。

4. 贷款额度

公积金个人住房贷款和银行自营性个人住房贷款合计最高为所购住房销售价格或评估价值（以两者较低额为准）的80%，其中公积金个人住房贷款最高额度须按照当地住房资金管理部门的有关规定执行。

5. 贷款期限

在中国人民银行规定的最长贷款期限内（目前为30年），由公积金管理部门和贷款行根据借款人的实际情况，分别确定贷款期限。

6. 贷款利率

所贷款项中的商业性个人住房贷款部分按照个人住房贷款利率执行。公积金贷款部分按照个人住房公积金贷款利率执行。

7. 申请贷款所需材料（表3-5、表3-6）

向公积金管理部门和银行依次提出借款申请时，需提交以下资料：

（1）身份证件（居民身份证、户口簿或其他有效身份证件）；

（2）公积金管理部门和贷款行认可的借款人偿还能力证明材料，例如：收入证明、近三年的个人所得税纳税证明或（和）资产证明等；

（3）合法的购买（建造、大修）住房的合同、协议及批准文件；

（4）借款人用于购买住房的自筹资金的有关证明；

（5）公积金管理部门和贷款行规定的其他文件和资料。

表3-5　北京个人住房组合贷款（公积金部分）标准要件清单（经办银行发起）

序号	材料名称	规格	份数	备注
1	身份证件或有效身份证明	复印件	4	对于非担保中心担保的，提供3份复印件
2	户口本首页、本人页及变更页	复印件	3	对于非担保中心担保的，提供2份复印件
3	暂住证或有效居住证明	复印件	3	非北京市户口提供；对于非担保中心担保的，提供2份复印件
4	有效婚姻关系证明	复印件	3	已婚者、离异者提供；对于非担保中心担保的，提供2份复印件
5	离退休证明及退休人员收入证明	原件	2	离退休职工提供
6	交易资金划转协议或自行划转声明	原件	1	二手房提供；对于非担保中心担保的，提供2份复印件
6	交易资金划转协议或自行划转声明	复印件	3	二手房提供；对于非担保中心担保的，提供2份复印件
7	购房首付款发票（收据）	复印件	3	非担保中心担保的，提供2份复印件
8	购房合同（正本）	原件	1	对于按照相关政策需要办理网签手续的，含联机备案表、网签信息表（现房购房情况说明）初审后转经办银行
8	购房合同（正本）	复印件	5	对于非担保中心担保的，提供4份复印件
9	契税凭证、公共维修基金凭证逾期还款回购协议书	复印件	4	与担保中心签合作协议并采用担保中心担保的现房提供
10	贷款还清证明	复印件	1	需要对借款申请人是否已办理公积金贷款或政策性贴息情况进行认定的提供
11	中心要求的其他材料			

注：所有材料复印件均用A4纸。

表 3-6 组合贷款公积金部分贷款申请所需材料清单（公积金贷款部分经办部门发起）

序号	材料名称	规格	份数	备注
1	身份证件或有效身份证明	原件	1	对于抵押、质押的，提供3份复印件
		复印件	4	
2	户口本首页、本人页及变更页	原件	1	对于抵押、质押的，提供2份复印件
		复印件	3	
3	暂住证或有效居住证明	原件	1	非北京市户口提供；对于抵押、质押的，提供2份复印件
		复印件	3	
4	有效婚姻关系证明	原件	1	已婚者、离异者提供；对于抵押、质押的，提供2份复印件
		复印件	3	
6	离退休证明及退休人员收入证明	原件	2	离退休职工提供
7	交易资金划转协议或自行划转声明	原件	1	二手房提供；对于抵押、质押的，提供2份复印件
		复印件	3	
8	购房首付款发票（收据）	原件	1	抵押、质押的，提供2份复印件
		复印件	3	
9	购房合同（正本）	原件	1	对于按照相关政策需要办理网签手续的，含联机备案表、网签信息表（现房购房情况说明）初审后转经办银行
		复印件	5	对于抵押、质押的，提供4份复印件
10	卖方房屋所有权证（含共有权证）	原件	1	二手房项目提供，对抵押、质押的，提供3份复印件
		复印件	4	
11	卖方身份证或有效身份证明	原件	1	二手房项目提供，对抵押、质押的，提供3份复印件
		复印件	4	
12	卖方收款账户	原件	1	二手房项目提供，对抵押、质押的，提供2份复印件
		复印件	3	
13	契税凭证、公共维修基金凭证逾期还款回购协议书	原件	1	与担保中心签合作协议并采用担保中心担保的现房提供
		复印件	4	
14	贷款还清证明	原件	1	需要对借款申请人是否已办理公积金贷款或政策性贴息情况进行认定的提供
		复印件	1	

续表

序号	材料名称	规格	份数	备注
15	大专以上学历、学位、职称证书	原件	1	根据信用评估申请人实际情况提供
16	自有住房产权、租赁公有住房证明	原件	1	
17	代办授权委托书	原件	3	通过代办机构办理
18	住房公积金贷款预审单	原件	1	抵押加第三方连带责任保证
19	抵押物评估初审意见书	原件	1	抵押加第三方连带责任保证
20	中心要求的其他材料			

注：贷款中心审核原件后将原件退还给借款人（逾期还款回购协议书等贷款审核需要留存的资料原件除外），所有材料复印件均用 A4 纸。

8. 贷款流程

（1）贷款咨询：通过银行网点、电话或网站了解组合贷款中自营性贷款的有关情况和要求；通过公积金中心网站、电话和银行网点等了解公积金贷款的有关情况和要求；

（2）贷款申请：分别向住房资金管理中心和银行分别提出书面贷款申请，并提交有关资料；

（3）签订合同：获得公积金个人住房贷款额度之后，持公积金管理部门出具的《公积金个人住房贷款委托通知单》，向贷款行申请组合贷款（公积金个人住房贷款和自营性个人住房贷款）。客户在接到银行同意贷款的通知后，需与贷款行就公积金个人住房贷款和自营性个人住房贷款分别签订借款合同和担保合同；

（4）贷款发放：公积金中心和银行分别在条件具备时按合同约定发放贷款；

（5）客户还款：客户按合同约定按时还款。

七、售后管理

1. 经济适用住房产权登记在购房人名下，购房人拥有有限产权。房屋行政主管部门进行权属登记时应当在房屋权属证书上注明"经济适用住房"字样。

（1）申请家庭购买经济适用住房时，申请人夫妻双方应共同与房屋销售单位签订买卖合同，办理共同共有房屋登记手续。夫妻双方对房屋产权份额有约定的，可持相关约定办理按份共有房屋登记手续。

（2）经济适用住房购房人已取得房屋所有权证，登记为夫妻一方单独所有的，夫妻双方可持身份证明、婚姻关系证明、房屋所有权证、夫妻双方关于房屋产权共有情况的约定等材料，到房屋登记部门依法办理共有房屋登记手续。房屋产权性质不变。

（3）购房人在办理房屋产权登记后死亡，购房家庭其他成员可依据继承法律规定办理相关房屋登记手续，产权性质不变。

2. 经济适用住房只能自住，不得出租或出借以及从事居住以外的任何活动。

3. 已购经济适用住房在房屋产权性质未转为商品房前，购房家庭不得将所购保障房作价出资或者通过买卖、赠与等方式将房屋所有权全部或部分转移给他人。

4. 已经购买了经济适用住房的家庭又购买其他住房的，原经济适用住房由政府回购。由政府回购的房屋继续作为经济适用住房向符合条件的家庭出售。

上市交易交纳价款的具体比例和政府回购的具体办法由市建委会同市国土局、市财政局、市发展改革委、市规划委等部门研究确定，报市政府批准后实施。

5. 经济适用住房的保障家庭利用保障房抵押借款，用途仅限于支付本套住房购房款，未经区（县）住房保障管理部门同意，不得将所购房屋作为其他债务担保。

6. 已购经济适用住房的抵押权人因购房家庭无力偿还购房贷款等原因需要处置抵押物，依下列情况办理：

（1）按相关规定，已购房屋取得契税完税凭证或房屋所有权证未满五年的，不得按市场价格上市出售。该房屋应由购房家庭原申请户籍所在区（县）住房保障管理部门安排其他符合条件的轮候家庭按原购房价格购买或按原购房价格回购，所得款项优先偿还抵押权人。房屋产权性质不变。

（2）按相关规定，已购房屋取得契税完税凭证或房屋所有权证满五年的，可由抵押权人依法实现其抵押权。同等价格条件下，区（县）住房保障管理部门可优先回购。拍卖或出售所得价款按规定扣除需向政府补交的土地收益等价款后，剩余部分优先偿还抵押权人。房屋产权性质转为商品房。

7. 市、区（县）住房保障管理部门建立全市统一的经济适用住房管理信息平台，对全市经济适用住房建设、供应和需求进行动态管理。

8. 已经由市建委备案的申请家庭，在家庭收入、住房或资产情况等方面发生变化的，应如实向区（县）住房保障管理部门报告，区（县）住房保障管理部门会同有关部门对其申报情况进行复核，区（县）住房保障管理部门也可对申请家庭的收入、住房和资产情况进行检查。对经检查核实，不符合购买经济适用住房条件的家庭，取消购房资格。

八、房屋退出管理

1. 购房人违反《北京市经济适用住房管理办法（试行）》（京政发〔2007〕27号）规定，申请时户籍所在地区（县）住房保障管理部门取消家庭购房资格后，责令其退回已购住房的，按照以下程序办理：

（1）区（县）住房保障管理部门作出责令退回已购经济适用住房决定，书面通知购房人在规定期限内提交购房合同或房屋所有权证、身份证明等材料。

（2）已受理房屋登记申请但尚未将登记事项记载于房屋登记簿前，区（县）住房保障管理部门书面通知房屋销售单位与购房人解除购房合同，停止办理房屋登记等手续，并将书面决定抄送房屋登记部门停止办理后续手续。购房人与房屋销售单位到房屋管理部门办理退房手续后，房屋销售单位按照购房原价退回购房款，并退回购房人房屋分户账中结余的住宅专项维修资金。已入住家庭须结清水、电、气、热和物业管理等费用。

贷款购房家庭，房屋销售单位与购房人先办理银行贷款解除手续后再解除购房合同，并到房屋所在地区（县）房屋登记部门办理购房合同注销手续，已办理预购商品房抵押权预告登记的，应先办理抵押权注销登记。贷款银行已放款给房屋销售单位的，由房屋销售单位归还银行贷款本金，贷款利息和违约金由购房人负担。

（3）已将登记事项记载于房屋登记簿的，由北京市住房和城乡建设委员会作出撤销登记决定，收回房屋所有权证或公告房屋所有权证作废，房屋由区（县）住房保障管理部门或其指定机构组织回购，按购房原价退回购房款，并退回购房人房屋分户账中结余的住宅专项维修资金。已入住家庭须结清水、电、气、热和物业管理等费用。

贷款未还清的，由区（县）住房保障管理部门或其指定机构与购房人到贷款银行办理个人贷款合同终止手续，区（县）住房保障管理部门或其指定机构归还购房人银行贷款本金，贷款利息和违约金由购房人负担。已办理抵押权登记的，由抵押权人到区（县）房屋登记部门办理抵押权注销登记手续。

房屋登记部门凭责令退回决定及其他相关材料将房屋产权登记在区（县）住房保障管理部门或其指定机构名下。

（4）购房人拒不退回已购住房的，区（县）住房保障管理部门或房屋销售单位可以依法申请人民法院强制执行。

2. 购房人签订购买经济适用住房合同后死亡，依下列情况办理：

（1）房人签订购房合同后，办理房屋产权登记前死亡的，购房家庭中没有其他共同申请成员的，房屋销售单位应终止购房合同，并按照有关法律规定和合同约定结清相关款项；购房家庭中有其他共同申请成员的，由当事人与房屋销售单位按照法律规定和合同约定自行处理。

（2）购房人在办理房屋产权登记后死亡，购房家庭其他成员可依据继承法律规定办理相关房屋登记手续，产权性质不变。

3. 回购经济适用住房，由区（县）住房保障管理部门重新配售，配售价格由住房保障管理部门结合回购成本确定。

4. 个人通过购置、继承、受赠等方式取得其他住房的，在购买住房和申请房屋登记时，市住房城乡建设委将在住房保障信息系统中核对其申请保障性住房的信息。经核对，属于保障性住房申请过程中的家庭、已通过保障性住房资格审核但尚未配租配售的轮候家庭，以及已购买经济适用住房的，其购房和登记情况将通过住房保障信息系统反馈给市、区（县）住房保障管理部门，区（县）住房保障管理部门对其保障资格进行复核。

经复核，上述家庭不再符合相应的住房保障条件的，区（县）住房保障管理部门将作出停止申请受理、取消相应申请资格、责令退回已购已租相应保障性住房或停止发放租金补贴的决定，并组织家庭退出相应保障性住房。

九、监督管理

1. 通过购买经济适用住房资格审核的城市低收入家庭每年应按期向街道（乡镇）住房保障管理部门如实申报家庭收入、人口、住房、资产等变动情况。

2. 区（县）、街道（乡镇）住房保障管理部门应当定期会同民政等相关部门对通过购买经济适用住房资格审核家庭的人口、收入、住房、资产等变动状况进行复核，并根据复核结果对通过购买经济适用住房资格审核家庭的资格及时调整并书面告知当事人。

3. 区（县）住房保障管理部门做出取消经济适用住房购买资格的决定后，应发放《北京市经济适用住房购买资格取消通知书》，并说明理由。

4. 经济适用住房建设单位有下列行为之一的，由相关部门依法进行处理：

（1）未经批准擅自改变经济适用住房土地用途的，由市国土局处理；

（2）违反经济适用住房价格管理有关规定的，由市发展改革委处理；

（3）擅自向未经住房保障管理部门确定的配售家庭出售经济适用住房的，由区（县）建委责令建设单位限期收回；不能收回的，由建设单位补交同地段经济适用住房与商品住房的差价，并对建设单位给予处罚。

5. 对弄虚作假、隐瞒家庭收入、住房和资产状况及伪造相关证明的申请人，由区（县）住房保障管理部门取消其申请资格，5年内不得再次申请；构成犯罪的，移交司法机关依法追究刑事责任。已骗购经济适用住房的，擅自改变房屋用途的，擅自转租或转借他人居住的，由区（县）住房保障管理部门责令购房人退回已购住房或按同地段商品住房价格补足购房款；构成犯罪的，移交司法机关依法追究刑事责任。

6. 对为申请人出具虚假证明的单位，由市建委提请其上级主管部门或监察部门依法追究单位主要领导和相关人员的责任；构成犯罪的，移交司法机关依法追究刑事责任。

7. 对有关部门和单位工作人员在申请家庭资格审查和经济适用住房建设、销售、管理等过程中，玩忽职守、滥用职权、徇私舞弊的，依法追究行政责任；构成犯罪的，移交司法机关依法追究刑事责任。

十、原住房腾退

1. 申请家庭原住房是指经济适用住房申请家庭的申请人和申请家庭成员在本市所承租的公房和拥有的私有住房。

2. 申请家庭原住房腾退工作坚持以下原则：

（1）申请家庭原住房位于首都功能核心区的，必须腾退。首都功能核心区是指东城区、西城区；

（2）申请家庭原住房位于首都功能核心区之外的区（县），但已列入本市棚户区改造范围或地铁工程、市政道路工程、城中村整治、保障性住房建设等公益性项目拆迁范围的，必须腾退；

（3）除上述两类情况，申请家庭可自愿选择原住房腾退或不腾退。愿意腾退原住房的，按标准配售；不腾退的，降档配售。

3. 申请家庭原住房为承租公房（包括直管、自管）的，承租人应将原住房腾退给产权单位。申请家庭承租的公有住房为申请家庭成员与其他承租人2人以上共同租赁的，原住房可由其他共同承租人继续承租。

产权单位已不存在或不收回房屋或没有其他承租人的，承租人应当将原住房腾退给户口所在地区（县）住房保障部门或其委托的单位，由区（县）住房保障管理部门或其委托单位与公房产权单位办理承租人变更手续。区（县）住房保障管理部门可按照腾退住房面积给予腾退家庭一次性的腾房经济补助，经济补助标准由各区（县）政府按照本区（县）实际情况制定。

申请家庭原住房为承租的军产房的，可参照上述原则办理。

4. 申请家庭原住房为私有住房需要腾退的，应当将产权过户给区（县）住房保障管理部门或其委托的单位。申请家庭应当承诺原住房不涉及抵押、查封等限制权利情形，涉及产权纠纷的，不予腾退。

各区（县）可根据实际情况，对申请家庭原住房腾退给予适当货币补偿。具体标准可由各区（县）参照《关于进一步做好本市房屋拆迁安置和补偿工作的若干意见》（京建拆〔2009〕431号文）精神，综合考虑腾退房屋的区位、用途以及申请家庭人口、原房屋建筑面积、本区（县）拟公开摇号配售的经济适用住房区位、价格等因素综合确定。

5. 申请家庭获得的原住房腾房经济补助或货币补偿与该家庭其他资产总和不能超过该家庭所申请的政策性住房申请条件中规定的家庭总资产标准。

6. 申请家庭原住房腾房经济补助或货币补偿所需资金由各区（县）财政安排。各区（县）住房保障管理部门也可委托市或本区（县）公租房管理中心收购申请家庭腾退的原住房。腾退住房作为廉租住房使用的，所需收购资金在廉租住房保障资金中列支，由市、区（县）政府按规定比例分担。

7. 申请家庭原住房腾退程序：

（1）需腾退原住房的家庭在申请经济适用住房时，原住房应腾退给产权单位的，需提供与原住房产权单位签订的腾退原住房协议；原住房需腾退给区（县）住房保障管理部门的，申请家庭需书面承诺将原住房腾退给区（县）住房保障管理部门或区（县）住房保障管理部门委托的单位。

（2）腾退家庭在参加经济适用住房公开摇号，选定的政策性住房签订购房合同以前，应与区（县）住房保障管理部门或其委托的单位签订腾退原住房协议，并办理原住房承租人变更或房屋转移登记，承租人变更或房屋转移登记手续办结后方可签约购买经济适用住房，申请家庭原住房所在区（县）房管部门应协助办理有关手续。需要经济补偿的，区（县）住房保障管理部门或其委托的单位应及时向申请家庭支付腾房经济补助或货币补偿金。

（3）腾退家庭应在所购买的经济适用住房交房入住半年内腾空原住房，并交给原住房产权单位或区（县）住房保障管理部门或其委托的单位。

（4）申请家庭在签订购房合同前，未在规定时间内与区（县）住房保障管理部门或其委托的单位签订腾退原住房协议，或未在规定时间内办理承租人变更或房屋转移登记手续的，视为放弃本次购房资格。

（5）申请家庭已签订腾退原住房协议并办理承租人变更或房屋转移登记手续，但未在规定时间内腾空原住房的，区（县）住房保障管理部门或其委托单位可向原房所在地人民法院提起诉讼。

十一、上市出售

1. 购买经济适用住房不满 5 年的，不得上市交易；对于因各种原因确需转让经济适用住房的，可向购买人户口所在区（县）住房保障管理部门申请回购，回购价格按照原价格并考虑折旧和物价水平等因素确定。

购买经济适用住房满 5 年的，出售时应当按照届时同地段普通商品住房和经济适用住房差价的一定比例交纳土地收益等价款，并由政府优先回购；购房人也可以在补缴政府应得收益后取得完全产权。

2. 按照《关于已购经济适用住房上市出售有关问题的通知》（京建住〔2008〕225 号）规定，已购经济适用住房取得契税完税凭证或房屋所有权证满五年可按市场价格上市出售，产权人户籍所在区（县）住房保障管理部门应出具《已购经济适用住房上市出售意见》，明确是否行使优先购买权等情况。

产权人现户籍因各种原因已不在本市的，由房屋所在地区（县）住房保障管理部门出具《已购经济适用住房上市出售意见》，并明确是否行使优先购买权等情况。

3. 已购经济适用住房家庭取得契税完税凭证或房屋所有权证未满五年的，不得按市场价格上市出售，确需出售的，产权人应当向户口所在区（县）住房保障管理部门提出申请，由区（县）住房保障管理部门通过摇号等方式确定符合条件的购房人（购房人须按照有关规定，已办理经济适用住房的购买资格审核手续），由购房人按原价购买或由区（县）住房保障管理部门按原价回购。

（1）已购经济适用住房家庭按原价出售住房的，按下列程序办理：

①产权人向户口所在区（县）住房保障管理部门提交书面申请，并提供原购房合同、房屋所有权证、身份证、户口本等材料。

②区（县）住房保障管理部门通过摇号等方式确定购房人。购房人放弃购买的，由区（县）住房保障管理部门确定后续的购房人。

③购房人查验房屋和相关资料后，与产权人签订购房合同，支付购房款。区（县）住房保障管理部门登记买卖双方信息，出具相关证明。

④买卖双方持购房合同、区（县）住房保障管理部门出具的证明以及其他相关材料，向区（县）房屋权属登记部门申请办理房屋转移登记手续。房屋权属登记部门将房屋产权登记在购房人名下，并在房屋权属证书上注记"经济适用住房"字样。

（2）区（县）住房保障管理部门按原价回购已购经济适用住房的，按下列程序办理：

①产权人向户口所在区（县）住房保障管理部门提交书面申请，并提供原购房合同、房屋所有权证、身份证、户口本等材料。

②区（县）住房保障管理部门对申请材料进行审核并入户查看，了解房屋状况，确认产权人结清水、电、气、热和物业管理等费用。

③区（县）住房保障管理部门或其指定单位与产权人签订回购协议，支付购房款。

④区（县）房屋权属登记部门凭回购协议及其他相关材料办理房屋转移登记手续，将回购房屋的产权登记在区（县）住房保障管理部门或其指定单位名下，并在房屋权属证书上注记"经济适用住房"字样。

区（县）住房保障管理部门回购的住房继续向符合条件的家庭配售或作为实物配租房源向廉租家庭配租，所需回购周转资金由各区（县）财政统筹安排。

（3）已购经济适用住房家庭取得契税完税凭证或房屋所有权证满五年后，可以按市场价出售所购住房。产权人应按原购房价格和出售价格价差的70%补交土地收益等价款。同等价格条件下，已购经济适用住房产权人户口所在区（县）住房保障管理部门可以优先回购。

出售价格低于市有关部门公布的同地段房屋状况基本相似的普通商品住房价格（以下简称指导价格）的，应按指导价格计算价差。买卖双方对指导价格有异议的，可委托有资质的房地产估价机构对房产价格进行评估，所需评估费用由委托方承担。

购房人按市场价购买已购经济适用住房后，取得商品房产权。

产权人也可以按原购房价格和同地段房屋状况基本相似的普通商品住房价差的70%补交土地收益后取得商品房产权。

4. 2008年4月8日（含）前签订购房合同的已购经济适用住房上市出售，按以下规定执行：

（1）已购经济适用住房家庭取得契税完税凭证或房屋所有权证未满五年的，不得按市场价格上市出售，确需出售的，按照第2条有关规定执行，产权人原购房时因面积超标交纳的综合地价款予以退还。

（2）已购经济适用住房家庭取得契税完税凭证或房屋所有权证满五年后，可以按市场价出售，产权人应按出售价格的10%补交土地收益等价款。出售价格低于指导价格的，应按指导价格作为收取土地收益等价款的基数。产权人原购房时因面积超标交纳的综合地价款在应补交价款中核减。同等价格条件下，已购经济适用住房产权人户口所在区（县）住房保障管理部门可以优先回购。

购房人按市场价购买已购经济适用住房后取得商品房产权。

5. 将已购经济适用住房按市场价格出售的购房家庭，不得再购买经济适用住房、限价商品住房或其他保障性住房。将已购经济适用住房按原价出售的购房家庭，如再次申购经济适用住房的，应当按照现行规定重新申请。

6. 2008年4月8日后，符合购买经济适用住房资格的家庭按经济适用住房价格购买取得契税完税凭证或房屋所有权证未满五年的经济适用住房，上市出售已购经济适用住房视同首次购买和出售经济适用住房，应按照第2条的有关规定执行。

7. 符合购买经济适用住房的家庭，按政府核定的价格购买经济适用住房并于2008年4月11日（含）之前签订购买经济适用住房合同的，取得契税完税凭证或房屋所有权证满5年再次上市出售时，按照出售价格的10％补交土地收益等价款。

十二、物业管理

1. 经济适用住房小区、危改回迁小区，在未成立业主大会前，物业服务收费实行政府指导价，执行经济适用住房小区物业服务收费政府指导价标准。

2. 物业服务费用由业主交纳。政府另有规定的除外。

3. 执行物业服务收费政府指导价的住宅区，电梯、水泵运行维护费可依据其实际支出，按建筑面积或户合理分摊，具体办法由业主与物业管理企业协商确定。协商达成一致之前，电梯、水泵运行维护费执行政府指导价。

4. 利用物业共用部位、共用设施设备进行经营的，应当在征得相关业主、业主大会、物业管理企业的同意后，按照规定办理有关手续。所得收益应当主要用于补充专项维修资金，也可以按照业主大会的决定使用。

5. 业主按照房屋买卖合同约定的交付期开始交纳物业服务费。纳入物业管理范围的已竣工但尚未出售，或者因开发建设单位原因未按时交给物业买受人的物业，物业服务费用由开发建设单位全额交纳。

6. 物业管理企业可按月、按季或按年度计收物业服务费用，但不得一次性预收一年以上（不含一年）的物业服务费用。

7. 业主应当按照物业服务合同的约定按时足额交纳物业服务费用。业主违反物业服务合同约定逾期不交纳服务费用的，业主委员会应当督促其限期交纳；逾期仍不交纳的，物业管理企业可以依法追缴。

8. 物业管理区域内，供水、供电、供气、供热、通讯、有线电视等单位应当向最终用户收取有关费用。物业管理企业接受委托代收上述费用的，可向委托单位收取手续费，不得向业主收取手续费等额外费用。

9. 物业管理企业根据业主的委托提供物业服务合同约定以外的服务，服务收费由双方约定。

10. 物业服务收费实行明码标价。物业管理企业应当在物业管理区域内的显著位置，将服务内容、服务标准以及收费项目、收费标准进行公示。

11. 市、区（县）价格主管部门和房地产行政主管部门依法负责监督管理物业收费和物业服务行为。

12. 政府指导价收费标准

（1）北京市经济适用住房小区物业服务收费政府指导价收费标准（表3-7）。

（2）经济适用住房小区生活饮用水水泵运行维护费政府指导价标准（表3-8）。

（3）经济适用住房小区住宅安全防范设施设备、住宅消防设施设备日常运行维护费政府指导价标准（表3-9）。

表3-7　北京市经济适用住房小区物业服务收费政府指导价收费标准

一、经济适用住房小区物业服务收费基准价标准：0.55元/建筑平方米·月

服务内容	服务范围	服务标准
综合管理	小区规划红线范围内，涉及公共财产和公共事务的管理。	（1）负责制定物业管理服务工作计划，并组织实施； （2）每年一次对房屋及设施设备进行安全普查，根据普查结果制定维修计划，组织实施； （3）白天有专职管理员接待住户，处理服务范围内的公共性事务，受理住户的咨询和投诉；夜间有人值班，处理急迫性报修，水、电等急迫性报修半小时内到现场； （4）协助召开业主大会并配合其运作； （5）管理规章制度健全，服务质量标准完善，物业管理档案资料基本齐全； （6）与业主签定物业服务合同等手续；公开服务标准、收费依据及标准； （7）全体员工统一佩带有相片胸卡，持证上岗； （8）每年进行一次物业管理服务满意率调查，促进管理服务工作的改进和提高，征求意见户数不低于总户数60%； （9）建立起应对各种公共突发事件的处理机制和预案，包括组织机构、人员和具体措施等，一旦发生，能随时投入运行； （10）投保物业共用部位、共用设施设备及公众责任保险（0.04元/建筑平方米·月）。

续表

服务内容	服务范围	服务标准
物业共用部位、共用设施设备日常运行维护	按《北京市住宅公共维修基金使用管理办法》中附件1：共用部位共用设施设备一般应包括的范围的内容为准；不包括另行收费的设备设施，如电梯、水泵、暖气等设备。	（1）楼房及小区内共用部位共用设施设备的日常养护和小修，执行《房屋及其设备小修服务标准》； （2）保证护栏、围墙、楼道灯、绿化设施等公共设施、设备正常使用； （3）确保雨水、污水管道保持通畅，定期清淘化粪池、雨水井，相关设施无破损； （4）单元楼外园区道路照明能源费用。
绿化养护	小区规划红线范围内的中心绿地和房前屋后，道路两侧区间绿地。	按市园林局规定的三级养护标准养护。
清洁卫生	小区规划红线以内，业主户门以外。	（1）设定垃圾集纳地点，并每日将服务范围内的垃圾归集到垃圾楼、站，对垃圾箱、桶及垃圾进行管理； （2）每日对保洁服务范围内的区域进行一次清扫，做到服务范围内基本无废弃杂物； （3）按规定进行消毒、灭鼠等活动； （4）在雨、雪天气应及时对区内主路、干路积水、积雪进行清扫； （5）发生突发公共卫生事件时，应迅速组织人员对物业的共用部位共用设施设备进行通风、清洗和消毒，加强对业主的宣传，维持正常的生活秩序。
秩序维护	小区规划红线以内，业主户门以外。	（1）相对封闭：做到小区主要出入口全天有专人值守，危及人身安全处有明显标志和防范措施； （2）维护交通秩序：包括对机动车辆和非机动车辆的行驶方向、速度进行管理，保持车辆行驶通畅； （3）发生治安案件、刑事案件、交通事故时，应及时报警，并配合公安部门进行处理。

注：1. 以上收费标准已含物业管理企业的营业税及附加，不能上浮，下浮不限。
  2. 单元楼内公共部位照明能源费按户分摊；单元楼外园区景观照明（例如草坪灯、小品效果灯、楼宇外轮廓照明和园区水系等）能源费由物业管理企业与业主协商后合理收取。
  3. 未成立业主大会的住宅区，住宅改变使用性质用于从事经营活动场所的，物业管理企业可以按不高于该小区住宅物业服务收费标准5倍确定物业服务收费标准。

二、经济适用住房小区电梯运行维护费指导价标准

单位：元/部、年

楼层分类	电梯类型	运行梯	备用梯	高峰梯	备 注
15层及以下的楼房轿厢无人值守电梯运行维护费	交流调压调速	29609	2961	6580	以10层为基准层，每增减一层，费用增减1%，总增减不超过5%。
	交流调频调压调速	28492	2849	6332	
15层及以下的楼房轿厢有人值守电梯运行维护费	交流调压调速	58347	5835	12966	
	交流调频调压调速	57230	5723	12718	
16—25层的楼房轿厢无人值守电梯运行维护费	交流调压调速	39665	3966	8814	以20层为基准层，每增减一层，费用增减1%，总增减不超过5%。
	交流调频调压调速	38548	3855	8566	
16—25层的楼房轿厢有人值守电梯运行维护费	交流调压调速	68492	6849	15220	
	交流调频调压调速	67374	6737	14972	
26层及以上的楼房轿厢无人值守电梯运行维护费	交流调压调速	43017	4312	9559	以30层为基准层，每增减一层，费用增减1%，总增减不超过5%。
	交流调频调压调速	41899	4190	9311	
26层及以上的楼房轿厢有人值守电梯运行维护费	交流调压调速	71755	7176	15946	
	交流调频调压调速	70638	7964	15697	

注：1. 电梯运行维护费已含营业税和附加，不能上浮，下浮不限。
2. 电梯运行维护费按住宅建筑面积分摊。

表3-8 经济适用住房小区生活饮用水水泵运行维护费政府指导价标准

高压、变频水泵运行维护费用标准	1. 高压、变频水泵运行维护费：0.10元/建筑平方米·月，不能上浮，下浮不限。 2. 运行、维修费包括工资、管理费、电费、水质化验费、水箱清洗费、主泵和备用泵的维修、消防泵试泵费、普查费、消毒费、营业税及附加等。

续表

服务标准	1. 保证居民正常生活用水,有停水处置预案; 2. 水箱盖上锁并定期清洗消毒,确保水质合格; 3. 维修服务标准执行京房地修字〔1998〕第 799 号文件规定; 4. 禁止无关人员进入高压水泵机房,接近高位水箱; 5. 发生突发公共卫生事件时,要加强对供水系统的消毒。

表 3-9　经济适用住房小区住宅安全防范设施设备、住宅消防设施设备日常运行维护费政府指导价标准

安全防范设施设备日常运行维护费 0.05 元/建筑平方米·月,不能上浮,下浮不限。	住宅区安全技术防范产品主要包括:门禁系统(可视、非可视及磁卡)、报警系统、电视监控系统、中央监控室和电子巡查系统等。 物业管理企业只提供门禁系统(可视、非可视及磁卡)安全技术防范产品运行维护服务的,按不高于 0.02 元/建筑平方米·月标准收取费用。
消防设施设备日常运行维护费:多层住宅 0.05 元/建筑平方米·月、高层住宅 0.10 元/建筑平方米·月,不能上浮,下浮不限。	住宅区消防设施设备主要包括室内外消火栓、消防架、灭火器、消防安全标志和火灾自动报警系统等。同时物业管理企业按照《北京市消防安全责任监督管理办法》规定提供以下服务: 1. 制定消防安全制度,落实消防安全责任。 2. 开展消防安全宣传教育。 3. 进行经常性的消防安全检查,及时消除火灾隐患。 4. 划定和设置停车泊位及设施时,不得占用、堵塞消防车通道。对占用、堵塞消防车通道的行为,及时制止、纠正。 5. 保障公共消防设施和器材、消防安全标志、疏散通道、安全出口等设施符合消防安全要求。

13. 电梯服务标准:

(1) 主梯 6:00—24:00 不间断运行,0:00—6:00 呼叫运行,电梯工夜间值班,并在候梯厅公布呼叫电话或房号。凡是楼层中设有电梯门的,均须开启载客;

(2) 凡有高峰梯的,在高峰期 6 点—8 点、17 点—19 点与主梯同时运行;

(3) 主梯维修时,有备用梯的,用备用梯运行,无备用梯的,属急迫性维修的,应在 30 分钟内抢修完工,其它维修应于 23 点至次日 5 点以内完工;有发生紧急情况时的处置预案;维修服务标准执行京房地修字〔1998〕第 799 号文件规定。

(4) 一旦发生电梯停电关人、夹人等危险情况时,应迅速组织救助。

十三、常见问题

1. 单位集体户口是否等同于北京城镇户籍？

单位城镇户籍集体户口是北京市城镇户籍的一种形式，符合准入户籍要求。外地户籍人口因上学、服兵役来京不能作为申请人。

2. 购买的经济适用住房尚未竣工，想转让给他人，该如何办理？

预购人在经济适用住房竣工前转让其预购房屋的，受让人必须已取得经济适用住房购房资格，并持审核证明，按《北京市城市房地产转让管理办法》第四十四条规定办理预售转让登记手续。其转让价格不得超过原预购单价。

经济适用住房已竣工，但未取得房屋所有权证前不得办理预售转让手续。

3. 住满 5 年是从入住时算起吗？

计算已购经济适用住房住满 5 年的起始日期，以缴纳契税时取得完税凭证的时间或房屋所有权证发证的日期为准。购房家庭可提供其中任何一个证件来确定时间。

4. 重度精神残疾人员可否作为申请人申请经济适用住房？

不可以。家庭应推举一名具有完全民事行为能力的家庭成员作为申请人。重度精神残疾人员为限定行为能力人员，申请时需由其监护人代为申请。

5. 同一家庭是否可以同时申请廉租住房和经济适用住房？

不可以。申请家庭只能根据自身情况，选择申请一种保障住房方式。申请家庭如符合廉租住房申请条件，可申请廉租住房；放弃申请廉租住房，可以申请购买经济适用住房。申请家庭已享受廉租住房保障，若承诺配售经济适用住房后放弃已配租的廉租住房，该家庭可以申请购买经济适用住房参加轮候。

6. 购房人签订购买经济适用住房合同后死亡，怎么办？

购房人签订购房合同后，办理房屋产权登记前死亡的，购房家庭中没有其他共同申请成员的，房屋销售单位应终止购房合同，并按照有关法律规定和合同约定结清相关款项；购房家庭中有其他共同申请成员的，由当事人与房屋销售单位按照法律规定和合同约定自行处理；若购房人在办理房屋产权登记后死亡，购房家庭其他成员可依据继承法律规定办理相关房屋登记手续，产权性质不变。

7. 由于一些原因，将户籍迁移了（仍在本市）。应如何变更申请？

申请家庭轮候期间申请家庭成员户籍在本市范围内迁移的，可向户籍迁出地街道（乡镇）住房保障管理部门书面提出保障资格跨区迁移申请。经街道（乡镇）、区（县）住房保障管理部门审核通过后，由户籍迁出区（县）住房保障部门在审核系统中办理跨区变更登记，并填写《跨区变更证明》，将申请家庭材料送到申请家庭迁入区（县）住房保障部门。迁入区（县）住房保障部门自收到《跨区变更证明》5个工作日内接收轮候家庭信息，将申请家庭材料转至户籍迁入街道（乡镇）住房保障管理部门，并向原户籍迁出区（县）住房保障管理部门反馈接收回执。家庭备案日期按照原初次备案日期为准，原登记编号不变。

轮候家庭办理保障资格跨区迁移后两年内不得再次办理保障资格跨区迁移手续。

8. 户口落在非直系亲属家或朋友家，单独申请时如何计算住房面积？

申请人户口落在非直系亲属家或朋友家，申请购买经济适用住房时，非直系亲属家或朋友家住房面积不计入申请家庭住房面积。

9. 借住单位公房，本人与单位无任何关系，且不交房租，如何认定住房面积？

承租关系未解除前计入家庭住房面积；若承诺腾退单位公房后，此处住房不计入家庭住房面积。

10. 家庭人均住房面积如何计算？

家庭人均住房面积计算公式为：申请人户口所在地现居住住房面积÷其所在住房同一《租赁合同》或《房屋所有权证》下的长期共居户籍人口（共居人口在他处有住房除外）＋申请家庭成员他处住房面积÷申请家庭人口。

11. 已购经济适用住房上市有什么限制？

已购经济适用住房在住满5年后，可按市场价格上市出售。未住满5年的家庭，可以不高于经济适用住房原购买单价出售给具有经济适用住房购买资格的家庭。

12. 想以购买时的原价格出售已购经济适用住房，该如何办理手续？

以原价出售已购经济适用住房的，出售人需提供原住房买卖合同、住房转让合同等证件，新购买人凭审核通过的《北京市城镇居民购买经济适用住房家庭住房和收入核定表》等证件到房屋所在地国土资源和房屋管理局办理交易、产权过户手续。

13. 房屋产权为多人共有的，如何认定资产和住房面积？

申请人房屋为共有产权的，应由产权共有人经到公证处办理析产公证，明确各自所占份额后，按析产后产权份额计入申请人住房面积，并核定该部分住房折算的家庭资产。

14. 房屋是我爷爷申请的经济适用住房，现在他过世了，经济适用住房能否继承？

购房人签订购买经济适用住房合同后死亡，依下列情况办理：

①购房人签订购房合同后，办理房屋产权登记前死亡的，购房家庭中没有其他共同申请成员的，房屋销售单位应终止购房合同，并按照有关法律规定和合同约定结清相关款项；购房家庭中有其他共同申请成员的，由当事人与房屋销售单位按照法律规定和合同约定自行处理。

②购房人在办理房屋产权登记后死亡，购房家庭其他成员可依据继承法律规定办理相关房屋登记手续，产权性质不变。

15. 我和前夫离婚前申请了一套经济适用住房，直到离婚后经济适用住房才下来，而且我们是协议离婚的，这套经济适用住房算是我们夫妻的共同财产吗？还是就是现在房子下来了，我是否也有权拥有房子的一部分？

是的，房子属于夫妻双方共同财产。

16. 申请的经济适用住房已经备案了。请问怎么把申请的经济适用住房改成限价商品房？

已通过经济适用住房购买资格审核的家庭，放弃购买经济适用住房申请配售限价商品住房的，经全体申请家庭成员书面认可后，可直接向户口所在地的街道（乡镇）住房保障管理部门提交书面申请。街道（乡镇）住房保障管理部门办理经济适用住房资格终止手续后，将该家庭信息录入限价商品住房审核系统，并标注优先配售。家庭轮候超过一年的，经复核仍符合经济适用住房申请条件的，继续纳入限价商品住房优先配售范围；不符合经济适用住房申请条件但仍符合限价商品住房申请条件的，按限价商品住房一般家庭配售。

17. 我在北京申请购买了一套经济适用住房，未满 5 年，现在因为自身原因，准备回外地老家生活，请问我的这套房子如何处理？

产权人现户籍因各种原因已不在本市的，由房屋所在地区（县）住房保障管理部门出具《已购经济适用住房上市出售意见》，并明确是否行使优先购买权等情况。

18. 我原来有一套经济适用住房，已经出售，现在想再次购买，是否可以？

将已购经济适用住房按市场价格出售的购房家庭，不得再购买经济适用住房、限价商品住房或其他保障性住房。将已购经济适用住房按原价出售的购房家庭，如再次申购经济适用住房的，应当按照现行规定重新申请。

19. 我申请了一套经济适用住房，将这套房子抵押贷款用于偿还本套房子的房款，并已还清贷款，现因自身原因想将房屋抵押，是否可行？

经济适用住房的保障家庭利用保障房抵押借款，用途仅限于支付本套住房购房款，未经区（县）住房保障管理部门同意，不得将所购房屋作为其他债务担保。

20. 申请保障性住房 2013 年最新政策是什么？

依据《北京市住房和城乡建设委员会关于进一步完善我市保障性住房申请、审核、分配政策有关问题的通知》（建法〔2013〕5 号），为进一步简化我市保障性住房申请、审核程序，完善保障性住房分配政策，加快解决本市城镇中低收入家庭住房困难，推动住房保障方式向"租售并举，以租为主"转变，促进本市住房保障事业健康、持续发展，依据有关文件精神，经市政府批准，我市实行保障性住房统一申请、审核。

保障性住房申请家庭，统一填写《北京市保障性住房申请家庭情况核定表》，并递交相关证明材料。符合廉租住房保障条件的，在提出保障性住房申请时，应同时提供符合廉租住房条件的相关证明材料，由街道办事处（乡镇人民政府）住房保障管理部门在《北京市保障性住房申请家庭情况核定表》中做相应标注和说明。

21. 申请保障性住房是否改为统一填写申请表，最新的申请标准是什么？

是的，统一填表《北京市保障性住房申请家庭情况核定表》，申请资格按照《北京市公共租赁住房申请、审核及配租管理办法》（京建法〔2011〕25 号）规定的公共租赁住房准入标准、审核程序进行审核，审核通过并获得备案资格的家庭，纳入住房保障范围。

其中，廉租家庭需注明并提交相关证明材料。

22. 统一申请保障性住房时，廉租家庭能否备注？

可以的。符合廉租住房保障条件的，在提出保障性住房申请时，应同时提供符合廉租住房条件的相关证明材料，由街道办事处（乡镇人民政府）住房保障管理部门在《北京市保障性住房申请家庭情况核定表》中做相应标注和说明。

第四章 限价商品住房

一、限价商品住房概念

限价商品住房是指政府采取招标、拍卖、挂牌方式出让商品住房用地时，提出限制销售价格、住房套型面积和销售对象等要求，由建设单位通过公开竞争方式取得土地，进行开发建设和定向销售的普通商品住房。

二、申请条件

依据《北京市住房和城乡建设委员会关于进一步完善我市保障性住房申请、审核、分配政策有关问题的通知》（建法〔2013〕5号），为进一步简化我市保障性住房申请、审核程序，完善保障性住房分配政策，加快解决北京市城镇中低收入家庭住房困难，推动住房保障方式向"租售并举，以租为主"转变，促进本市住房保障事业健康、持续发展，依据有关文件精神，经市政府批准，北京市实行保障性住房统一申请、审核。

保障性住房申请家庭须统一填写《北京市保障性住房申请家庭情况核定表》（附录2），并递交相关证明材料。

按照《北京市公共租赁住房申请、审核及配租管理办法》（京建法〔2011〕25号）规定的公共租赁住房准入标准、审核程序进行审核，审核通过并获得备案资格的家庭，纳入住房保障范围。

（一）本市城镇户籍家庭

1. 北京城镇户籍（含单位集体户口，不包括在校就读取得的集体户口）。

2. 家庭人均住房使用面积15平方米（含）以下；3口及以下家庭年收入10万元（含）以下、4口及以上家庭年收入13万元（含）以下，包括工资、奖金、津贴、补贴、各类保险金及其他劳动收入、储蓄存款利息等。

3. 申请保障性住房家庭成员包括申请人、配偶、未成年子女、与申请家庭成员在本市同一户籍的已成年单身子女。

4. 申请家庭应当推举一名具有完全民事行为能力的家庭成员作为申请人到户籍所在地街道或乡镇住房保障管理部门申请。

（二）外省市来京家庭

来京连续稳定工作一定年限，具有完全民事行为能力，有稳定收入。能提供同期暂住证、住房公积金证明或社保证明，本人及家庭成员在本市均无住房，可向单位所在街道申请。

（三）产业园区就业人员

主要用于解决引进人才和园区就业人员住房困难，具体申请条件由产业园区管理机构确定并报区（县）人民政府批准后实施，并报市住房保障工作领导小组办公室备案。

（四）优先家庭

老人家庭、严重残疾人员家庭、患大病人员家庭、承租危房家庭、优抚对象、面临拆迁的家庭、省部级劳模以及成年孤儿。

（1）老年家庭是指申请家庭成员中至少有一人年满60周岁；

（2）严重残疾人员家庭是指家庭成员中有残联鉴定为重度残疾人员；

（3）患有大病人员家庭是指申请家庭成员有一人以上患有经医疗卫生部门确定的特殊病种；

（4）承租危房家庭是指申请家庭承租的原有住房经有资质的房屋安全鉴定机构鉴定为危险房屋。

三、审核程序

（一）申请

1. 本市城镇户籍家庭填写《北京市保障性住房申请家庭情况核定表》，向申请人户籍所在地街道办事处（乡镇人民政府）提出申请；符合条件的外省市来京工作人员向申请人工作单位所在街道（乡镇）住房保障管理部门提出申请。

（1）《北京市保障性住房申请家庭情况核定表》（一式两份）；

（2）申请人及家庭成员身份证（正反面印在一张A4纸上）；

（3）申请人及家庭成员户口簿（首页、本人页、变更页印在同一A4纸上，正面是首页和本人页，背面是变更页）；

（4）外省市在京工作人员提供本市公安机关出具的同期暂住证明；

（5）已婚家庭成员的婚姻状况证明，离异的提供离婚证或法院判决书；

（6）《房屋租赁合同》、《房屋所有权证》或房屋产权单位的证明，包括申请家庭地址、户口所在地地址、户口迁入本地原地址及他处住房等；

(7) 夫妇双方一方户口不在申请所在地的,须提供其户口所在地的住房证明;

(8) 原住房已经拆迁的,需提供拆迁补偿协议;

(9) 申请人及家庭成员提供社保部门出具的缴存人社会保险缴纳信息凭证,如:《社会保险个人缴费信息对帐单》或《参保职工四险缴费情况表》等;

(10) 申请人及家庭成员提供的公积金管理部门出具的缴存人《住房公积金缴存个人信息》,或受托银行经办网点为缴存人打印并加盖"住房公积金结息对账专用章"的《住房公积金查询书》、《住房公积金个人账户明细》、"住房公积金对帐簿";

(11) 个人所得税完税凭证,包括完税证、缴款书、代扣代收税款凭证或个人所得税完税证明;

(12) 申请人与本市工作单位签订的含申请时点的劳动(聘用)合同、国家机关或事业单位公务员录用证明;

(13) 本市工作单位提供的加盖公章的就业单位资料复印件;

(14) 优抚家庭提供民政部门核发的优抚证明;

(15) 家庭成员工作单位或街道办事处(乡镇政府)出具的收入证明,离退休人员需提供由管理部门出具的领取离退休费的有关凭证,失业人员需提供由管理部门出具的领取失业保险金期限、标准的证明;

(16) 申请家庭成员有重残人员的,需提供本市区(县)残联出具的重残证明;

(17) 申请家庭成员中有患大病的,需提供本市区(县)级医疗机构出具的大病诊断证明;

(18) 劳模家庭须提供市总工会出具的省部级劳动模范证明;

(19) 成年孤儿提供本市民政部门出具的成年孤儿安置证明;

(20) 需要提供的其他证明材料。

(上述材料需提供原件检验,留存复印件一式两份,采用 A4 纸可正反面复印。)

2. 引进人才和园区就业人员具体申请条件由产业园区管理机构确定并报区(县)人民政府批准后实施,并报市住房保障工作领导小组办公室备案,用人单位可以代表本单位职工申请。

3. 申请人应当根据市、县级人民政府住房保障主管部门的规定,提交申请材料,并对申请材料的真实性负责。申请人应当书面同意市、县级人民政府住房保障主管部门核实其申报信息。

申请人提交的申请材料齐全的,市、县级人民政府住房保障主管部门应当受理，并向申请人出具书面凭证；申请材料不齐全的，应当一次性书面告知申请人需要补正的材料。

（二）初审

受理申请后，由街道办事处或乡镇人民政府住房保障管理部门对申请家庭收入、资产、人口和住房状况进行初审。初审工作按照以下程序进行：

1. 审核材料

街道办事处或乡镇人民政府住房保障管理部门根据申请家庭交报的材料完成对家庭人口、住房面积、家庭收入、家庭资产等情况的审核，核查原件，留存复印件。

2. 入户调查

街道办事处或乡镇人民政府住房保障管理部门与其他相关部门组成入户调查小组，对申请家庭的住房面积、实际居住人口、家庭资产情况进行实地调查，入户调查人员不得少于2人，由入户人员填写调查情况。人户分离家庭的入户调查工作由户口所在地住房保障部门负责。

3. 组织评议

街道办事处或乡镇人民政府住房保障管理部门组织相关单位对申请家庭的收入、住房及资产情况进行评议，由经办人记录评议情况。

4. 公示

街道办事处或乡镇人民政府住房保障管理部门在正式受理申请家庭材料后20个工作日内，完成材料审核、入户调查和组织评议工作。经审核符合申请条件的，街道办事处或乡镇人民政府住房保障管理部门应在申请人户口所在地、居住地或工作单位对申请家庭的人口、住房、收入、资产等情况进行公示，期限为5日。

经公示无异议的，或者异议不成立的，街道办事处或乡镇人民政府住房保障管理部门在《核定表》中签署初审意见、提出初步配售意见，将申请家庭的资料录入申请审核管理系统，并在2个工作日内将申请资料上报区（县）住房保障管理部门。

经公示提出异议的，由街道办事处或乡镇人民政府住房保障管理部门会同有关单位在10日内完成复查。并对不符合申请条件的家庭书面告知原因；经复查符合申请条件的，按前款规定办理。

（三）复审

区（县）住房保障管理部门自收到申请材料之日起10个工作日内完成对申请资料的复审，符合条件的，在区（县）政府网站或相关媒体对申请家庭人口、工作单位、住房、收入、家庭资产情况及配售方案等进行公示，期限为5日。

1. 复审及公示无异议的，由区（县）住房保障管理部门对申请家庭的资格进行认定，并在申请家庭《核定表》上签署意见、盖章后，在 2 个工作日内上报市住房保障管理部门备案。

2. 复审及公示有异议的，由街道办事处或乡镇人民政府住房保障管理部门会同有关单位在 10 日内进行复查，并对不符合申请条件的家庭书面告知原因；符合条件的，按前款规定办理。

（四）备案

1. 符合限价商品住房申请条件家庭向户籍所在地街道办事处或乡镇政府提出申请时，需填写家庭情况核定表及申请材料一式两份。区（县）、街道（乡镇）两级住房保障管理部门各留存一份。

申请时应提供全体申请家庭成员的居民有效身份证件。无法提供居民身份证件的，须提供户籍所在地户籍管理部门或军队团级以上部门出具的证明材料，标明身份证件号码。

2. 各街道（乡镇）、区（县）住房保障管理部门应严格按照审核程序和时限完成对申请家庭的初审和复审工作。区（县）住房保障管理部门完成复审后上报市住房城乡建设委。市住房城乡建设委按照规定时限完成备案审查，并下发《备案结果通知书》（附录 11），加盖行政审批专用章。

3. 各区（县）住房保障管理部门接到《备案结果通知书》后，应在《北京市家庭购买限价商品住房申请核定表》的"备案情况"栏中加盖"已备案"或"不予备案"印章。印章标准：章长 3.5cm，章宽 1.0cm，用一号仿宋字体。

通过备案的家庭，由区（县）住房保障管理部门通知街道（乡镇）住房保障管理部门在 10 个工作日内向符合条件的申请家庭发放《北京市城市居民购买限价商品住房申请备案通知单》（附录 11）。未通过备案的，发放《不予备案通知单》（附录 11）。

四、轮候配售管理

（一）轮候程序

1. 住房保障管理部门根据房源分配计划将房源分配到区（县），由区（县）住房保障管理部门公布房源信息，内容包括房源位置、套数、工期、户型面积、销售价格、供应对象范围、认购登记时限、登记地点等内容。

2. 区（县）住房保障管理部门将登记家庭按照优先供应条件和困难程序排序，优先家庭在前、一般家庭在后，并按照一定比例选出入围家庭公开摇号。入围家庭名单通过媒体公布。未入围的家庭，等下批摇号时，汇同新的符合条件家庭重新排序。

3. 区（县）住房保障管理部门确定入围家庭名单后，将本区登记家庭的入围情况、摇号时间、地点通过区级审核窗口、区（县）政府网站或相关媒体公布，期限为5个工作日。向公示无异议的家庭发放《限价商品住房配售入围摇号通知》。

4. 区（县）住房保障管理部门组织公开摇号，摇出的号码为选房顺序号。未被摇中号码的入围家庭可以直接参加下一次限价商品住房公开摇号。摇中放弃的家庭，可参加下轮摇号。同一家庭只能放弃两次，超过两次须重新提出申请。

5. 摇号排序过程邀请人大代表、政协委员、政风行风监督员以及新闻媒体监督。摇号排序过程应当由公证部门全程监督并出具公证证明，摇号排序结果通过区（县）政府网站或相关媒体公布。

6. 家庭成员在申请限价商品住房前已经正式办理退（离）休手续，通过资格审核后，因职工退（离）休养老金统一上调而超出收入准入标准的，经街道（乡镇）、区（县）住房保障管理部门复核后，可继续保留申请轮候资格。

7. 申请家庭出售自有住房或将自有住房赠与他人后申请限价商品住房时，申请家庭出售或赠与住房办理房屋转移登记手续年限须满三年，起始日期以《房屋所有权证》记载的登记日期（填发日期）或完税时间为准。

（二）配售程序

1. 有购房意向且已通过资格审核的申请人应在规定的时限内到户口所在地的街道办事处或乡镇人民政府提出购房地点的意向并登记，登记情况由区（县）住房保障管理部门汇总后在区（县）政府网站或相关媒体公布。

2. 收到《限价商品住房配售入围摇号通知》的家庭，应在规定时间内将通知回执交回，逾期未交的视为放弃。

3. 摇号结果公布后，摇中的申请人须在规定期限内持户口本、身份证等证明到街道办事处或乡镇人民政府住房保障管理部门领取选房排序单。

4. 申请家庭需在规定期限内持户口本、身份证明及《限价商品住房选房排序通知单》到指定地点按顺序选房，选房活动由开发建设单位和区（县）住房保障管理部门组织，选好具体的房屋后，领取《限价商品住房配售通知书》，在规定时间内，持《限价商品住房配售通知书》与销售单位签订限价商品住房购房合同。

5. 申请人未在规定时间内选房或签订购房合同，视同放弃购房资格，但可重新参加摇号排序。同一申请家庭只能放弃两次购房机会，之后须重新提出申请。

6. 参加多次摇号均未能摇中的申请家庭，轮候三年以上的，区（县）住房保障管理部门可为其直接配售限价商品住房。

7. 限价商品住房配售原则上二人及二人以下户配售一套一居室，三人户最大配售一套两居室。四人及四人以上户最大配售一套三居室。腾退原住房的，按标准配售；不腾退的，降档配售。

8. 申请家庭原住房腾退及补偿的具体办法，由区（县）政府根据本区（县）实际情况制定，原则上腾退家庭应与区（县）住保办签订腾退协议，再签订购房合同。并在实施腾退（拆除）原住房后，办理入住手续。

9. 对子女年满10岁的单亲2人户家庭，家庭无原住房的可配售两居室经济适用住房或限价商品住房。

10. 限价商品住房申请家庭，在轮候期间申请家庭成员年龄超过60周岁的，应纳入优先配售范围。区（县）公布的房源预登记截止日期，为确定申请家庭成员年龄界定时点。

11. 申请家庭轮候期间申请家庭成员户籍在本市范围内迁移的，可向户籍迁出地街道（乡镇）住房保障管理部门书面提出保障资格跨区迁移申请，经街道（乡镇）、区（县）住房保障管理部门审核通过后，由户籍迁出区（县）住房保障部门在审核系统中办理跨区变更登记，并填写《跨区变更证明》，将申请家庭材料送到申请家庭迁入区（县）住房保障部门。迁入区（县）住房保障部门自收到《跨区变更证明》5个工作日内接收轮候家庭信息，将申请家庭材料转至户籍迁入街道（乡镇）住房保障管理部门，并向原户籍迁出区（县）住房保障管理部门反馈接收回执。家庭备案日期按照原初次备案日期为准，原登记编号不变。

轮候家庭办理保障资格跨区迁移后两年内不得再次办理保障资格跨区迁移手续。

（三）资格审核

1. 资格变更、取消

（1）已通过限价商品住房资格审核，在轮候期间家庭住房、收入和资产等情况发生变化的，申请家庭应如实向户籍所在地街道（乡镇）住房保障管理部门进行申报。

（2）经审核，申请家庭发生变化后仍符合申请条件的，街道（乡镇）住房保障管理部门填写《申请家庭情况变更核定表》（附录11）补充相关材料后，上报区（县）住房保障管理部门复审。其中，家庭增加或减少保障人口的，需重新填写《申请核定表》，补充相关材料后按"三级审核、两级公示"程序重新审核，原登记编号不变。新生儿登记户口后家庭提出增加保障人口的，经街道（乡镇）、区（县）住房保障管理部门审核可直接调整配租配售意见。

不符合条件的,街道(乡镇)住房保障管理部门填写《申请家庭资格取消核定表》说明原因后,报区(县)住房保障管理部门按规定作出处理决定,取消家庭申请资格。

(3)已通过经济适用住房购买资格审核的家庭,放弃购买经济适用住房申请配售限价商品住房的,经全体申请家庭成员书面认可后,可直接向户口所在地的街道(乡镇)住房保障管理部门提交书面申请。街道(乡镇)住房保障管理部门办理经济适用住房资格终止手续后,将该家庭信息录入限价商品住房审核系统,并标注优先配售。

家庭轮候超过一年的,经复核仍符合经济适用住房申请条件的,继续纳入限价商品住房优先配售范围;不符合经济适用住房申请条件但仍符合限价商品住房申请条件的,按限价商品住房一般家庭配售。

(4)区(县)住房保障管理部门每月5日前,向市住房城乡建设委上报本区(县)上月申请家庭变化情况,市住房城乡建设委在5个工作日内向区(县)下发《备案结果通知书》。

2. 年度复核管理

(1)各区(县)住房保障管理部门按照《关于对已通过廉租住房、经济适用住房和限价商品住房申请资格审核家庭进行定期复核等有关问题的通知》(京建住〔2009〕830号)要求,在规定时间内完成申请家庭资格复核和结果上报工作。

资格复核主要包括对被复核家庭申报的人口、住房、收入及资产情况进行核实,核对住房保障申请资格审核系统数据与实际情况是否一致等。

(2)申请家庭资格复核工作按照下列程序进行:

①家庭申报:家庭按要求填写《家庭定期复核表》,持相关证明材料向户籍所在地街道(乡镇)住房保障管理部门如实申报家庭变动情况;

②街乡初审:街道(乡镇)住房保障管理部门在10个工作日内完成对家庭申报材料初审工作。经初审符合条件的,由街道(乡镇)住房保障管理部门提出初审意见后上报区(县)住房保障管理部门复审;

③区(县)复审:区(县)住房保障管理部门在10个工作日内完成对家庭申报材料的复审工作,并依据复核结果按相关规定做出保留资格、调整配租配售方案、终止或取消资格的处理决定。

3. 举报查处

(1)各级住房保障管理部门在资格审核、年度复核工作中发现或接到群众举报申请家庭有不实申报行为的,区(县)住房保障管理部门应在30日内会同街道(乡镇)、民政、社保、公安、社区居委会等部门对家庭情况进行复查。复查可通过约谈当事人、入户调查、单位走访等方式进行。

（2）街道（乡镇）住房保障管理部门应在约谈前 15 日按照申请人留存的联系方式向当事人送达约谈通知。对无法取得联系的，区（县）住房保障管理部门在区（县）政府网站或相关媒体上公告约谈通知。当事人不按约定时间到指定地点参加谈话的，视为放弃申辩权利。

应有不少于两名的工作人员参加复查。调查人员应制作《询问调查笔录》，并要求被调查人在书面材料上签字。被调查人拒绝签字的，复查人员应注明情况并签字。

（3）区（县）住房保障管理部门查询核查对象房产情况时，可向房屋所在地房屋交易部门或房屋登记部门出具《房产情况协助查询函》。区（县）房屋交易部门或房屋登记部门应积极配合住房保障管理部门查询申请家庭成员的住房情况，在接到协助查询函后 5 个工作日内完成协查工作，以《房屋情况查询表》的形式，将查询结果书面反馈至住房保障管理部门。

（4）街道（乡镇）住房保障管理部门依据调查结果填写《申请家庭资格复查登记表》，提出初步处理意见后，报区（县）住房保障管理部门按相关规定作出处理决定。

申请家庭在申请或轮候期间家庭情况发生变化后，弄虚作假，隐瞒家庭住房、收入及资产等状况的，经复查属实，由区（县）住房保障管理部门作出取消申请资格的决定，记入不良信用档案，并通过区（县）政府网站或相关媒体公开曝光。该家庭自被取消申请资格之日起五年内不得再次申请保障性住房。

对于已签订限价商品住房购买合同的家庭，区（县）住房保障管理部门应及时向开发企业发放《取消购房资格通知书》。开发企业自接到通知后 20 个工作日内按合同约定与购房人解除购房合同，并到区（县）房屋登记部门办理合同注销手续。

（5）对不符合申请条件的家庭，由区（县）住房保障管理部门组织街道（乡镇）住房保障管理部门送达《北京市限价商品住房购买资格取消通知书》（以下简称《资格取消通知书》（附录 11））。当事人应在《送达回证》上签字并注明签收日期。当事人拒绝接受《资格取消通知书》的，由送达人员邀请社区居委会等部门工作人员到场见证，在《送达回证》上注明拒收事由和日期，由送达人、见证人签字后，将《资格取消通知书》留置当事人处，即视为送达。对于无法取得联系的，区（县）住房保障管理部门可在区（县）政府网站或相关媒体上公告送达。

（6）因取消资格收回的房源由市或区（县）住房保障管理部门重新调配。

4. 其他

（1）申请家庭上年收入按照家庭申请之日前 12 个月的收入总和计算，学习毕业新参加工作的申请家庭成员工作不足12个月的，不足月份的收入按照有收入月份的月收入均值计算。

申请家庭成员按照规定由单位代缴的住房公积金和各项社会保险统筹费不计入家庭收入。

（2）申请家庭成员购买的非住宅类房屋不计入家庭住房面积，计入家庭资产净值。申请家庭成员在本市的房屋资产净值由审核部门按市住房城乡建设委定期发布的同地段房屋再上市指导价格确定，或由审核部门依据申请家庭委托的有专业评估资质的机构出具的评估报告确定。

（3）申请家庭成员已签定购房合同的住房计入家庭住房面积。申请家庭成员宅基地上自有住房计入申请家庭住房面积。不符合规划要求的自建住房，拆除后不计入住房面积核定。

五、税费

1. 契税

（1）若买方为首次购房，房屋为面积不足90平方米的普通住宅，缴纳交易总额的1%；

（3）若买方为首次购房，房屋面积为90—140平方米之间的普通住宅，缴纳交易总额的1.5%；

（4）若买房为二套房，缴纳交易总额3%。

2. 买卖手续费：120平方米（含）以下的每套房屋买卖交易的手续费为250元；120平方米以上的，每套500元。

3. 印花税：已免征收。

4. 公共维修基金：多层住宅每建筑平方米100元，高层住宅每建筑平方米200元。

5. 登记费：每建筑平方米0.3元。

6. 房屋所有权登记费：每证80元。

7. 其他费用。

六、贷款

目前，购买限价商品住房有以下几种付款方式：一次性付清、个人住房公积金贷款、个人住房商业贷款和个人住房组合贷款。购房人可以根据自己的实际情况选择付款方式。

（一）个人住房公积金贷款

根据单位性质不同，个人住房公积金贷款分为中央国家机关个人住房公积金贷款和北京市住房公积金贷款两类。

1. 中央国家机关个人住房公积金贷款（国管公积金）

1）贷款申请条件

同时具备以下条件的住房公积金缴存职工（含在职期间缴存住房公积金的离退休职工），可以申请贷款：

（1）借款申请人原则上申请贷款前12个月应足额连续缴存，且申请贷款时处于缴存状态。购买政策性住房的借款申请人，原则上应建立住房公积金账户满12个月，申请贷款前6个月应足额连续缴存，且申请贷款时处于缴存状态；

（2）借款申请人及配偶均无尚未还清的住房公积金个人贷款（含贴息贷款）；

（3）符合中央国家机关住房资金管理中心（以下简称资金中心）规定的其他条件。

2）住房公积金借款申请人须满足上述条件外，还需要合理确定月还款额：

（1）借款申请人及配偶的收入每月偿还贷款后，保留的人均生活费不得低于北京市的基本生活费标准。

住房公积金月缴存额达到上限的职工和缴存单位的离退休职工采用收入证明确定月收入，其他职工的收入情况根据住房公积金缴存额反推确定。

（2）住房公积金应优先偿还贷款，借款申请人的月还款额不低于本人及配偶住房公积金的月缴存额，且不低于按等额本息法计算的自由还款方式下约定的月最低还款额。

（3）借款申请人及配偶人均月收入超过北京市职工月平均工资3倍（含）以上的，月还款额不低于本人及配偶月收入的50%。

3）首付比例

（1）首套自住住房贷款

通过北京市住房和城乡建设委员会房屋交易权属信息查询系统、中国人民银行征信系统和住房公积金管理信息系统及其他尽责调查，查询借款申请人及配偶无住房记录、无个人住房贷款记录、无住房公积金购房提取记录的，认定为首套自住住房。

购买首套自住住房，套型建筑面积在90平方米（含）以下的，贷款首付款比例不得低于20%；套型建筑面积在90平方米以上的，贷款首付款比例不得低于30%。

（2）第二套住房贷款

购买第二套自住住房，贷款首付款比例不得低于70%；对于在北京市住房和城乡建设委员会房屋交易权属信息查询系统中显示无房，但通过中国人民银行征信系统、住房公积金管理信息系统查询，有1笔个人住房贷款记录或1条购房提取记录，符合第二套住房贷款条件的借款申请人，仍执行贷款首付款比例不得低于60%的政策。

4）贷款额度和期限

（1）贷款额度

单笔住房公积金个人贷款最高额度为80万元。

购买政策性住房或小户型首套住房的上浮贷款额度：购买政策性住房或套型建筑面积在90平方米（含）以下的首套自住住房，个人信用等级为A级，贷款最高额度上浮30%；个人信用等级为B级，贷款最高额度上浮15%。购买第二套住房或套型建筑面积在90平方米以上的非政策性住房，贷款最高额度不再上浮。

（2）贷款期限

最长可计算到借款人70周岁，且不超过30年。

5）贷款申请程序

（1）贷款申请与受理

借款申请人到资金中心委托的银行提交贷款申请材料，符合受理条件的，受委托银行予以受理。

（2）贷款审批

借款申请经审核审批后，受委托银行在规定时间内将审批结果通知借款申请人。

（3）担保及签约

准予贷款的，借款申请人、配偶及共有产权人到担保机构驻受委托银行柜台办理贷款担保，并到面签柜台签订借款合同。

（4）放款

受委托银行于借款合同签订后4个工作日内完成放款，借款人于放款3个工作日后领取借款合同。

6）所需材料

（1）个人申请材料（表4-1）

表4-1 贷款所需的个人材料

项目	份数	备注
借款申请书	原件2份	
申请人身份证件或有效身份证明	复印件4份	第二代身份证须双面复印
配偶身份证件或有效身份证明	复印件4份	第二代身份证须双面复印

续表

项　目	份数	备　注
申请人户口簿首页、本人登记页、变更页	复印件3份	
配偶户口簿首页、本人登记页、变更页	复印件3份	
结婚证或有效婚姻关系证明	复印件3份	
配偶住房公积金缴存证明	原件1份，复印件1份	配偶不在资金中心缴存住房公积金的须提供
离退休证明（含在职期间缴存住房公积金证明）	复印件2份	离退休职工须提供
工作及收入情况证明	原件2份	申请人或配偶达到月缴存额上限的和离退休职工须提供
经公证的房屋共有产权人声明	原件2份	所购房屋有非申请人及配偶的共有产权人须提供
共有产权人身份证或有效身份证明	复印件3份	
暂住证或北京市工作居住证	复印件2份	申请人或配偶非京籍户口须提供
劳动合同	复印件2份	

（2）限价商品住房材料（表4-2）

表4-2　贷款所需限价商品住房材料

项　目		份数	备　注
购房合同（正本）		原件1份，复印件3份	
首付款发票		复印件2份	
《房屋所有权证》收押合同		原件3份	
同意销售和解除抵押权证明		原件2份	所购房屋已设定抵押须提供
期房	房屋预售许可证	复印件2份	
	预售合同联机备案表	原件1份，复印件2份	
现房	国有土地使用证	复印件2份	
	房屋所有权证	复印件2份	

注：所有复印件均须使用A4纸清晰复印。如申请信用评级，需按信用评级的相关规定提交材料（所需材料下载网址http://www.zzz.gov.cn/）。

7）违规违约行为惩处

（1）缴存职工有违规提取等违反住房公积金政策的行为，不享受贷款额度上浮等差别化优惠政策，资金中心有权视违规情节轻重下调其贷款最高额度或拒绝受理其贷款申请；

（2）申请贷款前 2 年内，个人征信系统和住房公积金管理信息系统显示借款申请人及配偶贷款（不含助学贷款）逾期连续达到 6 期的，不予贷款；存在其他逾期情况的，视情节轻重不享受贷款额度上浮，或下调其最高额度；

（3）借款申请人或其配偶采取伪造材料、隐瞒婚姻状况等弄虚作假方式骗取贷款的，拒绝受理其贷款申请，并自发现之日起 3 年内取消贷款申请资格，同时记入个人征信系统。已发放贷款的，资金中心有权提前收回剩余贷款全部本息。给资金中心造成损失的，应予赔偿，资金中心有权追究其法律责任；

（4）借款人在贷款后无故不正常缴存住房公积金的，或贷款存续期间发生违约，经多次催收仍处于违约状态且无正当理由的，资金中心有权提前收回剩余贷款全部本息，并将不良行为记入相关信用记录。

2. 北京市住房公积金贷款（市管公积金）

1）贷款申请条件

（1）具有合法有效身份；

（2）具有完全的民事行为能力；

（3）具有稳定的职业和收入，信用状况良好，有偿还贷款本息的能力；

（4）购买、建造、翻建、大修自住住房；

（5）具有购买、建造、翻建、大修自住住房的合同或相关证明文件；

（6）符合委托人规定的有关贷款的住房公积金缴存条件；

（7）提供委托人认可的担保；

（8）借款人夫妻双方均无尚未还清的住房公积金贷款和住房公积金政策性贴息贷款；

（9）符合委托人规定的其他条件。

2）住房公积金借款申请人须满足上述条件外，其住房公积金缴存情况须同时满足以下三个条件之一：

（1）建立住房公积金账户 12 个月（含）以上，同时，足额正常缴存住房公积金 12 个月（含）以上且申请贷款时处于缴存状态；

（2）申请人所在单位经公积金管理中心审批同意处于缓缴状态，但本人满足建立住房公积金账户 12 个月（含）以上，且足额正常缴存住房公积金 12 个月（含）以上；

（3）借款申请人为在职期间缴存住房公积金的离退休职工。

其中,购买政策性住房的借款申请人不受北京住房公积金缴存时限限制。借款申请人只需满足建立住房公积金账户且处于缴存状态条件即可申请住房公积金贷款。

3) 首付比例

通过北京市住房和城乡建设委员会房屋交易权属信息查询系统、中国人民银行征信系统和北京住房公积金管理系统及其他尽责调查,查询借款申请人无住房记录、无个人住房贷款记录、无住房公积金购房提取记录的,为首套自住住房。

购买首套自住住房,套型建筑面积在90平方米(含)以下的,贷款首付款比例不得低于20%;套型建筑面积在90平方米以上的,贷款首付款比例不得低于30%。

严格执行《关于规范商业性个人住房贷款中第二套住房认定标准的通知》(建房〔2010〕83号)的规定。第二套住房贷款首付款比例不低于70%,对于在北京市住房和城乡建设委员会房屋交易权属信息查询系统中显示无房,但通过中国人民银行征信系统、北京住房公积金管理系统查询,有1笔个人住房贷款记录或1条购房提取记录,符合第二套住房贷款条件的借款申请人,仍执行贷款首付款比例不低于60%的政策。

4) 贷款额度和期限

(1) 贷款额度

目前北京住房公积金贷款单笔最高额度为80万元。具体贷款额度的确定方法:

①计算本人及共同申请人的月收入:月收入=个人住房公积金月缴存额÷住房公积金缴存比例;

②计算最高可贷款额度:家庭月收入扣除至少400元的生活费后所剩余额,再除以申请贷款年限的每万元贷款月均还款额的所得即为最高可贷款额度。

③住房公积金贷款额度与借款人公积金缴存额、申请借款年限、首付款金额、所购房屋建筑面积都有关系。个人信用评估机构评定的信用等级为AA级的可上浮15%,即92万元,AAA级的借款申请人,贷款金额可上浮30%,即104万元。其中借款申请人购买第二套住房,贷款最高额度不再上浮,即不超过80万元。

④贷款额度不能超过抵押物最高可抵押价值。

(2) 贷款期限

借款人的贷款期限最长可以计算到借款人70周岁,同时不得超过30年。

5) 申请程序

咨询—初审（信用评估、抵押物评估）—复审—合同打印—（担保中心担保审核）—面签—转银行—办理相关手续—发放贷款。

6）申请所需材料

（1）限价商品住房现房材料（表 4-3）

表 4-3 市管公积金贷款所需限价房现房材料

序号	材料名称	担保中心担保方式			抵押担保方式		
		规格	份数	备注	规格	份数	备注
1	身份证或有效身份证明	原件	1	对于已婚者，须夫妻双方共同提供，对于有房屋共有权人的，共有权人须夫妻双方提供；第二代身份证正反两面均复印	原件	1	对于已婚者，须夫妻双方共同提供，对于有房屋共有权人的，共有权人须夫妻双方提供；第二代身份证正反两面均复印
		复印件	5		复印件	4	
2	户口本首页、本人页及变更页	原件	1	对于已婚者，须夫妻双方共同提供，对于有房屋共有权人的，共有权人须夫妻双方提供	原件	1	对于已婚者，须夫妻双方共同提供，对于有房屋共有权人的，共有权人须夫妻双方提供
		复印件	3		复印件	3	
3	暂住证或有效居住证明	原件	1	非北京市户口提供	原件	1	非北京市户口提供
		复印件	3		复印件	3	
4	有效婚姻关系证明	原件	1	已婚者、离异者提供	原件	1	已婚者、离异者提供
		复印件	4		复印件	3	
5	离退休证明	原件	1	离退休职工提供	原件	1	离退休职工提供
		复印件	2		复印件	2	
6	收入证明	原件	2	离退休职工提供	原件	2	离退休职工提供
7	购房首付款发票（收据）	原件	1		原件	1	
		复印件	3		复印件	3	
8	购房合同（正本）（对于应该网签的，提供网签信息表）	原件	1	初审后贷款中心留存	原件	1	
		复印件	5	其中 1 份个人留存，其中 1 份做抵押物评估用	复印件	5	其中 1 份个人留存，其中 1 份做抵押物评估用

续表

序号	材料名称	担保中心担保方式			抵押担保方式		
		规格	份数	备注	规格	份数	备注
9	契税、公共维修基金凭证	原件	1	加盖售房单位公章或财务章，开发商与担保中心约定为代缴的须提供			
		复印件	5				
10	契税、公共维修基金收据	原件	1	加盖售房单位公章或财务章，开发商与担保中心约定为代收的须提供			
		复印件	5				
11	逾期还款回购协议书	原件	1	原件审核后留存；复印件加盖单位公章，开发商与担保中心约定为代收或代缴的均须提供			
		复印件	5				
12	大专（含）以上学历、学位证书、职称证书、自有产权住房证明、租赁公有住房证明	原件	1	根据信用评估申请人实际情况提供	原件	1	根据信用评估申请人实际情况提供
13	贷款还清证明	原件	1	需要对借款申请人是否已办理公积金贷款或政策性贴息情况进行认定的提供，复印件贷款中心留存	原件	1	需要对借款申请人是否已办理公积金贷款或政策性贴息情况进行认定的提供，复印件贷款中心留存
		复印件	1		复印件	1	
14	中心要求的其他材料						

特别说明：
1. 审核原件后将原件退还给借款人（逾期回购协议原件除外）；
2. 提交的资料统一使用A4纸复印；
3. 对于有代理机构代理须提供代办授权书（原件）3份。

(2) 限价商品住房期房材料（表 4-4）

表 4-4　市管公积金贷款所需限价房期房材料

序号	材料名称	商品房		备注
		规格	份数	
1	身份证或有效身份证明	原件	1	对于已婚者，须夫妻双方共同提供，对于有房屋共有权人的，共有权人须夫妻双方提供；第二代身份证正反两面均复印
		复印件	5	
2	户口本首页、本人页及变更页	原件	1	对于已婚者，须夫妻双方共同提供，对于有房屋共有权人的，共有权人须夫妻双方提供
		复印件	3	
3	暂住证或有效居住证明	原件	1	非北京市户口提供
		复印件	3	
4	有效婚姻关系证明	原件	1	已婚者、离异者提供
		复印件	4	
5	离退休证明	原件	1	离退休职工提供
		复印件	2	
6	收入证明	原件	2	离退休职工提供
7	购房首付款发票（收据）	原件	1	
		复印件	3	
8	购房合同（正本）（对于需要网签的，提供联机备案表及网签信息表）	原件	1	初审后贷款中心留存
		复印件	5	其中 1 份个人留存，其中 1 份做抵押物评估用
9	大专（含）以上学历、学位证书、职称证书、自有产权住房证明、租赁公有住房证明	原件	1	根据信用评估申请人实际情况提供
10	贷款还清证明	原件	1	需要对借款申请人是否已办理公积金贷款或政策性贴息情况进行认定的提供，复印件贷款中心留存
		复印件	1	
11	中心要求的其他材料			

特别说明：
1. 审核原件后将原件退还给借款人；
2. 提交的资料统一使用 A4 纸复印；
3. 对于有代理机构代理须提供代办授权书（原件）3 份。

7) 涉及的相关费用及收费标准

（1）担保费

通常情况下，常见到的担保方式为北京市住房贷款担保中心连带责任保证担保、抵押担保。其中担保中心担保涉及担保服务费，担保费收费标准为，贷款额度的千分之三，最低收费 300 元。个人信用评估 AA，给予 9.8 折扣，个人信用评估 AAA，给予 9.5 折扣。

（2）房屋评估费

抵押物价值评估，目前对于商品房期房、商品房现房需要经行抵押物价值评估，涉及费用，按照评估价值的千分之三收取，最低收费 300 元，最高 1500 元。

（二）个人住房商业贷款

个人住房商业贷款是用信贷资金向在中国大陆境内城镇购买、建造、大修各类型住房的自然人发放的贷款，即通常所称"个人住房按揭贷款"。

1. 贷款用途

用于支持个人在中国大陆境内城镇购买、建造、大修住房。

2. 贷款对象

具有完全民事行为能力的中国公民，在中国大陆有居留权的具有完全民事行为能力的港澳台自然人，在中国大陆境内有居留权的具有完全民事行为能力的外国人。

3. 贷款条件

借款人必须同时具备下列条件：

（1）有合法的身份；

（2）有稳定的经济收入，信用良好，有偿还贷款本息的能力；

（3）有合法有效的购买、建造、大修住房的合同、协议以及贷款行要求提供的其他证明文件；

（4）支付所购住房的首付款；

（5）有贷款行认可的资产进行抵押或质押，或（和）有足够代偿能力的法人、其他经济组织或自然人作为保证人；

（6）贷款行规定的其他条件。

4. 贷款额度

最高为所购（建造、大修）住房全部价款或评估价值（以低者为准）的 80%。

5. 贷款期限

一般最长不超过 30 年。

6. 贷款利率

按照中国人民银行和中国银行业监督管理委员会的相关利率政策执行。

7. 申请贷款资料

（1）身份证件复印件（居民身份证、户口簿、军官证、在中国大陆有居留权的境外、国外自然人为护照、探亲证、返乡证等居留证件或其他身份证件）；

（2）贷款行认可的借款人偿还能力证明资料；

（3）合法有效的购买（建造、大修）住房合同、协议及相关批准文件；

（4）借款人用于购买（建造、大修）住房的自筹资金的有关证明；

（5）房屋销（预）售许可证或楼盘的房地产权证（现房）（复印件）；

（6）贷款行规定的其他文件和资料。

8. 贷款流程

（1）贷款咨询：通过网点、电话或网站了解个人住房贷款对象、贷款条件、贷款额度、期限、利率、还款方式、贷款程序等情况；

（2）贷款申请：提交银行规定的申请个人住房贷款的材料；

（3）签订合同：当申请获得批准后，与银行签订住房贷款合同；

（4）贷款发放：银行在条件具备时按合同约定发放贷款；

（5）客户还款：按合同约定按时还款；

（6）贷后服务。

（三）个人住房组合贷款

个人住房组合贷款是指对按时足额缴存住房公积金的自然人在购买、建造、大修各类型住房时，银行同时为其发放公积金个人住房贷款和自营性个人住房贷款而形成的特定贷款组合。

1. 贷款用途

用银行信贷资金与住房公积金相配套，向在中国大陆境内城镇购买（建造、大修）各类型住房的具有完全民事行为能力且按时足额缴存住房公积金的自然人发放的贷款。

2. 贷款对象

在中国大陆境内城镇购买各类型住房的按时足额缴存住房公积金的自然人。

3. 贷款条件

应同时具备的基本条件为：

（1）有合法的身份；

（2）按时足额缴存住房公积金的自然人；

（3）有稳定的经济收入，信用良好，有偿还贷款本息的能力；

（4）有合法有效的购买（建造、大修）住房的合同、协议以及贷款行要求提供的其他证明文件；

（5）用于支付所购住房的首付款；

（6）有贷款行认可的资产进行抵押或质押，或（和）有足够代偿能力的法人、其他经济组织或自然人作为保证人；

（7）符合当地公积金管理部门规定的借款条件；

（8）贷款银行规定的其他条件。

4. 贷款额度

公积金个人住房贷款和银行自营性个人住房贷款合计最高为所购住房销售价格或评估价值（以两者较低额为准）的80%，其中公积金个人住房贷款最高额度须按照当地住房资金管理部门的有关规定执行。

5. 贷款期限

在中国人民银行规定的最长贷款期限内（目前为30年），由公积金管理部门和贷款银行根据借款人的实际情况，分别确定贷款期限。

6. 贷款利率

所贷款项中的商业性个人住房贷款部分按照个人住房贷款利率执行。公积金贷款部分按照个人住房公积金贷款利率执行。

7. 申请贷款所需材料

向公积金管理部门和银行依次提出借款申请时，需提交以下资料：

（1）身份证件（居民身份证、户口簿或其他有效身份证件）；

（2）公积金管理部门和贷款银行认可的借款人偿还能力证明材料，例如：收入证明、近三年的个人所得税纳税证明或（和）资产证明等；

（3）合法的购买（建造、大修）住房的合同、协议及批准文件；

（4）借款人用于购买住房的自筹资金的有关证明；

（5）公积金管理部门和贷款行规定的其他文件和资料。

具体材料参照表4-5、表4-6。

表4-5 北京个人住房组合贷款（公积金部分）标准要件清单（经办银行发起）

序号	材料名称	规格	份数	备注
1	身份证件或有效身份证明	复印件	4	对于非担保中心担保的，提供3份复印件
2	户口本首页、本人页及变更页	复印件	3	对于非担保中心担保的，提供2份复印件
3	暂住证或有效居住证明	复印件	3	非北京市户口提供；对于非担保中心担保的，提供2份复印件
4	有效婚姻关系证明	复印件	3	已婚者、离异者提供；对于非担保中心担保的，提供2份复印件

续表

序号	材料名称	规格	份数	备注
5	离退休证明及退休人员收入证明	原件	2	离退休职工提供
6	交易资金划转协议或自行划转声明	原件	1	二手房提供；对于非担保中心担保的，提供2份复印件
		复印件	3	
7	购房首付款发票（收据）	复印件	3	非担保中心担保的，提供2份复印件
8	购房合同（正本）	原件	1	对于按照相关政策需要办理网签手续的，含联机备案表、网签信息表（现房购房情况说明）初审后转经办银行
		复印件	5	对于非担保中心担保的，提供4份复印件
9	契税凭证、公共维修基金凭证逾期还款回购协议书	复印件	4	与担保中心签合作协议并采用担保中心担保的现房提供
10	贷款还清证明	复印件	1	需要对借款申请人是否已办理公积金贷款或政策性贴息情况进行认定的提供
11	中心要求的其他材料			

注：所有材料复印件均用A4纸。

表4-6 组合贷款公积金部分贷款申请所需材料清单（公积金贷款部分经办部门发起）

序号	材料名称	规格	份数	备注
1	身份证件或有效身份证明	原件	1	对于抵押、质押的，提供3份复印件
		复印件	4	
2	户口本首页、本人页及变更页	原件	1	对于抵押、质押的，提供2份复印件
		复印件	3	
3	暂住证或有效居住证明	原件	1	非北京市户口提供；对于抵押、质押的，提供2份复印件
		复印件	3	
4	有效婚姻关系证明	原件	1	已婚者、离异者提供；对于抵押、质押的，提供2份复印件
		复印件	3	

续表

序号	材料名称	规格	份数	备注
5	离退休证明及退休人员收入证明	原件	2	离退休职工提供
6	交易资金划转协议或自行划转声明	原件	1	二手房提供；对于抵押、质押的，提供2份复印件
		复印件	3	
7	购房首付款发票（收据）	原件	1	抵押、质押的，提供2份复印件
		复印件	3	
8	购房合同（正本）	原件	1	对于按照相关政策需要办理网签手续的，含联机备案表、网签信息表（现房购房情况说明）初审后转经办银行
		复印件	5	对于抵押、质押的，提供4份复印件
9	卖方房屋所有权证（含共有权证）	原件	1	二手房项目提供，对抵押、质押的，提供3份复印件
		复印件	4	
10	卖方身份证或有效身份证明	原件	1	二手房项目提供，对于抵押、质押的，提供3份复印件
		复印件	4	
11	卖方收款账户	原件	1	二手房项目提供，对于抵押、质押的，提供2份复印件
		复印件	3	
12	契税凭证、公共维修基金凭证逾期还款回购协议书	原件	1	与担保中心签合作协议并采用担保中心担保的现房提供
		复印件	4	
13	贷款还清证明	原件	1	需要对借款申请人是否已办理公积金贷款或政策性贴息情况进行认定的提供
		复印件	1	
14	大专以上学历、学位、职称证书	原件	1	根据信用评估申请人实际情况提供
15	自有住房产权、租赁公有住房证明	原件	1	
16	代办授权委托书	原件	3	通过代办机构办理
17	住房公积金贷款预审单	原件	1	抵押加第三方连带责任保证
18	抵押物评估初审意见书	原件	1	抵押加第三方连带责任保证
19	中心要求的其他材料			

注：贷款中心审核原件后将原件退还给借款人（逾期还款回购协议书等贷款审核需要留存的资料原件除外），所有材料复印件均用A4纸。

8. 贷款流程

（1）贷款咨询：通过银行网点、电话或网站了解组合贷款中自营性贷款的有关情况和要求；通过公积金中心网站、电话和银行网点等了解公积金贷款的有关情况和要求。

（2）贷款申请：分别向住房资金管理中心和银行分别提出书面贷款申请，并提交有关资料。

（3）签订合同：获得公积金个人住房贷款额度之后，持公积金管理部门出具的《公积金个人住房贷款委托通知单》，向贷款银行申请组合贷款（公积金个人住房贷款和自营性个人住房贷款）。客户在接到银行同意贷款的通知后，需与贷款行就公积金个人住房贷款和自营性个人住房贷款分别签订借款合同和担保合同。

（4）贷款发放：公积金中心和银行分别在条件具备时按合同约定发放贷款。

（5）客户还款：客户按合同约定按时还款。

（6）贷后服务。

七、售后管理

1. 限价商品住房购房人进行房屋权属登记时，房屋行政主管部门应在房屋权属证书上注明"限价商品住房"字样。

2. 申请家庭购买限价商品住房时，申请人夫妻双方应共同与房屋销售单位签订买卖合同，办理共同共有房屋登记手续。夫妻双方对房屋产权份额有约定的，可持相关约定办理按份共有房屋登记手续。

3. 各保障性住房开发企业或产权单位应在限价商品住房家庭办理入住手续前30日，将拟入住家庭情况书面告知区（县）住房保障管理部门。各开发企业或产权单位应在家庭办理入住手续后10日内，将办理入住家庭信息以书面形式告知区（县）住房保障管理部门。

4. 限价商品住房的保障家庭利用保障房抵押借款，用途仅限于支付本套住房购房款，未经区（县）住房保障管理部门同意，不得将所购房屋作为其他债务担保。

5. 已购限价商品住房在房屋产权性质未转为商品房前，购房家庭不得将所购保障房作价出资或者通过买卖、赠与等方式将房屋所有权全部或部分转移给他人。

6. 已购限价商品住房的抵押权人因购房家庭无力偿还购房贷款等原因需要处置抵押物，依下列情况办理：

(1) 按相关规定，已购房屋取得契税完税凭证或房屋所有权证未满五年的，不得按市场价格上市出售。该房屋应由购房家庭原申请户籍所在区（县）住房保障管理部门安排其他符合条件的轮候家庭按原购房价格购买或按原购房价格回购，所得款项优先偿还抵押权人。房屋产权性质不变。

(2) 按相关规定，已购房屋取得契税完税凭证或房屋所有权证满五年的，可由抵押权人依法实现其抵押权。同等价格条件下，区（县）住房保障管理部门可优先回购。拍卖或出售所得价款按规定扣除需向政府补交的土地收益等价款后，剩余部分优先偿还抵押权人。房屋产权性质转为商品房。

7. 限价商品住房购房人已取得房屋所有权证，登记为夫妻一方单独所有的，夫妻双方可持身份证明、婚姻关系证明、房屋所有权证、夫妻双方关于房屋产权共有情况的约定等材料，到房屋登记部门依法办理共有房屋登记手续。房屋产权性质不变。

八、房屋退出管理

1. 购房人违反《北京市限价商品住房管理办法（试行）》（京政发〔2008〕8号）规定，申请时户籍所在地区（县）住房保障管理部门取消家庭购房资格后，责令其退回已购住房的，按照以下程序办理：

(1) 区（县）住房保障管理部门作出责令退回限价商品住房决定，书面通知购房人在规定期限内提交购房合同或房屋所有权证、身份证明等材料。

(2) 已受理房屋登记申请但尚未将登记事项记载于房屋登记簿前，区（县）住房保障管理部门书面通知房屋销售单位与购房人解除购房合同，停止办理房屋登记等手续，并将书面决定抄送房屋登记部门停止办理后续手续。购房人与房屋销售单位到房屋管理部门办理退房手续后，房屋销售单位按照购房原价退回购房款，并退回购房人房屋分户账中结余的住宅专项维修资金。已入住家庭须结清水、电、气、热和物业管理等费用。

贷款购房家庭，房屋销售单位与购房人先办理银行贷款解除手续后再解除购房合同，并到房屋所在地区（县）房屋登记部门办理购房合同注销手续，已办理预购商品房抵押权预告登记的，应先办理抵押权注销登记。贷款银行已放款给房屋销售单位的，由房屋销售单位归还银行贷款本金，贷款利息和违约金由购房人负担。

(3) 已将登记事项记载于房屋登记簿的，由北京市住房和城乡建设委员会作出撤销登记决定，收回房屋所有权证或公告房屋所有权证作废，房屋由区（县）住房保障管理部门或其指定机构组织回购，按购房原价退回购房款，并退回购房人房屋分户账中结余的住宅专项维修资金。已入住家庭须结清水、电、气、热和物业管理等费用。

贷款未还清的,由区(县)住房保障管理部门或其指定机构与购房人到贷款银行办理个人贷款合同终止手续,区(县)住房保障管理部门或其指定机构归还购房人银行贷款本金,贷款利息和违约金由购房人负担。已办理抵押权登记的,由抵押权人到区(县)房屋登记部门办理抵押权注销登记手续。

房屋登记部门凭责令退回决定及其他相关材料将房屋产权登记在区(县)住房保障管理部门或其指定机构名下。

(4)购房人拒不退回已购住房的,区(县)住房保障管理部门或房屋销售单位可以依法申请人民法院强制执行。

2. 购房人签订购买限价商品住房合同后死亡,依下列情况办理:

(1)购房人签订购房合同后,办理房屋产权登记前死亡的,购房家庭中没有其他共同申请成员的,房屋销售单位应终止购房合同,并按照有关法律规定和合同约定结清相关款项;购房家庭中有其他共同申请成员的,由当事人与房屋销售单位按照法律规定和合同约定自行处理。

(2)购房人在办理房屋产权登记后死亡,购房家庭其他成员可依据继承法律规定办理相关房屋登记手续,产权性质不变。

3. 回购限价商品住房,由区(县)住房保障管理部门重新配售,配售价格由住房保障管理部门结合回购成本确定。

九、监督管理

1. 购房人取得房屋权属证书后 5 年内不得转让所购住房。确需转让的,可向户口所在区(县)住房保障管理部门申请回购,回购价格按购买价格并考虑折旧和物价水平等因素确定。回购的房屋继续作为限价商品住房向符合条件家庭出售。

购房人在取得房屋权属证书 5 年后转让所购住房的,应按届时同地段普通商品住房和限价商品住房差价的一定比例交纳土地收益等价款。具体比例由市建设、国土资源、发展改革、财政等部门研究确定,经市政府批准后实施,并可根据房地产市场变化等情况按程序适时调整交纳比例。

2. 已经市住房保障管理部门备案的申请家庭,其家庭收入、住房和资产等情况在轮候期间发生变化的,应如实向所在区(县)住房保障管理部门报告,区(县)住房保障管理部门会同有关部门对其申报情况进行复核。区(县)住房保障管理部门也可对申请家庭的收入、住房和资产情况进行检查。对经核实不符合购买限价商品住房条件的家庭,应取消其购房资格。

3. 限价商品住房建设单位有下列行为之一的，由相关部门依法处理：

（1）未按《国有土地使用权出让合同》约定缴纳地价款，擅自改变土地用途、建设规模和建设时限的，由市国土资源部门处理；

（2）违反限价商品住房价格管理有关规定的，由市发展改革部门处理；

（3）擅自向未经区（县）住房保障管理部门确定的申请家庭出售限价商品住房的，由所在区（县）住房保障管理部门责令其限期收回；不能收回的，由建设单位向区（县）住房保障部门补交同地段限价商品住房与普通商品住房的差价，并对建设单位依法予以处罚。

4. 对弄虚作假，隐瞒家庭收入、住房和资产状况及伪造相关证明的申请人，由所在区（县）住房保障管理部门取消其申请资格，5年内不得再次申请；对已骗购限价商品住房的，由区（县）住房保障管理部门责令购房人退回已购住房或按同地段普通商品住房价格补足购房款；已构成犯罪的，移交司法机关追究刑事责任。

5. 对为申请人出具虚假证明的单位，由市住房保障管理部门提请其上级主管部门或监察部门追究单位主要负责人和相关责任人的责任；已构成犯罪的，移交司法机关追究刑事责任。

6. 对有关部门和单位工作人员在申请家庭资格审查和限价商品住房建设、销售、管理等过程中，玩忽职守、滥用职权、徇私舞弊的，应追究行政责任；已构成犯罪的，移交司法机关追究刑事责任。

7. 通过购买限价商品住房资格审核的家庭在轮候期间应每年按期向街道办事处或乡镇人民政府住房保障管理部门如实申报家庭收入、人口、住房、资产等变动情况。

区（县）、街道办事处或乡镇人民政府住房保障管理部门应当定期会同民政等相关部门对通过购买限价商品住房资格审核家庭的人口、收入、住房、资产等变动状况进行复核，并根据复核结果对通过购买限价商品住房资格审核家庭的资格及时调整并书面告知当事人。

8. 在轮候期间的申请家庭有下列情况之一的，由区（县）住房保障管理部门做出取消其家庭保障资格的决定：

（1）未如实申报家庭收入、家庭人口、住房、资产等状况的；

（2）家庭收入、资产连续12个月以上超出规定的准入标准的；

（3）因家庭人数减少或住房面积增加，人均住房面积超出规定的住房保障标准的；

9. 区（县）住房保障管理部门做出取消限价商品住房购买资格的决定后，应发放《北京市限价商品住房购买资格取消通知书》（附录11），并说明理由。

十、原住房腾退

1. 原住房腾退办法

（1）申请家庭原住房是指限价商品住房申请家庭的申请人和申请家庭成员在本市所承租的公房和拥有的私有住房。

（2）申请家庭原住房为承租公房（包括直管、自管）的，承租人应将原住房腾退给产权单位。申请家庭承租的公有住房为申请家庭成员与其他承租人2人以上共同租赁的，原住房可由其他共同承租人继续承租。

产权单位已不存在或不收回房屋或没有其他承租人的，承租人应当将原住房腾退给户口所在地区（县）住房保障部门或其委托的单位，由区（县）住房保障管理部门或其委托单位与公房产权单位办理承租人变更手续。区（县）住房保障管理部门可按照腾退住房面积给予腾退家庭一次性的腾房经济补助，经济补助标准由各区（县）政府按照本区（县）实际情况制定。

申请家庭原住房为承租的军产房的，可参照上述原则办理。

（3）申请家庭原住房为私有住房需要腾退的，应当将产权过户给区（县）住房保障管理部门或其委托的单位。申请家庭应当承诺原住房不涉及抵押、查封等限制权利情形，涉及产权纠纷的，不予腾退。

各区（县）可根据实际情况，对申请家庭原住房腾退给予适当货币补偿。具体标准可由各区（县）参照《关于进一步做好本市房屋拆迁安置和补偿工作的若干意见》（京建拆〔2009〕431号文）精神，综合考虑腾退房屋的区位、用途以及申请家庭人口、原房屋建筑面积、本区（县）拟公开摇号配售的限价商品住房区位、价格等因素综合确定。

（4）申请家庭获得的原住房腾房经济补助或货币补偿与该家庭其他资产总和不能超过该家庭所申请的政策性住房申请条件中规定的家庭总资产标准。

（5）申请家庭原住房腾房经济补助或货币补偿所需资金由各区（县）财政安排。各区（县）住房保障管理部门也可委托市或本区（县）公租房管理中心收购申请家庭腾退的原住房。腾退住房作为廉租住房使用的，所需收购资金在廉租住房保障资金中列支，由市、区（县）政府按规定比例分担。

（6）申请家庭在签订购房合同前，未在规定时间内与区（县）住房保障管理部门或其委托的单位签订腾退原住房协议，或未在规定时间内办理承租人变更或房屋转移登记手续的，视为放弃本次购房资格。

（7）申请家庭已签订腾退原住房协议并办理承租人变更或房屋转移登记手续，但未在规定时间内腾空原住房的，区（县）住房保障管理部门或其委托单位可向原房所在地人民法院提起诉讼。

2. 原住房腾退原则

（1）申请家庭原住房位于首都功能核心区的，必须腾退。首都功能核心区是指东城区、西城区。

（2）申请家庭原住房位于首都功能核心区之外的区（县），但已列入本市棚户区改造范围或地铁工程、市政道路工程、城中村整治、保障性住房建设等公益性项目拆迁范围的，必须腾退。

（3）除上述两类情况，申请家庭可自愿选择原住房腾退或不腾退。愿意腾退原住房的，按标准配售；不腾退的，降档配售。

3. 原住房腾退程序

（1）需腾退原住房的家庭在申请限价商品住房时，原住房应腾退给产权单位的，需提供与原住房产权单位签订的腾退原住房协议；原住房需腾退给区（县）住房保障管理部门的，申请家庭需书面承诺将原住房腾退给区（县）住房保障管理部门或区（县）住房保障管理部门委托的单位。

（2）腾退家庭在参加限价商品住房公开摇号，选定的政策性住房签订购房合同以前，应与区（县）住房保障管理部门或其委托的单位签订腾退原住房协议，并办理原住房承租人变更或房屋转移登记，承租人变更或房屋转移登记手续办结后方可签约购买经济适用住房或限价商品住房，申请家庭原住房所在区（县）房管部门应协助办理有关手续。需要经济补偿的，区（县）住房保障管理部门或其委托的单位应及时向申请家庭支付腾房经济补助或货币补偿金。

（3）腾退家庭应在所购买限价商品住房交房入住半年内腾空原住房，并交给原住房产权单位或区（县）住房保障管理部门或其委托的单位。

十一、上市出售

1. 已购限价商品住房未满 5 年的，不得按市场价上市出售，确定出售的向相关部门申请，由保障部门确定符合条件购买人原价出售或按原价回购；

2. 已购限价商品住房家庭取得契税完税凭证或房屋所有权证满五年后，可以按市场价出售所购住房，应按照市有关部门公布的届时同地段普通商品住房价格和限价商品住房价格之差的一定比例交纳土地收益等价款，交纳比例为 35%。

十二、物业管理

限价商品住房物业管理标准参照商品房物业管理标准。

（一）物业服务收费管理

1. 物业服务收费是指物业管理企业按照物业服务合同的约定，对房屋及配套的设施设备和相关场地进行维修、养护、管理，维护相关区域内的环境卫生和秩序，向业主所收取的费用。

物业服务费用由业主交纳。政府另有规定的除外。

2. 本市物业服务收费实行市场调节价和政府指导价。

实行市场调节价的物业服务收费，收费标准由业主与物业管理企业在物业服务合同中约定。

实行政府指导价的物业服务收费由市价格主管部门会同市房地产行政主管部门制定基准价标准及浮动幅度，两年公布一次。

3. 实行市场调节价的物业服务收费标准需要调整时，应由业主大会或共同履行业主大会、业主委员会职责的全体业主与物业管理企业协商确定。

4. 实行市场调节价的物业服务收费，可以采取包干制或者酬金制方式，具体方式由业主大会与物业管理企业协商确定；业主大会成立前，由开发建设单位、物业管理企业与业主在房屋买卖合同或前期物业服务合同中约定。

5. 实行物业服务费用包干制的，物业服务费用的构成包括物业服务成本、法定税费和物业管理企业的利润。

实行物业服务费用酬金制的，预收的物业服务资金包括物业服务支出和物业管理企业的酬金。

物业服务成本或者物业服务支出构成一般包括以下部分：

(1) 管理服务人员的工资、社会保险和按规定提取的福利费等；
(2) 物业共用部位、共用设施设备的日常运行、维护费用；
(3) 物业管理区域清洁卫生费用；
(4) 物业管理区域绿化养护费用；
(5) 物业管理区域秩序维护费用；
(6) 办公费用；
(7) 物业管理企业固定资产折旧；
(8) 物业共用部位、共用设施设备及公众责任保险费用；
(9) 经业主同意的其他费用。

物业共用部位、共用设施设备的大修、中修和更新、改造费用，不得计入物业服务支出或者物业服务成本。

6. 实行物业服务费用酬金制的，预收的物业服务支出属于代管性质，为所交纳的业主所有，物业管理企业不得将其用于物业服务合同约定以外的支出。

物业管理企业应当向业主大会或者全体业主公布物业服务资金年度预决算，并每年不少于一次公布物业服务资金的收支情况。

业主或者业主大会对公布的物业服务资金年度预决算和物业服务资金的收支情况提出质询时，物业管理企业应当及时答复。

7. 物业服务收费采取酬金制方式的，物业管理企业或者业主大会可以按照物业服务合同约定聘请专业机构对物业服务资金年度预决算和物业服务资金的收支情况进行审计。

8. 执行物业服务收费政府指导价的住宅区，电梯、水泵运行维护费可依据其实际支出，按建筑面积或户合理分摊，具体办法由业主与物业管理企业协商确定。协商达成一致之前，电梯、水泵运行维护费执行政府指导价。

9. 利用物业共用部位、共用设施设备进行经营的，应当在征得相关业主、业主大会、物业管理企业的同意后，按照规定办理有关手续。所得收益应当主要用于补充专项维修资金，也可以按照业主大会的决定使用。

10. 业主按照房屋买卖合同约定的交付期开始交纳物业服务费。纳入物业管理范围的已竣工但尚未出售，或者因开发建设单位原因未按时交给物业买受人的物业，物业服务费用由开发建设单位全额交纳。

11. 物业管理企业可按月、按季或按年度计收物业服务费用，但不得一次性预收一年以上（不含一年）的物业服务费用。

12. 业主与物业使用人约定由物业使用人交纳物业服务费用的，从其约定，业主负连带交纳责任。

物业发生产权转移时，业主或者物业使用人应当结清物业服务费用。

业主应当按照物业服务合同的约定按时足额交纳物业服务费用。业主违反物业服务合同约定逾期不交纳服务费用的，业主委员会应当督促其限期交纳；逾期仍不交纳的，物业管理企业可以依法追缴。

13. 物业管理区域内，供水、供电、供气、供热、通讯、有线电视等单位应当向最终用户收取有关费用。物业管理企业接受委托代收上述费用的，可向委托单位收取手续费，不得向业主收取手续费等额外费用。

14. 物业管理企业根据业主的委托提供物业服务合同约定以外的服务，服务收费由双方约定。

15. 物业管理企业在物业服务中应当遵守国家的价格法律法规，严格履行物业服务合同，为业主提供质价相符的服务。

16. 物业服务收费实行明码标价。物业管理企业应当在物业管理区域内的显著位置，将服务内容、服务标准以及收费项目、收费标准进行公示。

（二）北京市住宅物业管理服务标准

表 4-5　普通商品住宅物业管理服务标准

项目	范围	工作内容及要求
（一）综合管理	小区规划红线范围内，涉及共用财产和公共事务的管理	(1) 负责制定物业管理服务工作计划，并组织实施； (2) 每年一次对房屋及设施设备进行安全普查，根据普查结果制定维修计划，组织实施； (3) 白天有专职管理员接待住户，处理服务范围内的公共性事务，受理住户的咨询和投诉；夜间有人值班，处理急迫性报修，水、电等急迫性报修半小时内到现场； (4) 协助召开业主大会并配合其运作； (5) 管理规章制度健全，服务质量标准完善，物业管理档案资料齐全； (6) 与业主签定物业服务合同等手续；公开服务标准、收费依据及标准； (7) 应用计算机系统对业主及房产档案、物业管理服务及收费情况进行管理； (8) 全体员工统一着装，佩带有相片胸卡，持证上岗； (9) 每年进行一次物业管理服务满意率调查，促进管理服务工作的改进和提高，征求意见用户不低于总户数 80%。 (10) 建立起应对各种公共突发事件的处理机制和预案，包括组织机构、人员和具体措施等，一旦发生，能随时投入运行。
（二）房屋及小区共用部位共用设施设备日常维护	按《北京市住宅公共维修基金使用管理办法》中附件 1：共用部位共用设施设备一般应包括的范围的内容为准；不包括另行收费的设备设施，如电梯、水泵、暖气等设备	确保居住小区内楼房共用部位共用设施设备、基本市政设施的正常使用运行和小修养护，包括： (1) 楼房及小区内共用部位共用设施设备的日常养护和小修，执行《房屋及其设备小修服务标准》； (2) 保证护栏、围墙、小品、桌、椅、楼道灯、绿化设施等公共设施、设备正常使用； 道路、甬路、步道、活动场地达到基本平整，边沟涵洞通畅； (3) 确保雨水、污水管道保持通畅，定期清淘化粪池、雨水井，相关设施无破损； (4) 负责小区智能化设施的日常运行维护； (5) 定期清洗外墙。
（三）绿化	小区规划红线范围内的中心绿地和房前、屋后，道路两侧区间绿地	按市园林局规定的《二级养护标准》养护。

续表

项　目	范　　围	工作内容及要求
（四）保洁	小区规划红线以内，业主户门以外	维护和保持服务范围内的清洁卫生，包括： (1) 有健全的保洁制度，清洁卫生实行责任制，有明确的分工和责任范围； (2) 设定垃圾集纳地点，并每日将服务范围内的垃圾归集到垃圾楼、站，对垃圾（专用）楼、站、箱、道、桶及垃圾进行管理； (3) 每日对保洁服务范围内的区域进行一次清扫，做到服务范围内无废弃杂物； (4) 对楼梯间、门厅、电梯间、走廊等的门、窗、楼梯扶手、栏杆、墙壁等，进行一周一次清扫； (5) 按政府有关规定向服务范围内喷洒、投放灭鼠药、消毒剂、除虫剂； (6) 在雨、雪天气应及时对区内主路、干路积水、积雪进行清扫。 (7) 发生突发公共卫生事件时，应迅速组织人员对物业的共用部位共用设施设备进行通风、清洗和消毒，加强对业主的宣传，维持正常的生活秩序。
（五）公共秩序维护	小区规划红线以内，业主户门以外	公共区域的秩序维护和公共财产的看管，包括： (1) 相对封闭：做到小区主要出入口昼夜有专人值守，危及人身安全处有明显标志和防范措施； (2) 维护交通秩序：包括对机动车辆和非机动车辆的行驶方向、速度、临时停放位置进行管理，保持车辆行驶通畅； (3) 看管公共财产：包括楼内的门、窗、消防器材及小区的表井盖、雨箅子、小品、花、草、树木、果实等； (4) 夜间对服务范围内重点部位、道路进行不少于一次的防范检查和巡逻，巡逻不少于2人，做到有计划、有记录； (5) 有发生治安案件、刑事案件、交通事故的处置预案；发生时，应立即采取措施，并及时报警和配合公安部门进行处理。
（六）停车管理	机动车辆、非机动车辆在停车场（存车处）、位的管理	(1) 有健全的机动车、非机动车存车管理制度和管理方案； (2) 对进入小区的机动车辆进行登记发放凭证，出门凭证放行； (3) 保证停车有序，24小时设专人看管；有发生紧急情况预案； (4) 长期存放的，应签订停车管理服务协议，明确双方的权利义务等。

续表

项目	范围	工作内容及要求
(七)消防管理	公共区域消防设施的维护及消防管理	(1) 有健全的消防管理制度,建立消防责任制及火灾消防预案; (2) 消防设施有明显标志,定期对消防设施进行巡视、检查和维护; (3) 定期进行消防训练,保证有关人员掌握消防基本技能。 (4) 发生火灾,及时报警,协助消防人员疏散、救助人员等。
(八)高压供水	养护、运行、维修	(1) 保证居民正常生活用水;有停水处置预案; (2) 水箱盖上锁和定期清洗消毒,确保水质合格; (3) 维修服务标准执行京房地修字〔1998〕第799号文件规定。(4) 发生突发公共卫生事件时,要加强对供水系统的消毒,禁止无关人员进入高压水泵机房,接近高位水箱。
(九)电梯	养护、运行、维护	(1) 主梯6:00—24:00不间断运行,0:00—6:00呼叫运行,电梯工夜间值班,并在候梯厅公布呼叫电话或房号。凡是楼层中设有电梯门的,均须开启载客; (2) 凡有高峰梯的,在高峰期6点—8点、17点—19点与主梯同时运行; (3) 主梯维修时,有备用梯的,用备用梯运行,无备用梯的,属急迫性维修的,应在30分钟内抢修完工,其他维修应于23点至次日5点以内完工;有发生紧急情况时的处置预案; 维修服务标准执行京房地修字〔1998〕第799号文件规定。 (4) 一旦发生电梯停电关人、夹人等危险情况时,应迅速组织救助。
(十)装修管理服务	房屋装饰装修管理	(1) 有健全的装修管理服务制度; (2) 查验业主装修方案,与业主、施工单位签定装修管理协议,告知业主装修注意事项; (3) 装修期间,对装修现场进行巡视与检查,严格治安、消防和房屋安全管理;对进出小区的装修车辆、装修人员实行出入证管理,调解因装修引发的邻里纠纷; (4) 业主装修结束后,应进行检查。对违反装修协议的要进行处理,问题严重的报行政管理部门; (5) 及时清运装修垃圾,集中堆放时间不得超过三天。

十三、常见问题

1. 限价商品住房是否允许出租？

限价商品住房是政策性住房，是政府解决中等收入阶层的一种调剂型的商品房，对购房人群的资格有严格限定。其根本的要求是，限价商品住房是自住房。如果用来出租，则背离了限价商品住房的宗旨。所以，不允许用来出租。

2. 拆迁补偿款，是否算作家庭资产？

根据限价商品住房政策，申请限价商品住房需要审核家庭收入、住房面积、资产等条件，其中拆迁款计为资产。

3. 工作地点和户口不在同一区（县），工作地点与户口所在区（县）距离很远。请问是否可以在工作地点所在区（县）申请限价商品住房？

根据我市限价商品住房管理规定，符合申请条件的家庭可到户籍所在地街道（乡镇）住房保障管理部门进行申请。限价商品住房按照"以区为主，全市统筹"的原则进行分配，目前只能参加本区住房保障管理部门组织的摇号配售，全市未实行跨区选房政策。

4. 单位集体户口是否等同于北京城镇户籍？

单位城镇户籍集体户口是北京市城镇户籍的一种形式，符合准入户籍要求。外地户籍人口因上学、服兵役来京不能作为申请人。

5. 购买的限价商品住房尚未竣工，是否可以转让？如何办理？

预购人在限价商品住房竣工前转让其预购房屋的，受让人必须已取得限价商品住房购房资格，并持审核证明，按《北京市城市房地产转让管理办法》第四十四条规定办理预售转让登记手续。其转让价格不得超过原预购单价。

限价商品住房已竣工，但未取得房屋所有权证前不得办理预售转让手续。

6. 住满 5 年是从入住时算起吗？

计算已购限价商品住房住满 5 年的起始日期，以缴纳契税时取得完税凭证的时间或房屋所有权证发证的日期为准。购房家庭可提供其中任何一个证件来确定时间。

7. 同一家庭是否可同时申请廉租住房和限价商品住房？

不可以。申请家庭只能根据自身情况，选择申请一种保障住房方式。申请家庭如符合廉租住房申请条件，可申请廉租住房；放弃申请廉租住房，可以申请购买限价商品住房。申请家庭已享受廉租住房保障，若承诺配售限价商品住房后放弃已配租的廉租住房，该家庭可以申请购买限价商品住房参加轮候。

8. 购房人签订购买限价商品住房合同后死亡，怎么办？

购房人签订购房合同后，办理房屋产权登记前死亡的，购房家庭中没有其他共同申请成员的，房屋销售单位应终止购房合同，并按照有关法律规定和合同约定结清相关款项；购房家庭中有其他共同申请成员的，由当事人与房屋销售单位按照法律规定和合同约定自行处理；若购房人在办理房屋产权登记后死亡，购房家庭其他成员可依据继承法律规定办理相关房屋登记手续，产权性质不变。

9. 由于一些原因，将户籍迁入本市其他区了，应如何变更申请？

申请家庭轮候期间申请家庭成员户籍在本市范围内迁移的，可向户籍迁出地街道（乡镇）住房保障管理部门书面提出保障资格跨区迁移申请。经街道（乡镇）、区（县）住房保障管理部门审核通过后，由户籍迁出区（县）住房保障部门在审核系统中办理跨区变更登记，并填写《跨区变更证明》，将申请家庭材料送到申请家庭迁入区（县）住房保障部门。迁入区（县）住房保障部门自收到《跨区变更证明》5个工作日内接收轮候家庭信息，将申请家庭材料转至户籍迁入街道（乡镇）住房保障管理部门，并向原户籍迁出区（县）住房保障管理部门反馈接收回执。家庭备案日期按照原初次备案日期为准，原登记编号不变。

轮候家庭办理保障资格跨区迁移后两年内不得再次办理保障资格跨区迁移手续。

10. 户口落在非直系亲属家或朋友家，单独申请时如何计算住房面积？

申请人户口落在非直系亲属家或朋友家，申请购买限价商品住房时，非直系亲属家或朋友家住房面积不计算申请家庭住房面积。

11. 借住单位公房，本人与单位无任何关系，且不交房租，如何认定住房面积？

承租关系未解除前计入家庭住房面积；若承诺腾退单位公房后，此处住房不计入家庭住房面积。

12. 家庭人均住房面积如何计算？

家庭人均住房面积计算公式为：申请人户口所在地现居住住房面积÷其所在住房同一《租赁合同》或《房屋所有权证》下的长期共居户籍人口（共居人口在他处有住房除外）＋申请家庭成员他处住房面积÷申请家庭人口。

13. 申请保障性住房 2013 年最新政策是什么？

依据《北京市住房和城乡建设委员会关于进一步完善我市保障性住房申请、审核、分配政策有关问题的通知》（建法〔2013〕5号），为进一步简化我市保障性住房申请、审核程序，完善保障性住房分配政策，加快解决本市城镇中低收入家庭住房困难，推动住房保障方式向"租售并举，以租为主"转变，促进本市住房保障事业健康、持续发展，依据有关文件精神，经市政府批准，我市实行保障性住房统一申请、审核。

保障性住房申请家庭，统一填写《北京市保障性住房申请家庭情况核定表》，并递交相关证明材料。符合廉租住房保障条件的，在提出保障性住房申请时，应同时提供符合廉租住房条件的相关证明材料，由街道办事处（乡镇人民政府）住房保障管理部门在《北京市保障性住房申请家庭情况核定表》中做相应标注和说明。

14. 申请保障性住房是否改为统一填写申请表，最新的申请标准是什么？

是的，统一填表《北京市保障性住房申请家庭情况核定表》，申请资格按照《北京市公共租赁住房申请、审核及配租管理办法》（京建法〔2011〕25号）规定的公共租赁住房准入标准、审核程序进行审核，审核通过并获得备案资格的家庭，纳入住房保障范围。

其中，廉租家庭需注明并提交相关证明材料。

15. 统一申请保障性住房时，廉租家庭能否备注？

可以的。符合廉租住房保障条件的家庭，在提出保障性住房申请时，应同时提供符合廉租住房条件的相关证明材料，由街道办事处（乡镇人民政府）住房保障管理部门在《北京市保障性住房申请家庭情况核定表》中做相应标注和说明。

第五章　自住型商品住房

一、自住型商品住房概念

自住型商品住房是指房地产开发企业通过"限房价、竞地价"等出让方式取得土地使用权，按限定销售对象、限定销售价格的原则，优先用于满足居民自住性、改善性住房需求的商品住房。

自住型商品住房套型建筑面积，以 90 平方米以下为主，最大套型建筑面积不得超过 140 平方米；销售均价，原则上按照比同地段、同品质的商品住房价格低 30% 左右的水平确定。

二、申购条件

（一）申购资格

现北京市限购政策是：

1. 本市户籍居民家庭（含部分家庭成员为本市户籍居民的家庭），限购两套住房。

2. 本市户籍成年单身人士在本市未拥有住房的，限购 1 套住房；对已拥有 1 套及以上住房的，暂停在本市向其出售住房。

3. 非本市户籍居民家庭持有有效暂住证，能够提供在本市 5 年以上纳税证明或社会保险缴纳证明的，限购 1 套住房。

符合北京市限购政策在本市具有购房资格的家庭，均可购买自住型商品住房。

即：名下无房或仅有一套住房的北京户籍家庭以及符合购房条件且名下无房的非京籍家庭，都可以购买。

符合条件的家庭只能购买一套自住型商品住房。

（二）优先购买

1. 本市户籍无房家庭（含夫妻双方及未成年子女），其中单身人士须年满

25周岁。

2. 经济适用住房、限价商品住房轮候家庭。

三、审核配售

1. 房地产开发企业在申请办理自住型商品住房预售许可或者现房销售备案手续前，在市住房城乡建设委网站和销售现场公示房屋套数、户型、价格等信息。公示期不少于15天。购房家庭在公示期内向房地产开发企业提出购房申请。将依据本市住房限购相关规定对申请家庭进行资格审核。

2. 自住型商品住房项目在取得商品房预售许可证或办理现房销售备案后，由房地产开发企业组织向符合购房资格的申请人销售。选房顺序，由房地产开发企业组织公开摇号确定。摇号全程公证并接受所在区（县）建设房管部门的监督。

3. 自住型商品住房进行房屋权属登记时，登记部门应将房屋性质登记为"自住型商品住房"。

四、申请流程和所需材料

按照职责分工，市住建委负责指导、监督全市自住型商品住房销售管理工作，开发商在向市住建委网站申请办理自住型商品住房预售许可或者现房销售备案手续前，会在市住建委网站（www.bjjs.gov.cn）和销售现场进行不少于15天的公示，公示内容中包括项目名称、企业名称、项目位置、套数、户型面积、销售均价等信息。

申请流程：

网上申请——接受通知——现场登记——住建委审核——摇号——选房——签订购房合同。

例：申请恒大自住型商品住房御景湾项目

1. 网上申请阶段

第一步：

登陆恒大集团北京公司官网 http://bj.evergrande.com/单击左下角"购房申请流程"了解流程后，点击"恒大自住型商品住房御景湾项目网上申购"按钮，进入登陆注册页面。

第二步：

新用户请点击"注册"按钮，进入注册页面，填写常用真实邮箱、密码、确认密码和验证码并勾选阅读协议按钮后，点击"注册"按钮。进入填写的注册邮箱验证页面，复制邮箱超链接内容，完成验证，整个注册过程完成。

第三步：

邮箱验证完成后，自动返回到会员登录界面，输入注册邮箱、密码和验证码后，登录会员中心，开始进行在线申购。阅读"自住型商品住房购房政策"后勾选"我已阅读并同意购房政策"，随后点击"下一步"按钮。进入申购家庭类型选择页面，根据家庭实际情况选择。

第四步：

（1）轮候家庭申购入口：按照页面要求添加信息，确认无误后点击"确认提交"按钮。进入下级页面，如信息填写有误可点击"返回修改"按钮进行修改。直至确认无误后点击"确认提交"按钮，进入申请成功页面，整个申请工作完成；

（2）普通家庭申购入口：仔细阅读相关信息填写要求，确认后点击"下一步"按钮。进入填写信息页面，按照要求准确无误填写信息，如信息填写有误可点击"返回修改"按钮进行修改。直至确认无误后点击"确认提交"按钮，进入申请成功页面，整个申请工作完成。打印横版表格后点击"关闭"按钮，如无法在线打印，可点击下载文件后，根据个人情况进行打印。

第五步：

（1）打印完成后，发现信息出现错误，可重新登录会员中心，点击"查看申购信息"按钮下的错误信息反馈，可提交信息更改要求。

（2）接受通知的两种方式：网上公示、电话通知。

（3）现场提交材料阶段。

待现场正式开放后（具体现场开放时间及地点以网上公示为准），网上申购的购房家庭，可携带相关资料前往恒大·御景湾项目（临时）销售中心进行现场申购。具体材料和前往现场时间以网上公示为准。

经济适用住房、限价商品住房轮候家庭，需提交《北京市城市居民购买经济适用住房/限价商品住房申请备案通知单》和申请人的身份证明材料。

五、转让

1. 自住型商品住房购房人取得房屋所有权证后，原则上5年内不得转让。
2. 购房人取得房屋所有权证5年以后转让的，如有增值，应当按照届时同地段商品住房价格和该自住型商品住房购买时价格差价的30%交纳土地收益等价款。

3. 购房人将自住型商品住房转让后，不得再次购买自住型商品住房。

六、监督处罚

对通过隐瞒家庭住房状况、伪造相关证明等方式，弄虚作假，骗购自住型商品住房的家庭，一经查实，房地产开发企业应与其解除购房合同，购房家庭承担相应经济和法律责任，且5年内不得在本市购买住房。构成犯罪的，依法追究刑事责任。

七、税费

1. 契税。
（1）若买方为首次购房，房屋为面积不足90平方米的普通住宅，缴纳交易总额的1%；
（2）若买方为首次购房，房屋面积为90—140平方米之间的普通住宅，缴纳交易总额的1.5%；
（3）若买方为二套房，缴纳交易总额3%；
2. 公共维修基金：多层住宅每建筑平方米100元，高层住宅每建筑平方米200元。
3. 印花税：已免征收。
4. 权属登记费：80元/套。
5. 其他费用。

注：如拆迁后，住户想要再次购房时，就可享受契税减免政策。凡在1999年7月13日之后发生的拆迁项目，被拆迁人只要是在房地局核发拆迁许可证或发布拆迁公示后购房的，即可享受《北京市契税管理规定》第七条第（二）项的减免税政策。购买价格没有超过货币补偿额的部分，免征契税，超过部分，按规定纳税。

【案例】如果张老的宅子的拆迁补偿款为50万元，他重新购买了一套60万元的商品房，房产为普通住宅，该套房产的契税应该是9000元（600000×1.5%），但由于是拆迁户，只需要交纳超出补偿款的部分，即10万元的契税1500元（100000×1.5%）。

八、贷款

目前，购买自住型商品住房有几种付款方式：一次性付清、个人住房公积金贷款、个人住房商业贷款和个人住房组合贷款，购房人可以根据自己的实际情况选择付款方式。截止本书出版前，北京市并无自住型商品房成交案例。具体贷款政策以实际情况为准。

（一）个人住房公积金贷款

根据单位性质不同，个人住房公积金贷款分为中央国家机关个人住房公积金贷款和北京市住房公积金贷款。

1. 中央国家机关个人住房公积金贷款（国管公积金）

1) 贷款申请条件

同时具备以下条件的住房公积金缴存职工（含在职期间缴存住房公积金的离退休职工），可以申请贷款：

（1）借款申请人原则上申请贷款前12个月应足额连续缴存，且申请贷款时处于缴存状态。购买政策性住房的借款申请人，原则上应建立住房公积金账户满12个月，申请贷款前6个月应足额连续缴存，且申请贷款时处于缴存状态。

（2）借款申请人及配偶均无尚未还清的住房公积金个人贷款（含贴息贷款）。

（3）符合中央国家机关住房资金管理中心（以下简称资金中心）规定的其他条件。

2) 住房公积金借款申请人须满足上述条件外，还需要合理确定月还款额：

（1）借款申请人及配偶的收入每月偿还贷款后，保留的人均生活费不得低于北京市的基本生活费标准。

住房公积金月缴存额达到上限的职工和缴存单位的离退休职工采用收入证明确定月收入，其他职工的收入情况根据住房公积金缴存额反推确定。

（2）住房公积金应优先偿还贷款，借款申请人的月还款额不低于本人及配偶住房公积金的月缴存额，且不低于按等额本息法计算的自由还款方式下约定的月最低还款额。

（3）借款申请人及配偶人均月收入超过北京市职工月平均工资3倍（含）以上的，月还款额不低于本人及配偶月收入的50%。

3) 首付比例

（1）首套自住住房贷款

通过北京市住房和城乡建设委员会房屋交易权属信息查询系统、中国人民银行征信系统和住房公积金管理信息系统及其他尽责调查，查询借款申请人及配偶无住房记录、无个人住房贷款记录、无住房公积金购房提取记录的，认定为首套自住住房。

购买首套自住住房，套型建筑面积在 90 平方米（含）以下的，贷款首付款比例不得低于 20%；套型建筑面积在 90 平方米以上的，贷款首付款比例不得低于 30%。

（2）第二套住房贷款

购买第二套自住住房，贷款首付款比例不得低于 70%；对于在北京市住房和城乡建设委员会房屋交易权属信息查询系统中显示无房，但通过中国人民银行征信系统、住房公积金管理信息系统查询，有 1 笔个人住房贷款记录或 1 条购房提取记录，符合第二套住房贷款条件的借款申请人，仍执行贷款首付款比例不得低于 60% 的政策。

4）贷款额度和期限

（1）贷款额度

单笔住房公积金个人贷款最高额度为 80 万元。

购买政策性住房或小户型首套住房的上浮贷款额度：购买政策性住房或套型建筑面积在 90 平方米（含）以下的首套自住住房，个人信用等级为 A 级，贷款最高额度上浮 30%；个人信用等级为 B 级，贷款最高额度上浮 15%。购买第二套住房或套型建筑面积在 90 平方米以上的非政策性住房，贷款最高额度不再上浮。

（2）贷款期限

最长可计算到借款人 70 周岁，且不超过 30 年。二手房的贷款期限应低于房屋土地剩余使用年限 3 年（含）以上。

5）贷款申请程序

（1）贷款申请与受理

借款申请人到资金中心委托的银行提交贷款申请材料，符合受理条件的，受委托银行予以受理。

（2）贷款审批

借款申请经审核审批后，受委托银行在规定时间内将审批结果通知借款申请人。

（3）担保及签约

准予贷款的，借款申请人、配偶及共有产权人到担保机构驻受委托银行柜台办理贷款担保，并到面签柜台签订借款合同。

（4）放款

受委托银行于借款合同签订后 4 个工作日内完成放款，借款人于放款 3 个工作日后领取借款合同。

6）所需材料

（1）个人所需材料（表 5-1）

表 5-1 国管公积金申请贷款应提交的个人材料

项目	份数	备注
借款申请书	原件 2 份	
申请人身份证件或有效身份证明	复印件 4 份	第二代身份证须双面复印
配偶身份证件或有效身份证明	复印件 4 份	第二代身份证须双面复印
申请人户口簿首页、本人登记页、变更页	复印件 3 份	
配偶户口簿首页、本人登记页、变更页	复印件 3 份	
结婚证或有效婚姻关系证明	复印件 3 份	
配偶住房公积金缴存证明	原件 1 份 复印件 1 份	配偶不在资金中心缴存住房公积金的须提供
离退休证明（含在职期间缴存住房公积金证明）	复印件 2 份	离退休职工须提供
工作及收入情况证明	原件 2 份	申请人或配偶达到月缴存额上限的和离退休职工须提供
经公证的房屋共有产权人声明	原件 2 份	所购房屋有非申请人及配偶的共有产权人须提供
共有产权人身份证或有效身份证明	复印件 3 份	
暂住证或北京市工作居住证	复印件 2 份	申请人或配偶非京籍户口须提供
劳动合同	复印件 2 份	

(2) 自住型住房所需材料（表 5-2）

表 5-2 国管公积金申请贷款应提交的自住型住房材料

项目		份数	备注
购房合同（正本）		原件 1 份，复印件 3 份	
首付款发票		复印件 2 份	
《房屋所有权证》收押合同		原件 3 份	
同意销售和解除抵押权证明		原件 2 份	所购房屋已设定抵押须提供
期房	房屋预售许可证	复印件 2 份	

续表

项　目		份数	备　注
	预售合同联机备案表	原件 1 份，复印件 2 份	
现房	国有土地使用证	复印件 2 份	
	房屋所有权证	复印件 2 份	

注：所有复印件均须使用 A4 纸清晰复印。如申请信用评级，需按信用评级的相关规定提交材料（所需材料下载网址 http：//www.zzz.gov.cn/）。

7）违规违约行为惩处

（1）缴存职工有违规提取等违反住房公积金政策的行为，不享受贷款额度上浮等差别化优惠政策，资金中心有权视违规情节轻重下调其贷款最高额度或拒绝受理其贷款申请；

（2）申请贷款前 2 年内，个人征信系统和住房公积金管理信息系统显示借款申请人及配偶贷款（不含助学贷款）逾期连续达到 6 期的，不予贷款；存在其他逾期情况的，视情节轻重不享受贷款额度上浮，或下调其最高额度；

（3）借款申请人或其配偶采取伪造材料、隐瞒婚姻状况等弄虚作假方式骗取贷款的，拒绝受理其贷款申请，并自发现之日起 3 年内取消贷款申请资格，同时记入个人征信系统。已发放贷款的，资金中心有权提前收回剩余贷款全部本息。给资金中心造成损失的，应予赔偿，资金中心有权追究其法律责任；

（4）借款人在贷款后无故不正常缴存住房公积金的，或贷款存续期间发生违约，经多次催收仍处于违约状态且无正当理由的，资金中心有权提前收回剩余贷款全部本息，并将不良行为记入相关信用记录。

2. 北京市住房公积金贷款（市管公积金）

1）贷款申请条件

（1）具有合法有效身份；

（2）具有完全的民事行为能力；

（3）具有稳定的职业和收入，信用状况良好，有偿还贷款本息的能力；

（4）购买、建造、翻建、大修自住住房；

（5）具有购买、建造、翻建、大修自住住房的合同或相关证明文件；

（6）符合委托人规定的有关贷款的住房公积金缴存条件；

（7）提供委托人认可的担保；

（8）借款人夫妻双方均无尚未还清的住房公积金贷款和住房公积金政策性贴息贷款；

（9）符合委托人规定的其他条件。

2) 住房公积金借款申请人须满足上述条件外，其住房公积金缴存情况须同时满足以下三个条件之一：

(1) 建立住房公积金账户 12 个月（含）以上，同时，足额正常缴存住房公积金 12 个月（含）以上且申请贷款时处于缴存状态；

(2) 申请人所在单位经公积金管理中心审批同意处于缓缴状态，但本人满足建立住房公积金账户 12 个月（含）以上，且足额正常缴存住房公积金 12 个月（含）以上；

(3) 借款申请人为在职期间缴存住房公积金的离退休职工。

其中，购买政策性住房的借款申请人不受北京住房公积金缴存时限限制。借款申请人只需满足建立住房公积金账户且处于缴存状态条件即可申请住房公积金贷款。

3) 首付比例

通过北京市住房和城乡建设委员会房屋交易权属信息查询系统、中国人民银行征信系统和北京住房公积金管理系统及其他尽责调查，查询借款申请人无住房记录、无个人住房贷款记录、无住房公积金购房提取记录的，为首套自住住房。

购买首套自住住房，套型建筑面积在 90 平方米（含）以下的，贷款首付款比例不得低于 20%；套型建筑面积在 90 平方米以上的，贷款首付款比例不得低于 30%。

严格执行《关于规范商业性个人住房贷款中第二套住房认定标准的通知》（建房〔2010〕83号）的规定。第二套住房贷款首付款比例不低于 70%，对于在北京市住房和城乡建设委员会房屋交易权属信息查询系统中显示无房，但通过中国人民银行征信系统、北京住房公积金管理系统查询，有 1 笔个人住房贷款记录或 1 条购房提取记录，符合第二套住房贷款条件的借款申请人，仍执行贷款首付款比例不低于 60% 的政策。

4) 贷款额度及期限

(1) 贷款额度

目前北京住房公积金贷款单笔最高额度为 80 万元。具体贷款额度的确定方法：

①计算本人及共同申请人的月收入：月收入＝个人住房公积金月缴存额÷住房公积金缴存比例；

②计算最高可贷款额度：家庭月收入扣除至少 400 元的生活费后所剩余额，再除以申请贷款年限的每万元贷款月均还款额的所得即为最高可贷款额度。

③住房公积金贷款额度与借款人公积金缴存额、申请借款年限、首付款金额、所购房屋建筑面积都有关系。个人信用评估机构评定的信用等级为 AA

级的可上浮15%，即92万元，AAA级的借款申请人，贷款金额可上浮30%，即104万元。其中借款申请人购买第二套住房，贷款最高额度不再上浮，即不超过80万元。

④贷款额度不能超过抵押物最高可抵押价值。

(2) 贷款期限

借款人的贷款期限最长可以计算到借款人70周岁，同时不得超过30年。

5) 申请程序

咨询—初审（信用评估、抵押物评估）—复审—合同打印—（担保中心担保审核）—面签—转银行—办理相关手续—发放贷款

6) 申请所需材料

(1) 商品房现房材料（表5-3）

表5-3 市管公积金申请贷款所需提交的商品房材料

序号	材料名称	担保中心担保方式			抵押担保方式		
		规格	份数	备注	规格	份数	备注
1	身份证或有效身份证明	原件	1	对于已婚者，须夫妻双方共同提供，对于有房屋共有权人的，共有权人须夫妻双方提供；第二代身份证正反两面均复印	原件	1	对于已婚者，须夫妻双方共同提供，对于有房屋共有权人的，共有权人须夫妻双方提供；第二代身份证正反两面均复印
		复印件	5		复印件	4	
2	户口本首页、本人页及变更页	原件	1	对于已婚者，须夫妻双方共同提供，对于有房屋共有权人的，共有权人须夫妻双方提供	原件	1	对于已婚者，须夫妻双方共同提供，对于有房屋共有权人的，共有权人须夫妻双方提供
		复印件	3		复印件	3	
3	暂住证或有效居住证明	原件	1	非北京市户口提供	原件	1	非北京市户口提供
		复印件	3		复印件	3	
4	有效婚姻关系证明	原件	1	已婚者、离异者提供	原件	1	已婚者、离异者提供
		复印件	4		复印件	3	
5	离退休证明	原件	1	离退休职工提供	原件	1	离退休职工提供
		复印件	2		复印件	2	
6	收入证明	原件	2	离退休职工提供	原件	2	离退休职工提供
7	购房首付款发票（收据）	原件	1		原件	1	
		复印件	3		复印件	3	

续表

序号	材料名称	担保中心担保方式			抵押担保方式		
		规格	份数	备注	规格	份数	备注
8	购房合同（正本）（对于应该网签的，提供网签信息表）	原件	1	初审后贷款中心留存	原件	1	
		复印件	5	其中1份个人留存，其中1份做抵押物评估用	复印件	5	其中1份个人留存，其中1份做抵押物评估用
9	契税、公共维修基金凭证	原件	1	加盖售房单位公章或财务章，开发商与担保中心约定为代缴的须提供			
		复印件	5				
10	契税、公共维修基金收据	原件	1	加盖售房单位公章或财务章，开发商与担保中心约定为代收的须提供			
		复印件	5				
11	逾期还款回购协议书	原件	1	原件审核后留存；复印件加盖单位公章，开发商与担保中心约定为代收或代缴的均须提供			
		复印件	5				
12	大专（含）以上学历、学位证书、职称证书、自有产权住房证明、租赁公有住房证明	原件	1	根据信用评估申请人实际情况提供	原件	1	根据信用评估申请人实际情况提供
13	贷款还清证明	原件	1	需要对借款申请人是否已办理公积金贷款或政策性贴息情况进行认定的提供，复印件贷款中心留存	原件	1	需要对借款申请人是否已办理公积金贷款或政策性贴息情况进行认定的提供，复印件贷款中心留存
		复印件	1		复印件	1	
14	中心要求的其他材料						

特别说明：
1. 审核原件后将原件退还给借款人（逾期回购协议原件除外）；
2. 提交的资料统一使用A4纸复印；
3. 对于有代理机构代理须提供代办授权书（原件）3份。

(2) 商品房期房材料（表 5-4）

表 5-4 市管公积金贷款应提交的商品房期房的材料

序号	材料名称	商品房			经济适用房		
		规格	份数	备注	规格	份数	备注
1	身份证或有效身份证明	原件	1	对于已婚者，须夫妻双方共同提供，对于有房屋共有权人的，共有权人须夫妻双方提供；第二代身份证正反两面均复印	原件	1	对于已婚者，须夫妻双方共同提供，对于有房屋共有权人的，共有权人须夫妻双方提供；第二代身份证正反两面均复印
		复印件	5		复印件	4	
2	户口本首页、本人页及变更页	原件	1	对于已婚者，须夫妻双方共同提供，对于有房屋共有权人的，共有权人须夫妻双方提供	原件	1	对于已婚者，须夫妻双方共同提供，对于有房屋共有权人的，共有权人须夫妻双方提供
		复印件	3		复印件	3	
3	暂住证或有效居住证明	原件	1	非北京市户口提供	原件	1	非北京市户口提供
		复印件	3		复印件	3	
4	有效婚姻关系证明	原件	1	已婚者、离异者提供	原件	1	已婚者、离异者提供
		复印件	4		复印件	4	
5	离退休证明	原件	1	离退休职工提供	原件	1	离退休职工提供
		复印件	2		复印件	2	
6	收入证明	原件	2	离退休职工提供	原件	2	离退休职工提供
7	购房首付款发票（收据）	原件	1		原件	1	
		复印件	3		复印件	3	
8	购房合同（正本）（对于应该网签的，提供网签信息表）	原件	1	初审后贷款中心留存	原件	1	
		复印件	5	其中 1 份个人留存，其中 1 份做抵押物评估用	复印件	4	其中 1 份个人留存，其中 1 份做抵押物评估用

续表

序号	材料名称	商品房			经济适用房		
		规格	份数	备注	规格	份数	备注
9	大专（含）以上学历、学位证书、职称证书、自有产权住房证明、租赁公有住房证明	原件	1	根据信用评估申请人实际情况提供	原件	1	根据信用评估申请人实际情况提供
10	贷款还清证明	原件	1	需要对借款申请人是否已办理公积金贷款或政策性贴息情况进行认定的提供，复印件贷款中心留存	原件	1	需要对借款申请人是否已办理公积金贷款或政策性贴息情况进行认定的提供，复印件贷款中心留存
		复印件	1		复印件	1	
11	中心要求的其他材料						

特别说明：
1. 审核原件后将原件退还给借款人；
2. 提交的资料统一使用 A4 纸复印；
3. 对于有代理机构代理须提供代办授权书（原件）3份。

7）涉及的相关费用及收费标准

（1）担保费

通常情况下，常见到的担保方式为北京市住房贷款担保中心连带责任保证担保、抵押担保。其中担保中心担保涉及担保服务费，担保费收费标准为，贷款额度的千分之三，最低收费 300 元。个人信用评估 AA，给予 9.8 折扣，个人信用评估 AAA，给予 9.5 折扣。

（2）房屋评估费

抵押物价值评估，目前对于商品房期房、商品房现房、二手房需要经行抵押物价值评估，涉及费用，按照评估价值的千分之三收取，最低收费 300 元，最高 1500 元。

（二）个人住房商业贷款

个人住房商业贷款是用信贷资金向在中国大陆境内城镇购买、建造、大修各类型住房的自然人发放的贷款，即通常所称"个人住房按揭贷款"。

1. 贷款用途

用于支持个人在中国大陆境内城镇购买、建造、大修住房。

2. 贷款对象

具有完全民事行为能力的中国公民，在中国大陆有居留权的具有完全民事行为能力的港澳台自然人，在中国大陆境内有居留权的具有完全民事行为能力的外国人。

3. 贷款条件

借款人必须同时具备下列条件：

(1) 有合法的身份；

(2) 有稳定的经济收入，信用良好，有偿还贷款本息的能力；

(3) 有合法有效的购买、建造、大修住房的合同、协议以及贷款行要求提供的其他证明文件；

(4) 支付所购住房的首付款；

(5) 有贷款行认可的资产进行抵押或质押，或（和）有足够代偿能力的法人、其他经济组织或自然人作为保证人；

(6) 贷款行规定的其他条件。

4. 贷款额度

最高为所购（建造、大修）住房全部价款或评估价值（以低者为准）的 80%。

5. 贷款期限

一般最长不超过 30 年。

6. 贷款利率

按照中国人民银行和中国银行业监督管理委员会的相关利率政策执行。

7. 申请贷款资料

(1) 身份证件复印件（居民身份证、户口簿、军官证、在中国大陆有居留权的境外、国外自然人为护照、探亲证、返乡证等居留证件或其他身份证件）；

(2) 贷款行认可的借款人偿还能力证明资料；

(3) 合法有效的购买（建造、大修）住房合同、协议及相关批准文件；

(4) 借款人用于购买（建造、大修）住房的自筹资金的有关证明；

(5) 房屋销（预）售许可证或楼盘的房地产权证（现房）（复印件）；

(6) 贷款行规定的其他文件和资料。

8. 贷款流程

(1) 贷款咨询：通过网点、电话或网站了解个人住房贷款对象、贷款条件、贷款额度、期限、利率、还款方式、贷款程序等情况；

(2) 贷款申请：提交银行规定的申请个人住房贷款的材料；

(3) 签订合同：申请获得批准后，与银行签订住房贷款合同；

(4) 贷款发放：银行在条件具备时按合同约定发放贷款；
(5) 客户还款：按合同约定按时还款；
(6) 贷后服务。

（三）个人住房组合贷款

个人住房组合贷款是指对按时足额缴存住房公积金的自然人在购买、建造、大修各类型住房时，银行同时为其发放公积金个人住房贷款和自营性个人住房贷款而形成的特定贷款组合。

1. 贷款用途

用银行信贷资金与住房公积金相配套，向在中国大陆境内城镇购买（建造、大修）各类型住房的具有完全民事行为能力且按时足额缴存住房公积金的自然人发放的贷款。

2. 贷款对象

在中国大陆境内城镇购买各类型住房的按时足额缴存住房公积金的自然人。

3. 贷款条件

应同时具备的基本条件为：

(1) 有合法的身份；
(2) 按时足额缴存住房公积金的自然人；
(3) 有稳定的经济收入，信用良好，有偿还贷款本息的能力；
(4) 有合法有效的购买（建造、大修）住房的合同、协议以及贷款行要求提供的其他证明文件；
(5) 用于支付所购住房的首付款；
(6) 有贷款行认可的资产进行抵押或质押，或（和）有足够代偿能力的法人、其他经济组织或自然人作为保证人；
(7) 符合当地公积金管理部门规定的借款条件；
(8) 贷款银行规定的其他条件。

4. 贷款额度

公积金个人住房贷款和银行自营性个人住房贷款合计最高为所购住房销售价格或评估价值（以两者较低额为准）的80%，其中公积金个人住房贷款最高额度须按照当地住房资金管理部门的有关规定执行。

5. 贷款期限

在中国人民银行规定的最长贷款期限内（目前为30年），由公积金管理部门和贷款银行根据借款人的实际情况，分别确定贷款期限。

6. 贷款利率

所贷款项中的商业性个人住房贷款部分按照个人住房贷款利率执行。公积金贷款部分按照个人住房公积金贷款利率执行。

7. 申请贷款所需材料（表5-6、表5-7）

向公积金管理部门和银行依次提出借款申请时，需提交以下资料：

（1）身份证件（居民身份证、户口簿或其他有效身份证件）；

（2）公积金管理部门和贷款银行认可的借款人偿还能力证明材料，例如：收入证明、近三年的个人所得税纳税证明或（和）资产证明等；

（3）合法的购买（建造、大修）住房的合同、协议及批准文件；

（4）借款人用于购买住房的自筹资金的有关证明；

（5）公积金管理部门和贷款行规定的其他文件和资料。

表5-6 北京个人住房组合贷款（公积金部分）标准要件清单（经办银行发起）

序号	材料名称	规格	份数	备注
1	身份证件或有效身份证明	复印件	4	对于非担保中心担保的，提供3份复印件
2	户口本首页、本人页及变更页	复印件	3	对于非担保中心担保的，提供2份复印件
3	暂住证或有效居住证明	复印件	3	非北京市户口提供；对于非担保中心担保的，提供2份复印件
4	有效婚姻关系证明	复印件	3	已婚者、离异者提供；对于非担保中心担保的，提供2份复印件
5	离退休证明及退休人员收入证明	原件	2	离退休职工提供
6	交易资金划转协议或自行划转声明	原件	1	二手房提供；对于非担保中心担保的，提供2份复印件
		复印件	3	
7	购房首付款发票（收据）	复印件	3	非担保中心担保的，提供2份复印件
8	购房合同（正本）	原件	1	对于按照相关政策需要办理网签手续的，含联机备案表、网签信息表（现房购房情况说明）初审后转经办银行
		复印件	5	对于非担保中心担保的，提供4份复印件

续表

序号	材料名称	规格	份数	备注
9	契税凭证、公共维修基金凭证逾期还款回购协议书	复印件	4	与担保中心签合作协议并采用担保中心担保的现房提供
10	贷款还清证明	复印件	1	需要对借款申请人是否已办理公积金贷款或政策性贴息情况进行认定的提供
11	中心要求的其他材料			

注：所有材料复印件均用 A4 纸。

表 5-7 组合贷款公积金部分贷款申请所需材料清单（公积金贷款部分经办部门发起）

序号	材料名称	规格	份数	备注
1	身份证件或有效身份证明	原件	1	对于抵押、质押的，提供 3 份复印件
		复印件	4	
2	户口本首页、本人页及变更页	原件	1	对于抵押、质押的，提供 2 份复印件
		复印件	3	
3	暂住证或有效居住证明	原件	1	非北京市户口提供；对于抵押、质押的，提供 2 份复印件
		复印件	3	
4	有效婚姻关系证明	原件	1	已婚者、离异者提供；对于抵押、质押的，提供 2 份复印件
		复印件	3	
6	离退休证明及退休人员收入证明	原件	2	离退休职工提供
7	交易资金划转协议或自行划转声明	原件	1	二手房提供；对于抵押、质押的，提供 2 份复印件
		复印件	3	
8	购房首付款发票（收据）	原件	1	抵押、质押的，提供 2 份复印件
		复印件	3	
9	购房合同（正本）	原件	1	对于按照相关政策需要办理网签手续的，含联机备案表、网签信息表（现房购房情况说明）初审后转经办银行
		复印件	5	对于抵押、质押的，提供 4 份复印件

续表

序号	材料名称	规格	份数	备注
10	卖方房屋所有权证（含共有权证）	原件	1	二手房项目提供，对抵押、质押的，提供3份复印件
		复印件	4	
11	卖方身份证或有效身份证明	原件	1	二手房项目提供，对于抵押、质押的，提供3份复印件
		复印件	4	
12	卖方收款账户	原件	1	二手房项目提供，对于抵押、质押的，提供2份复印件
		复印件	3	
13	契税凭证、公共维修基金凭证逾期还款回购协议书	原件	1	与担保中心签合作协议并采用担保中心担保的现房提供
		复印件	4	
14	贷款还清证明	原件	1	需要对借款申请人是否已办理公积金贷款或政策性贴息情况进行认定的提供
		复印件	1	
15	大专以上学历、学位、职称证书	原件	1	根据信用评估申请人实际情况提供
16	自有住房产权、租赁公有住房证明	原件	1	
17	代办授权委托书	原件	3	通过代办机构办理
18	住房公积金贷款预审单	原件	1	抵押加第三方连带责任保证
19	抵押物评估初审意见书	原件	1	抵押加第三方连带责任保证
20	中心要求的其他材料			

注：贷款中心审核原件后将原件退还给借款人（逾期还款回购协议书等贷款审核需要留存的资料原件除外），所有材料复印件均用A4纸。

8. 贷款流程

（1）贷款咨询：通过银行网点、电话或网站了解组合贷款中自营性贷款的有关情况和要求；通过公积金中心网站、电话和银行网点等了解公积金贷款的有关情况和要求；

（2）贷款申请：分别向住房资金管理中心和银行分别提出书面贷款申请，并提交有关资料。

（3）签订合同：获得公积金个人住房贷款额度之后，持公积金管理部门出具的《公积金个人住房贷款委托通知单》，向贷款银行申请组合贷款（公积金个人住房贷款和自营性个人住房贷款）。客户在接到银行同意贷款的通知后，需与贷款行就公积金个人住房贷款和自营性个人住房贷款分别签订借款合同和担保合同。

（4）贷款发放：公积金中心和银行分别在条件具备时按合同约定发放贷款。

（5）客户还款：客户按合同约定按时还款。

九、物业管理

（一）物业服务收费管理

1. 物业服务收费是指物业管理企业按照物业服务合同的约定，对房屋及配套的设施设备和相关场地进行维修、养护、管理，维护相关区域内的环境卫生和秩序，向业主所收取的费用。

物业服务费用由业主交纳。政府另有规定的除外。

2. 本市物业服务收费实行市场调节价和政府指导价。

实行市场调节价的物业服务收费，收费标准由业主与物业管理企业在物业服务合同中约定。

实行政府指导价的物业服务收费由市价格主管部门会同市房地产行政主管部门制定基准价标准及浮动幅度，两年公布一次。

3. 实行市场调节价的物业服务收费标准需要调整时，应由业主大会或共同履行业主大会、业主委员会职责的全体业主与物业管理企业协商确定。

4. 实行市场调节价的物业服务收费，可以采取包干制或者酬金制方式，具体方式由业主大会与物业管理企业协商确定；业主大会成立前，由开发建设单位、物业管理企业与业主在房屋买卖合同或前期物业服务合同中约定。

5. 实行物业服务费用包干制的，物业服务费用的构成包括物业服务成本、法定税费和物业管理企业的利润。

实行物业服务费用酬金制的，预收的物业服务资金包括物业服务支出和物业管理企业的酬金。

物业服务成本或者物业服务支出构成一般包括以下部分：

（1）管理服务人员的工资、社会保险和按规定提取的福利费等；

（2）物业共用部位、共用设施设备的日常运行、维护费用；

（3）物业管理区域清洁卫生费用；

（4）物业管理区域绿化养护费用；

（5）物业管理区域秩序维护费用；

（6）办公费用；

（7）物业管理企业固定资产折旧；

(8) 物业共用部位、共用设施设备及公众责任保险费用；

(9) 经业主同意的其他费用。

物业共用部位、共用设施设备的大修、中修和更新、改造费用，不得计入物业服务支出或者物业服务成本。

6. 实行物业服务费用酬金制的，预收的物业服务支出属于代管性质，为所交纳的业主所有，物业管理企业不得将其用于物业服务合同约定以外的支出。

物业管理企业应当向业主大会或者全体业主公布物业服务资金年度预决算，并每年不少于一次公布物业服务资金的收支情况。

业主或者业主大会对公布的物业服务资金年度预决算和物业服务资金的收支情况提出质询时，物业管理企业应当及时答复。

7. 物业服务收费采取酬金制方式的，物业管理企业或者业主大会可以按照物业服务合同约定聘请专业机构对物业服务资金年度预决算和物业服务资金的收支情况进行审计。

8. 执行物业服务收费政府指导价的住宅区，电梯、水泵运行维护费可依据其实际支出，按建筑面积或户合理分摊，具体办法由业主与物业管理企业协商确定。协商达成一致之前，电梯、水泵运行维护费执行政府指导价。

9. 利用物业共用部位、共用设施设备进行经营的，应当在征得相关业主、业主大会、物业管理企业的同意后，按照规定办理有关手续。所得收益应当主要用于补充专项维修资金，也可以按照业主大会的决定使用。

10. 业主按照房屋买卖合同约定的交付期开始交纳物业服务费。纳入物业管理范围的已竣工但尚未出售，或者因开发建设单位原因未按时交给物业买受人的物业，物业服务费用由开发建设单位全额交纳。

11. 物业管理企业可按月、按季或按年度计收物业服务费用，但不得一次性预收一年以上（不含一年）的物业服务费用。

12. 业主与物业使用人约定由物业使用人交纳物业服务费用的，从其约定，业主负连带交纳责任。

物业发生产权转移时，业主或者物业使用人应当结清物业服务费用。

业主应当按照物业服务合同的约定按时足额交纳物业服务费用。业主违反物业服务合同约定逾期不交纳服务费用的，业主委员会应当督促其限期交纳；逾期仍不交纳的，物业管理企业可以依法追缴。

13. 物业管理区域内，供水、供电、供气、供热、通讯、有线电视等单位应当向最终用户收取有关费用。物业管理企业接受委托代收上述费用的，可向委托单位收取手续费，不得向业主收取手续费等额外费用。

14. 物业管理企业根据业主的委托提供物业服务合同约定以外的服务，服务收费由双方约定。

15. 物业管理企业在物业服务中应当遵守国家的价格法律法规，严格履行物业服务合同，为业主提供质价相符的服务。

16. 物业服务收费实行明码标价。物业管理企业应当在物业管理区域内的显著位置，将服务内容、服务标准以及收费项目、收费标准进行公示。

（二）北京市住宅物业管理服务标准（表5-8）

表5-8　普通商品住宅物业管理服务标准

项目	范围	工作内容及要求
（一）综合管理	小区规划红线范围内，涉及共用财产和公共事务的管理	(1) 负责制定物业管理服务工作计划，并组织实施； (2) 每年一次对房屋及设施设备进行安全普查，根据普查结果制定维修计划，组织实施； (3) 白天有专职管理员接待住户，处理服务范围内的公共性事务，受理住户的咨询和投诉；夜间有人值班，处理急迫性报修，水、电等急迫性报修半小时内到现场； (4) 协助召开业主大会并配合其运作； (5) 管理规章制度健全，服务质量标准完善，物业管理档案资料齐全； (6) 与业主签定物业服务合同等手续；公开服务标准、收费依据及标准； (7) 应用计算机系统对业主及房产档案、物业管理服务及收费情况进行管理； (8) 全体员工统一着装，佩带有相片胸卡，持证上岗； (9) 每年进行一次物业管理服务满意率调查，促进管理服务工作的改进和提高，征求意见用户不低于总户数80%； (10) 建立起应对各种公共突发事件的处理机制和预案，包括组织机构、人员和具体措施等，一旦发生，能随时投入运行。
（二）房屋及小区共用部位共用设施设备日常维护	按《北京市住宅公共维修基金使用管理办法》中附件1：共用部位共用设施设备一般应包括的范围的内容为准；不包括另行收费的设备设施，如电梯、水泵、暖气等设备	确保居住小区内楼房共用部位共用设施设备、基本市政设施的正常使用运行和小修养护，包括： (1) 楼房及小区内共用部位共用设施设备的日常养护和小修，执行《房屋及其设备小修服务标准》； (2) 保证护栏、围墙、小品、桌、椅、楼道灯、绿化设施等公共设施、设备正常使用；道路、甬路、步道、活动场地达到基本平整，边沟涵洞通畅； (3) 确保雨水、污水管道保持通畅，定期清淘化粪池、雨水井，相关设施无破损； (4) 负责小区智能化设施的日常运行维护； (5) 定期清洗外墙。

续表

项目	范 围	工作内容及要求
（三）绿化	小区规划红线范围内的中心绿地和房前、屋后，道路两侧区间绿地	按市园林局规定的《二级养护标准》养护。
（四）保洁	小区规划红线以内，业主户门以外	维护和保持服务范围内的清洁卫生，包括： (1) 有健全的保洁制度，清洁卫生实行责任制，有明确的分工和责任范围； (2) 设定垃圾集纳地点，并每日将服务范围内的垃圾归集到垃圾楼、站，对垃圾（专用）楼、站、箱、道、桶及垃圾进行管理； (3) 每日对保洁服务范围内的区域进行一次清扫，做到服务范围内无废弃杂物； (4) 对楼梯间、门厅、电梯间、走廊等的门、窗、楼梯扶手、栏杆、墙壁等，进行一周一次清扫； (5) 按政府有关规定向服务范围内喷洒、投放灭鼠药、消毒剂、除虫剂； (6) 在雨、雪天气应及时对区内主路、干路积水、积雪进行清扫。 (7) 发生突发公共卫生事件时，应迅速组织人员对物业的共用部位共用设施设备进行通风、清洗和消毒，加强对业主的宣传，维持正常的生活秩序。
（五）公共秩序维护	小区规划红线以内，业主户门以外	公共区域的秩序维护和公共财产的看管，包括： (1) 相对封闭：做到小区主要出入口昼夜有专人值守，危及人身安全处有明显标志和防范措施； (2) 维护交通秩序：包括对机动车辆和非机动车辆的行驶方向、速度、临时停放位置进行管理，保持车辆行驶通畅； (3) 看管公共财产：包括楼内的门、窗、消防器材及小区的表井盖、雨篦子、小品、花、草、树木、果实等； (4) 夜间对服务范围内重点部位、道路进行不少于一次的防范检查和巡逻，巡逻不少于2人，做到有计划、有记录； (5) 有发生治安案件、刑事案件、交通事故的处置预案；发生时，应立即采取措施，并及时报警和配合公安部门进行处理。

续表

项目	范围	工作内容及要求
（六）停车管理	机动车辆、非机动车辆在停车场（存车处）、位的管理	（1）有健全的机动车、非机动车存车管理制度和管理方案； （2）对进入小区的机动车辆进行登记发放凭证，出门凭证放行； （3）保证停车有序，24小时设专人看管；有发生紧急情况预案； （4）长期存放的，应签订停车管理服务协议，明确双方的权利义务等。
（七）消防管理	公共区域消防设施的维护及消防管理	（1）有健全的消防管理制度，建立消防责任制及火灾消防预案； （2）消防设施有明显标志，定期对消防设施进行巡视、检查和维护； （3）定期进行消防训练，保证有关人员掌握消防基本技能。 （4）发生火灾，及时报警，协助消防人员疏散、救助人员等。
（八）高压供水	养护、运行、维修	（1）保证居民正常生活用水；有停水处置预案； （2）水箱盖上锁并定期清洗消毒，确保水质合格； （3）维修服务标准执行京房地修字〔1998〕第799号文件规定。 （4）发生突发公共卫生事件时，要加强对供水系统的消毒，禁止无关人员进入高压水泵机房，接近高位水箱。
（九）电梯	养护、运行、维护	（1）主梯6：00—24：00不间断运行，0：00—6：00呼叫运行，电梯工夜间值班，并在候梯厅公布呼叫电话或房号。凡是楼层中设有电梯门的，均须开启载客； （2）凡有高峰梯的，在高峰期6点—8点、17点—19点与主梯同时运行； （3）主梯维修时，有备用梯的，用备用梯运行，无备用梯的，属急迫性维修，应在30分钟内抢修完工，其他维修应于23点至次日5点以内完工；有发生紧急情况时的处置预案；维修服务标准执行京房地修字〔1998〕第799号文件规定。 （4）一旦发生电梯停电关人、夹人等危险情况时，应迅速组织救助。

续表

项目	范　围	工作内容及要求
（十）装修管理服务	房屋装饰装修管理	（1）有健全的装修管理服务制度； （2）查验业主装修方案，与业主、施工单位签定装修管理协议，告知业主装修注意事项； （3）装修期间，对装修现场进行巡视与检查，严格治安、消防和房屋安全管理；对进出小区的装修车辆、装修人员实行出入证管理，调解因装修引发的邻里纠纷； （4）业主装修结束后，应进行检查。对违反装修协议的要进行处理，问题严重的报行政管理部门； （5）及时清运装修垃圾，集中堆放时间不得超过三天。

十、部分现有房源信息

1. 恒大御景湾项目［该项目处于"联网审核"阶段］

项目名称：恒大御景湾

企业名称：恒大地产集团北京有限公司

项目位置：北京市朝阳区五方桥东南一公里

套　　数：约2000套

户型面积：一居约50～60m^2、二居/三居约80～90m^2

销售均价：22000元/m^2

申购地址：http://bj.evergrande.com

服务热线：010-89766668

2. 金隅东坝单店项目［该项目处于"现场确认"阶段］

项目名称：金隅·汇景苑

企业名称：北京金隅嘉业房地产开发有限公司

项目位置：位于朝阳区东坝乡单店村，西距东五环路约300米

套　　数：约3400套

户型面积：一居约60～66m^2；两居约81～84m^2；三居约90m^2

销售均价：22000元/m^2

申购地址：http://www.bj-gem.com.cn

服务热线：010-56707661、010-56297116

3. 金隅高井星牌项目［该项目处于"现场确认"阶段］

项目名称：金隅·汇星苑

企业名称：北京金隅嘉业房地产开发有限公司

项目位置：位于朝阳区高井地区，处于朝阳北路与东五环路的交叉口西南

套　　数：约1800套

户型面积：一居约56～63m²；两居约77～89m²；三居约86m²

销售均价：22000元/m²

申购地址：http://www.bj-gem.com.cn

服务热线：010-56707661、010-56297116

4. 当代采育满庭春MOMA项目［该项目处于"网上申购"阶段］

项目名称：当代采育满庭春MOMA

企业名称：北京当代摩码置业有限公司

项目位置：北京市大兴区采育镇育胜街与南北大街交叉口

套　　数：约1400套

户型面积：主要约为80～135m² 二居/三居

销售均价：9500元/m²

申购地址：http://caiyumoma.modernland.com.cn

服务热线：010-64651155

5. 富力惠兰美居项目［该项目处于"网上申购"阶段］

项目名称：富力惠兰美居

企业名称：北京东方长安房地产开发有限公司

项目位置：位于朝阳北路延长线和陈列馆路交汇处

套　　数：约3300套

户型面积：两居约73～83m²；三居约88～105m²

销售均价：16000元/m²

申购地址：http://hlmj.rfchina.com

服务热线：010-59037677，59037762（夜间值班电话）

6. 首创·悦都汇项目［该项目处于"网上申购"阶段］

项目名称：首创·悦都汇

企业名称：北京创瑞祥安置业有限公司

项目位置：北京市大兴区南六环孙村出口南行1200米，南中轴路西侧

套　　数：约540套

户型面积：两居约80～90m²；三居约124m²

销售均价：13000元/m²

申购地址：http://yueduhui.capitaloutlets.com.cn

服务热线：010-81310068

十一、常见问答

1. 自住型商品住房的购买条件，应参照什么政策？

参照北京市的限购政策。名下无房或仅有一套住房的北京户籍家庭以及符合购房条件且名下无房的非京籍家庭，都可以购买。

2. 居民家庭已经完成网签尚未完成产权登记的住房，是否在限购范围内？

居民家庭已拥有住房包括：已经完成房屋产权登记的住房和已进行网上签约但尚未完成产权登记的住房。

3. 夫妻如有一方户口不在北京，是否不符合北京户籍家庭限购条件？

不是的。居民家庭成员中至少有一人具有本市户籍的，视为本市户籍居民家庭。

4. 若夫妻双方离婚，或申请时只登记了一人名字，无房一方能否申请自住型商品住房？

若房产证上只登记了夫妻双方一人的名字，但另一人的相关信息也会记录在房管部门的房屋登记簿中，留下了曾经购买自住房的档案，今后无法再购买。即使离婚后无房，任何一方也不能再申请购买自住型商品住房。

5. 申请时孩子未成年，是否影响孩子成年后申请自住型商品住房？

不影响。按北京的限购政策，购房家庭的认定是一对夫妇带一个未成年孩子。当孩子成年后，就可自己单独成为一个家庭，是可以自己申请购买自住型商品住房的。

6. 已经申请经济适用房，能否购买自住型商品住房？

经济适用住房、限价商品住房轮候家庭可优先购买自住型商品住房。另本市户籍无房家庭（含夫妻双方及未成年子女），其中单身人士须年满25周岁，也可优先购买。

7. 优先家庭如何摇号配售？

摇号分为两组，一组是优先家庭，一组是普通家庭。

8. 自住型商品住房的产权和商品房有何不同？

自住型商品住房进行房屋权属登记时，登记部门应将房屋性质登记为"自住型商品住房"。

9. 自住型商品住房能否随意转让，之后再申请？

不可以。自住型商品住房购房人取得房屋所有权证后，原则上5年内不得转让；购房人取得房屋所有权证5年以后转让的，如有增值，应当按照届时同地段商品住房价格和该自住型商品住房购买时价格差价的30%交纳土地收益等价款；购房人将自住型商品住房转让后，不得再次购买自住型商品住房。

10. 对瞒报、骗购等行为，是否有相对应的处罚政策？

对通过隐瞒家庭住房状况、伪造相关证明等方式，弄虚作假，骗购自住型商品住房的家庭，一经查实，房地产开发企业应与其解除购房合同，购房家庭承担相应经济和法律责任，且5年内不得在本市购买住房。构成犯罪的，依法追究刑事责任。

11. 怎样了解自住型商品房项目的信息？

自住型商品房信息可通过以下两种方式获取：

一是通过"限房价、竞地价"等出让方式出让土地使用权，购房人可以通过土地出让了解项目信息。

二是房地产开发企业在申办自住型商品住房预售许可或者现房销售备案手续前，应当在市住房城乡建设委官方网站及销售现场进行公示。公示内容包括项目名称、企业名称、项目位置、套数、户型面积、销售均价等信息，公示期不少于15天。购房家庭可以通过市住房城乡建设委官方网站及销售现场的公示来了解项目情况。

12. 申请购买自住型商品住房时需要提交什么材料？

申请购房家庭应按照《关于落实本市住房限购政策有关问题的通知》（京建发〔2011〕65号）要求，提交有关材料进行购房资格核验：

本市户籍居民家庭提交家庭成员身份证、婚姻证明、户籍证明的原件和复印件，拟购房人签字的《家庭购房申请表》、《购房承诺书》。

非本市户籍居民家庭提交家庭成员身份证明、婚姻证明的原件和复印件，拟购房人签字的《家庭购房申请表》、《购房承诺书》，有效暂住证等材料。

对具有优先购买资格的经济适用住房、限价商品住房轮候家庭，申请购买自住型商品住房时应提交《北京市城市居民购买经济适用住房/限价商品住房申请备案通知单》和申请人的身份证明材料。

13. 自住型商品住房购房资格如何审核？

房地产开发企业对购房家庭的申请材料进行初审，符合条件的，在本市自住型商品住房资格审核系统中填报家庭信息，并将联机打印的《家庭购房申请表》和《承诺书》经购房家庭签字确认后，在审核系统中提交资格审核申请。《家庭购房申请表》和《承诺书》一式两份，购房家庭和开发企业各留存一份。

市住房城乡建设委会同公安、民政、社保、地税等部门，在20个工作日内，对购房家庭的房产、身份、户籍、婚姻、缴纳社保及个税情况进行审核。购房家庭可凭借摇号编号、申请审核人姓名、身份证件号码，登陆市住房城乡建设委网站查询资格审核结果。通过购房资格审核的申请家庭，方可参加摇号。

对审核结果有异议的，可以自资格审核完成之日起10个工作日内，持相关证明材料到市住房城乡建设委申请复核。

14. 自住型商品住房如何组织摇号？

自住型商品住房项目取得预售许可或办理现房销售备案后，由房地产开发企业组织公开摇号，确定购房家庭的选房顺序。摇号应当使用全市统一的摇号软件，并对优先购买家庭和其他符合条件的购买家庭分别进行摇号，以保证选房顺序产生的公平、公正性。摇号结果在住房城乡建设委官方网站和项目销售现场公示3天。摇号过程由公证机关全程公证，接受所在区、县住房城乡建设主管部门监督，并可以邀请社会公众现场监督，保证摇号程序的透明和公正性。

15. 自住型商品住房如何组织选房？

开发企业按照摇号确定的选房顺序，组织购房家庭选房，并在选房之日5个工作日以前，在销售现场和市住房城乡建设委官方网站发布选房公告，明确选房时间、地点、批次安排等。

选房过程由公证机关全程公证，接受所在区、县住房城乡建设主管部门监督，并可以邀请社会公众现场监督。

摇号家庭放弃选房的，或者已完成选房的家庭放弃购房的，由未选房的申请家庭按照摇号顺序依次递补选房。未按照选房公告要求参加选房的，视为放弃购买该项目。

16. 是否可以购买多套自住型商品住房？

符合购房条件的家庭，在选择自住型商品住房时可根据自身家庭住房需求，向一个或几个自住房项目同时提出购房申请，并参加项目的摇号、选房程序，但只能购买一套自住型商品住房。

开发企业与购房家庭签订购房合同后，购房家庭的成员今后不得再申请购买自住型商品房；属经济适用住房、限价商品房轮候家庭的，视同已保障。

17. 在系统申报过程中，生僻字无法输入如何处理？

如有生僻字无法识别，则以空格代替，待现场审查时，提供相关证明材料原件及复印件即可。

18. 如何理解文件中"家庭"概念？

家庭指的是夫妻双方及未成年子女。

19. 农村户口能否可以购买自住型商品住房？

自住房购房资格不区分农业户口与非农业户口，根据京建发〔2013〕510

号文件规定，按照限购政策规定在本市具有购房资格的家庭，可以购买自住型商品住房。符合条件的家庭只能购买一套自住型商品住房。

20. 有承租的公房在填写表格时是否填写名下有房产？

根据《关于落实本市住房限购政策有关问题的通知》（京建发〔2011〕65号）文件规定，居民家庭已拥有住房包括已经完成房屋产权登记的住房和已进行网上签约但尚未完成产权登记的住房。

第六章 普通商品住房

一、普通商品住房概念

商品房是特指经政府有关部门批准，由房地产开发经营公司开发的，建成后用于市场出售出租的房屋，包括住宅、商业用房以及其他建筑物，而自建、参建、委托建造，又是自用的住宅或其他建筑物不属于商品房范围。它是开发商开发建设的供销售的房屋，能办产权证和国土证，可以自定价格出售的产权房。

本章将对普通商品住房在购买条件、流程、贷款等方面进行介绍。

二、购买

（一）购买条件

1. 本市户籍居民家庭

（1）名下无住房的单身本市户籍居民：限购一套住房；

（2）已拥有1套住房的本市户籍居民家庭：限购一套住房；

（3）已拥有2套及以上住房的本市户籍居民家庭：暂停售房。

2. 非本市户籍居民家庭

持有本市有效暂住证在本市没有住房且连续五年以上在本市交纳社会保险或个人所得税的非本市户籍居民家庭：限购一套住房；

拥有1套及以上住房的非本市户籍居民家庭、无法提供本市有效暂住证和连续五年以上在本市交纳社会保险或个人所得税交纳证明的非本市户籍居民家庭：暂停在本市向其售房。

（以上要求含新建商品住房和二手住房）

（二）购房流程

提交材料—初步核查—资格核验—签订合同—网上签约—房屋登记部门核对—缴税—产权登记。

1. 居民家庭在购买住房前，应当向房地产开发企业、经纪机构或存量房网签服务窗口，提交下列材料：

（1）本市户籍居民家庭提交家庭成员身份证、婚姻证明、户籍证明的原件和复印件，拟购房人签字的《家庭购房申请表》、《购房承诺书》。

驻京部队现役军人和现役武警家庭还应提供军（警）身份证件原件和复印件；持有有效《北京市工作居住证》的家庭，还应提交《北京市工作居住证》的原件和复印件。

（2）非本市户籍居民家庭提交家庭成员身份证明、婚姻证明的原件和复印件，拟购房人签字的《家庭购房申请表》、《购房承诺书》，有效暂住证，以及提交在本市缴纳个人所得税完税证明原件、复印件或提供已缴纳社会保险的家庭成员姓名、身份证信息备查。

2. 房地产开发企业、经纪机构和存量房网签服务窗口对上述材料进行初步核查。对符合条件的，在北京市房地产交易系统中填报认购核验信息，并留存购房家庭提交的《家庭购房申请表》、《购房承诺书》原件及其他材料复印件。对不符合条件的，不予办理购房手续。

3. 住房城乡建设部门会同相关部门在 5 个工作日内，对购房家庭资格进行核验。通过核验的购房家庭，方可办理网上签约手续。

4. 网上签约完成后，房地产开发企业、经纪机构和存量房网签服务窗口应将《家庭购房申请表》、《购房承诺书》原件及其他材料复印件作为合同附件，并在申请办理房屋产权登记时一并提交。

5. 房屋登记部门办理房屋产权登记手续时，应对购房家庭的资格证明材料和购房家庭已拥有住房状况进行核对，发现提供虚假材料、隐瞒住房状况的，不予办理产权登记。

6. 市和区（县）住房城乡建设部门会同相关部门，加强对房地产开发企业、经纪机构执行限购政策情况的检查，发现未严格执行限购政策、未严格核查购房家庭有关材料的，依法严肃处理。

三、税费

1. 契税

（1）若买方为首次购房，房屋为面积不足 90 平方米的普通住宅，缴纳交易总额的 1%；

（2）若买方为首次购房，房屋面积为 90—140 平方米之间的普通住宅，缴纳交易总额的 1.5%；

（3）若买方为首次购房，房屋面积超过 140 平方米，缴纳交易总额的

3%；

(4) 若买方为二套房，缴纳交易总额 3%；

(5) 若买方购买的房产是非普通住宅或者是非住宅，缴纳交易总额的 3%。

2. 公共维修基金：多层住宅每建筑平方米 100 元，高层住宅每建筑平方米 200 元。

3. 印花税：已免征收。

4. 权属登记费：80 元/套。

5. 其他费用。

注：如拆迁后，住户想要再次购房时，就可享受契税减免政策。凡在 1999 年 7 月 13 日之后发生的拆迁项目，被拆迁人只要是在房地局核发拆迁许可证或发布拆迁公示后购房的，即可享受《北京市契税管理规定》第七条第（二）项的减免税政策。购买价格没有超过货币补偿额的部分，免征契税，超过部分，按规定纳税。

【例】如果张老的宅子的拆迁补偿款为 50 万元，他重新购买了一套 60 万元的普通商品住房，房产为普通住宅，该套房产的契税应该是 9000 元（600000×1.5%），但由于是拆迁户，只需要交纳超出补偿款的部分，即 10 万元的契税 1500 元（100000×1.5%）。

四、贷款

目前，购买普通商品住房有几种付款方式：一次性付清、个人住房公积金贷款、个人住房商业贷款和个人住房组合贷款，购房人可以根据自己的实际情况选择付款方式。

(一) 个人住房公积金贷款

根据单位性质不同，个人住房公积金贷款分为中央国家机关个人住房公积金贷款和北京市住房公积金贷款两种。

1. 中央国家机关个人住房公积金贷款（国管公积金）

1) 贷款申请条件

同时具备以下条件的住房公积金缴存职工（含在职期间缴存住房公积金的离退休职工），可以申请贷款：

(1) 借款申请人原则上申请贷款前 12 个月应足额连续缴存，且申请贷款时处于缴存状态。购买政策性住房的借款申请人，原则上应建立住房公积金账户满 12 个月，申请贷款前 6 个月应足额连续缴存，且申请贷款时处于缴存状态。

(2) 借款申请人及配偶均无尚未还清的住房公积金个人贷款（含贴息贷款）。

(3) 符合中央国家机关住房资金管理中心（以下简称资金中心）规定的其他条件。

2) 住房公积金借款申请人须满足上述条件外，还需要合理确定月还款额：

(1) 借款申请人及配偶的收入每月偿还贷款后，保留的人均生活费不得低于北京市的基本生活费标准。

住房公积金月缴存额达到上限的职工和缴存单位的离退休职工采用收入证明确定月收入，其他职工的收入情况根据住房公积金缴存额反推确定。

(2) 住房公积金应优先偿还贷款，借款申请人的月还款额不低于本人及配偶住房公积金的月缴存额，且不低于按等额本息法计算的自由还款方式下约定的月最低还款额。

(3) 借款申请人及配偶人均月收入超过北京市职工月平均工资 3 倍（含）以上的，月还款额不低于本人及配偶月收入的 50%。

3) 首付比例

(1) 首套自住住房贷款

通过北京市住房和城乡建设委员会房屋交易权属信息查询系统、中国人民银行征信系统和住房公积金管理信息系统及其他尽责调查，查询借款申请人及配偶无住房记录、无个人住房贷款记录、无住房公积金购房提取记录的，认定为首套自住住房。

购买首套自住住房，套型建筑面积在 90 平方米（含）以下的，贷款首付款比例不得低于 20%；套型建筑面积在 90 平方米以上的，贷款首付款比例不得低于 30%。

(2) 第二套住房贷款

购买第二套自住住房，贷款首付款比例不得低于 70%；对于在北京市住房和城乡建设委员会房屋交易权属信息查询系统中显示无房，但通过中国人民银行征信系统、住房公积金管理信息系统查询，有 1 笔个人住房贷款记录或 1 条购房提取记录，符合第二套住房贷款条件的借款申请人，仍执行贷款首付款比例不得低于 60% 的政策。

4) 贷款额度和期限

(1) 贷款额度

单笔住房公积金个人贷款最高额度为 80 万元。

购买政策性住房或小户型首套住房的上浮贷款额度：购买政策性住房或套型建筑面积在 90 平方米（含）以下的首套自住住房，个人信用等级为 A

级，贷款最高额度上浮30%；个人信用等级为B级，贷款最高额度上浮15%。购买第二套住房或套型建筑面积在90平方米以上的非政策性住房，贷款最高额度不再上浮。

(2) 贷款期限

最长可计算到借款人70周岁，且不超过30年。二手房的贷款期限应低于房屋土地剩余使用年限3年（含）以上。

5) 贷款申请程序

(1) 贷款申请与受理

借款申请人到资金中心委托的银行提交贷款申请材料（购买存量普通商品住房的，房屋买卖双方均须到场），符合受理条件的，受委托银行予以受理。

(2) 贷款审批

借款申请经审核审批后，受委托银行在规定时间内将审批结果通知借款申请人。

(3) 担保及签约

准予贷款的，借款申请人、配偶及共有产权人到担保机构驻受委托银行柜台办理贷款担保，并到面签柜台签订借款合同。

购买存量普通商品住房的，借款申请人须先办理过户，再办理担保及签约手续。

(4) 放款

受委托银行于借款合同签订后4个工作日内完成放款，借款人于放款3个工作日后领取借款合同。

6) 所需材料

(1) 个人申请资料（表6-1）

表6-1 国管公积金申请贷款应提交的个人材料

项　　目	份　数	备　　注
借款申请书	原件2份	
申请人身份证件或有效身份证明	复印件4份	第二代身份证须双面复印
配偶身份证件或有效身份证明	复印件4份	第二代身份证须双面复印
申请人户口簿首页、本人登记页、变更页	复印件3份	
配偶户口簿首页、本人登记页、变更页	复印件3份	

续表

项　目	份数	备　注
结婚证或有效婚姻关系证明	复印件3份	
配偶住房公积金缴存证明	原件1份，复印件1份	配偶不在资金中心缴存住房公积金的须提供
离退休证明（含在职期间缴存住房公积金证明）	复印件2份	离退休职工须提供
工作及收入情况证明	原件2份	申请人或配偶达到月缴存额上限的和离退休职工须提供
经公证的房屋共有产权人声明	原件2份	所购房屋有非申请人及配偶的共有产权人须提供
共有产权人身份证或有效身份证明	复印件3份	
暂住证或北京市工作居住证	复印件2份	申请人或配偶非京籍户口须提供
劳动合同	复印件2份	

(2) 普通商品住房材料（表6-2）

表 6-2　国管公积金申请贷款应提交的普通商品住房材料

项　目		份数	备　注
购房合同（正本）		原件1份，复印件3份	
首付款发票		复印件2份	
《房屋所有权证》收押合同		原件3份	
同意销售和解除抵押权证明		原件2份	所购房屋已设定抵押须提供
期房	房屋预售许可证	复印件2份	
	预售合同联机备案表	原件1份，复印件2份	
现房	国有土地使用证	复印件2份	
	房屋所有权证	复印件2份	

（3）存量普通商品住房材料（表6-3）

表6-3 申请贷款所提交的存量房材料

项　　目	份　　数
购房合同（正本）	原件1份，复印件3份
首付款收据	复印件2份
抵押物评估报告	原件2份
房屋所有权证（含共有权证）	复印件2份
售房人身份证件或有效身份证明	复印件2份
售房人收款账户证明	复印件2份
《房屋所有权证》收押合同	原件3份
存量普通商品住房买卖双方确认表	原件2份

注：所有复印件均须使用A4纸清晰复印。如申请信用评级，需按信用评级的相关规定提交材料（所需材料下载网址http：//www.zzz.gov.cn/）。

7）违规违约行为惩处

（1）缴存职工有违规提取等违反住房公积金政策的行为，不享受贷款额度上浮等差别化优惠政策，资金中心有权视违规情节轻重下调其贷款最高额度或拒绝受理其贷款申请。

（2）申请贷款前2年内，个人征信系统和住房公积金管理信息系统显示借款申请人及配偶贷款（不含助学贷款）逾期连续达到6期的，不予贷款；存在其他逾期情况的，视情节轻重不享受贷款额度上浮，或下调其最高额度。

（3）借款申请人或其配偶采取伪造材料、隐瞒婚姻状况等弄虚作假方式骗取贷款的，拒绝受理其贷款申请，并自发现之日起3年内取消贷款申请资格，同时记入个人征信系统。已发放贷款的，资金中心有权提前收回剩余贷款全部本息。给资金中心造成损失的，应予赔偿，资金中心有权追究其法律责任。

（4）借款人在贷款后无故不正常缴存住房公积金的，或贷款存续期间发生违约，经多次催收仍处于违约状态且无正当理由的，资金中心有权提前收回剩余贷款全部本息，并将不良行为记入相关信用记录。

2. 北京市住房公积金贷款（市管公积金）

1）贷款申请条件

（1）具有合法有效身份；

(2) 具有完全的民事行为能力;

(3) 具有稳定的职业和收入,信用状况良好,有偿还贷款本息的能力;

(4) 购买、建造、翻建、大修自住住房;

(5) 具有购买、建造、翻建、大修自住住房的合同或相关证明文件;

(6) 符合委托人规定的有关贷款的住房公积金缴存条件;

(7) 提供委托人认可的担保;

(8) 借款人夫妻双方均无尚未还清的住房公积金贷款和住房公积金政策性贴息贷款;

(9) 符合委托人规定的其他条件。

2) 住房公积金借款申请人须满足上述条件外,其住房公积金缴存情况须同时满足以下三个条件之一:

(1) 建立住房公积金账户 12 个月(含)以上,同时,足额正常缴存住房公积金 12 个月(含)以上且申请贷款时处于缴存状态;

(2) 申请人所在单位经公积金管理中心审批同意处于缓缴状态,但本人满足建立住房公积金账户 12 个月(含)以上,且足额正常缴存住房公积金 12 个月(含)以上;

(3) 借款申请人为在职期间缴存住房公积金的离退休职工。

其中,购买政策性住房的借款申请人不受北京住房公积金缴存时限限制。借款申请人只需满足建立住房公积金账户且处于缴存状态条件即可申请住房公积金贷款。

3) 首付比例

通过北京市住房和城乡建设委员会房屋交易权属信息查询系统、中国人民银行征信系统和北京住房公积金管理系统及其他尽责调查,查询借款申请人无住房记录、无个人住房贷款记录、无住房公积金购房提取记录的,为首套自住住房。

购买首套自住住房,套型建筑面积在 90 平方米(含)以下的,贷款首付款比例不得低于 20%;套型建筑面积在 90 平方米以上的,贷款首付款比例不得低于 30%。

严格执行《关于规范商业性个人住房贷款中第二套住房认定标准的通知》(建房〔2010〕83 号)的规定。第二套住房贷款首付款比例不低于 70%,对于在北京市住房和城乡建设委员会房屋交易权属信息查询系统中显示无房,但通过中国人民银行征信系统、北京住房公积金管理系统查询,有 1 笔个人住房贷款记录或 1 条购房提取记录,符合第二套住房贷款条件的借款申请人,仍执行贷款首付款比例不低于 60% 的政策。

4) 贷款额度

(1) 贷款额度

目前北京住房公积金贷款单笔最高额度为 80 万元。具体贷款额度的确定方法：

①计算本人及共同申请人的月收入：月收入＝个人住房公积金月缴存额÷住房公积金缴存比例。

②计算最高可贷款额度：家庭月收入扣除至少 400 元的生活费后所剩余额，再除以申请贷款年限的每万元贷款月均还款额的所得即为最高可贷款额度。

③住房公积金贷款额度与借款人公积金缴存额、申请借款年限、首付款金额、所购房屋建筑面积都有关系。个人信用评估机构评定的信用等级为 AA 级的可上浮 15％，即 92 万元，AAA 级的借款申请人，贷款金额可上浮 30％，即 104 万元。其中借款申请人购买第二套住房，贷款最高额度不再上浮，即不超过 80 万元。

④贷款额度不能超过抵押物最高可抵押价值。

(2) 贷款期限

借款人的贷款期限最长可以计算到借款人 70 周岁，同时不得超过 30 年。

5) 申请程序

审核购房资格—签订合同—网签—评估—初审—面签—缴税—过户—物业交割—发放贷款

6) 申请所需材料

(1) 普通商品住房现房材料（表 6-4）

表 6-4 市管公积金申请贷款所需提交的商品房材料

序号	材料名称	担保中心担保方式			抵押担保方式		
		规格	份数	备注	规格	份数	备注
1	身份证或有效身份证明	原件	1	对于已婚者，须夫妻双方共同提供，对于有房屋共有权人的，共有权人须夫妻双方提供；第二代身份证正反两面均复印	原件	1	对于已婚者，须夫妻双方共同提供，对于有房屋共有权人的，共有权人须夫妻双方提供；第二代身份证正反两面均复印
		复印件	5		复印件	4	
2	户口本首页、本人页及变更页	原件	1	对于已婚者，须夫妻双方共同提供，对于有房屋共有权人的，共有权人须夫妻双方提供	原件	1	对于已婚者，须夫妻双方共同提供，对于有房屋共有权人的，共有权人须夫妻双方提供
		复印件	3		复印件	3	

续表

序号	材料名称	担保中心担保方式			抵押担保方式		
		规格	份数	备注	规格	份数	备注
3	暂住证或有效居住证明	原件	1	非北京市户口提供	原件	1	非北京市户口提供
		复印件	3		复印件	3	
4	有效婚姻关系证明	原件	1	已婚者、离异者提供	原件	1	已婚者、离异者提供
		复印件	4		复印件	3	
5	离退休证明	原件	1	离退休职工提供	原件	1	离退休职工提供
		复印件	2		复印件	2	
6	收入证明	原件	2	离退休职工提供	原件	2	离退休职工提供
7	购房首付款发票（收据）	原件	1		原件	1	
		复印件	3		复印件	3	
8	购房合同（正本）（对于应该网签的，提供网签信息表）	原件	1	初审后贷款中心留存	原件	1	
		复印件	5	其中1份个人留存，其中1份做抵押物评估用	复印件	5	其中1份个人留存，其中1份做抵押物评估用
9	契税、公共维修基金凭证	原件	1	加盖售房单位公章或财务章，开发商与担保中心约定为代缴的须提供			
		复印件	5				
10	契税、公共维修基金收据	原件	1	加盖售房单位公章或财务章，开发商与担保中心约定为代收的须提供			
		复印件	5				
11	逾期还款回购协议书	原件	1	原件审核后留存；复印件加盖单位公章，开发商与担保中心约定为代收或代缴的均须提供			
		复印件	5				

续表

序号	材料名称	担保中心担保方式			抵押担保方式		
		规格	份数	备注	规格	份数	备注
12	大专（含）以上学历、学位证书、职称证书、自有产权住房证明、租赁公有住房证明	原件	1	根据信用评估申请人实际情况提供	原件	1	根据信用评估申请人实际情况提供
13	贷款还清证明	原件	1	需要对借款申请人是否已办理公积金贷款或政策性贴息情况进行认定的提供，复印件贷款中心留存	原件	1	需要对借款申请人是否已办理公积金贷款或政策性贴息情况进行认定的提供，复印件贷款中心留存
		复印件	1		复印件	1	
14	中心要求的其他材料						

特别说明：

1. 审核原件后将原件退还给借款人（逾期回购协议原件除外）；
2. 提交的资料统一使用 A4 纸复印；
3. 对于有代理机构代理须提供代办授权书（原件）3 份。

（2）商品房期房材料（表6-5）

表6-5　市管公积金贷款所需提交的商品房期房的材料

序号	材料名称	商品房		
		规格	份数	备注
1	身份证或有效身份证明	原件	1	对于已婚者，须夫妻双方共同提供，对于有房屋共有权人的，共有权人须夫妻双方提供；第二代身份证正反两面均复印
		复印件	5	
2	户口本首页、本人页及变更页	原件	1	对于已婚者，须夫妻双方共同提供，对于有房屋共有权人的，共有权人须夫妻双方提供
		复印件	3	

续表

序号	材料名称	商品房		备注
		规格	份数	
3	暂住证或有效居住证明	原件	1	非北京市户口提供
		复印件	3	
4	有效婚姻关系证明	原件	1	已婚者、离异者提供
		复印件	4	
5	离退休证明	原件	1	离退休职工提供
		复印件	2	
6	收入证明	原件	2	离退休职工提供
7	购房首付款发票（收据）	原件	1	
		复印件	3	
8	购房合同（正本）（对于需要网签的，提供联机备案表及网签信息表）	原件	1	初审后贷款中心留存
		复印件	5	其中1份个人留存，其中1份做抵押物评估用
9	大专（含）以上学历、学位证书、职称证书、自有产权住房证明、租赁公有住房证明	原件	1	根据信用评估申请人实际情况提供
10	贷款还清证明	原件	1	需要对借款申请人是否已办理公积金贷款或政策性贴息情况进行认定的提供，复印件贷款中心留存
		复印件	1	
11	中心要求的其他材料			

特别说明：
1. 审核原件后将原件退还给借款人；
2. 提交的资料统一使用A4纸复印；
3. 对于有代理机构代理须提供代办授权书（原件）3份。

（3）二手房材料（表6-6）

表 6-6　市管公积金贷款所需提交的二手房材料

序号	材料名称	担保中心担保方式				非担保中心担保方式				备注
		自行划转资金		非自行划转资金		自行划转资金		非自行划转资金		
		规格	份数	规格	份数	规格	份数	规格	份数	
1	买方身份证或有效身份证明	原件	1	原件	1	原件	1	原件	1	对于已婚者，须夫妻双方共同提供，对于有房屋共有权人的，共有权人须夫妻双方提供；第二代身份证正反两面均复印
		复印件	5	复印件	5	复印件	4	复印件	4	
2	买方户口本首页、本人页及变更页	原件	1	原件	1	原件	1	原件	1	对于已婚者，须夫妻双方共同提供；对于有房屋共有权人的，共有权人须夫妻双方提供
		复印件	3	复印件	3	复印件	3	复印件	3	
3	买方暂住证或有效居住证明	原件	1	原件	1	原件	1	原件	1	非北京市户口提供
		复印件	3	复印件	3	复印件	3	复印件	3	
4	买方有效婚姻关系证明	原件	1	原件	1	原件	1	原件	1	已婚者、离异者提供
		复印件	4	复印件	4	复印件	3	复印件	3	
5	买方离退休证明	原件	1	原件	1	原件	1	原件	1	离退休职工提供
		复印件	2	复印件	2	复印件	2	复印件	2	
6	买方收入证明	原件	2	原件	2	原件	2	原件	2	离退休职工提供
7	首付款收据	原件	1			原件	1			自行划转交易资金的提供
		复印件	3			复印件	3			

续表

序号	材料名称	担保中心担保方式				非担保中心担保方式				备注
		自行划转资金		非自行划转资金		自行划转资金		非自行划转资金		
		规格	份数	规格	份数	规格	份数	规格	份数	
8	存量房交易结算资金自行划转协议	原件	1			原件	1			自行划转交易资金的提供
		复印件	3			复印件	3			
9	存量房交易结算资金托管凭证			原件	1			原件	1	非自行划转交易资金的提供（注：首付款已交清提供；首付款未交清可在复审时提供）
				复印件	3			复印件	3	
10	北京市存量房交易结算资金划转协议			原件	1			原件	1	非自行划转交易资金的提供
				复印件	3			复印件	3	
11	购房合同（正本）（对于应该网签的，提供网签信息表）	原件	1	原件	1	原件	1	原件	1	其中1份个人留存；其中1份做抵押物评估用
		复印件	4	复印件	4	复印件	5	复印件	5	
12	卖方身份证或有效身份证明	原件	1	原件	1	原件	1	原件	1	有房屋共有权人的共有权人须提供；第二代身份证正反两面均复印
		复印件	3	复印件	3	复印件	4	复印件	4	
13	卖方房屋产权证及房屋共有权证	原件	1	原件	1	原件	1	原件	1	
		复印件	4	复印件	4	复印件	4	复印件	4	
14	卖方收款账户	原件	1	原件	1	原件	1	原件	1	应符合相关部门的要求
		复印件	3	复印件	3	复印件	2	复印件	2	

续表

序号	材料名称	担保中心担保方式				非担保中心担保方式				备注
		自行划转资金		非自行划转资金		自行划转资金		非自行划转资金		
		规格	份数	规格	份数	规格	份数	规格	份数	
15	大专（含）以上学历、学位证书、职称证书、自有产权住房证明、租赁公有住房证明	原件	1	原件	1	原件	1	原件	1	根据信用评估申请人实际情况提供
16	贷款还清证明	原件	1	原件	1	原件	1	原件	1	需要对借款申请人是否已办理公积金贷款或政策性贴息情况进行认定的提供，复印件贷款中心留存
		复印件	1	复印件	1	复印件	1	复印件	1	
17	中心要求的其他材料									

特别说明：

1. 贷款中心审核原件后将原件退还给借款人（存量房交易结算资金自行划转协议、北京市存量房交易结算资金划转协议原件除外）；

2. 提交的资料统一使用 A4 纸复印；

3. 对于有代理机构代理须提供代办授权书（原件）3 份；

4. 担保中心担保的二手房贷款材料复印件后须加盖担保中心授权的经纪公司公章和有"与原件相符"字样的条章。

7）涉及的相关费用及收费标准

（1）担保费

通常情况下，常见到的担保方式为北京市住房贷款担保中心连带责任保证担保、抵押担保。其中担保中心担保涉及担保服务费，担保费收费标准为，贷款额度的千分之三，最低收费 300 元。个人信用评估 AA，给予 9.8 折扣，个人信用评估 AAA，给予 9.5 折扣。

（2）房屋评估费

抵押物价值评估，目前对于普通商品住房期房、普通商品住房现房、二手房需要进行抵押物价值评估，涉及费用，按照评估价值的千分之三收取，最低收费 300 元，最高 1500 元。

（二）个人住房商业贷款

个人住房商业贷款是用信贷资金向在中国大陆境内城镇购买、建造、大修各类型住房的自然人发放的贷款。即通常所称"个人住房按揭贷款"。

1. 贷款用途

用于支持个人在中国大陆境内城镇购买、建造、大修住房。

2. 贷款对象

具有完全民事行为能力的中国公民，在中国大陆有居留权的具有完全民事行为能力的港澳台自然人，在中国大陆境内有居留权的具有完全民事行为能力的外国人。

3. 贷款条件

借款人必须同时具备下列条件：

（1）有合法的身份；

（2）有稳定的经济收入，信用良好，有偿还贷款本息的能力；

（3）有合法有效的购买、建造、大修住房的合同、协议以及贷款行要求提供的其他证明文件；

（4）支付所购住房的首付款；

（5）有贷款行认可的资产进行抵押或质押，或（和）有足够代偿能力的法人、其他经济组织或自然人作为保证人；

（6）贷款行规定的其他条件。

4. 贷款额度

最高为所购（建造、大修）住房全部价款或评估价值（以低者为准）的 80%。

5. 贷款期限

一般最长不超过 30 年。

6. 贷款利率

按照中国人民银行和中国银行业监督管理委员会的相关利率政策执行。

7. 申请贷款资料

（1）身份证件复印件（居民身份证、户口簿、军官证、在中国大陆有居留权的境外、国外自然人为护照、探亲证、返乡证等居留证件或其他身份证件）；

（2）贷款银行认可的借款人偿还能力证明资料；

（3）合法有效的购买（建造、大修）住房合同、协议及相关批准文件；

（4）借款人用于购买（建造、大修）住房的自筹资金的有关证明；
（5）房屋销（预）售许可证或楼盘的房地产权证（现房）（复印件）；
（6）贷款行规定的其他文件和资料。

8. 贷款流程

（1）贷款咨询：通过网点、电话或网站了解个人住房贷款对象、贷款条件、贷款额度、期限、利率、还款方式、贷款程序等情况；
（2）贷款申请：提交银行规定的申请个人住房贷款的材料；
（3）签订合同：当申请获得批准后，与银行签订住房贷款合同；
（4）贷款发放：在条件具备时按合同约定发放贷款；
（5）客户还款：按合同约定按时还款；
（6）贷后服务：享受银行提供的新产品和增值服务。

（三）个人住房组合贷款

个人住房组合贷款是指对按时足额缴存住房公积金的自然人在购买、建造、大修各类型住房时，银行同时为其发放公积金个人住房贷款和自营性个人住房贷款而形成的特定贷款组合。

1. 贷款用途

用银行信贷资金与住房公积金相配套，向在中国大陆境内城镇购买（建造、大修）各类型住房的具有完全民事行为能力且按时足额缴存住房公积金的自然人发放的贷款。

2. 贷款对象

在中国大陆境内城镇购买各类型住房的按时足额缴存住房公积金的自然人。

3. 贷款条件

应同时具备的基本条件为：
（1）有合法的身份；
（2）按时足额缴存住房公积金的自然人；
（3）有稳定的经济收入，信用良好，有偿还贷款本息的能力；
（4）有合法有效的购买（建造、大修）住房的合同、协议以及贷款行要求提供的其他证明文件；
（5）用于支付所购住房的首付款；
（6）有贷款行认可的资产进行抵押或质押，或（和）有足够代偿能力的法人、其他经济组织或自然人作为保证人；
（7）符合当地公积金管理部门规定的借款条件；
（8）贷款银行规定的其他条件。

4. 贷款额度

公积金个人住房贷款和银行自营性个人住房贷款合计最高为所购住房销

售价格或评估价值（以两者较低额为准）的 80%，其中公积金个人住房贷款最高额度须按照当地住房资金管理部门的有关规定执行。

5. 贷款期限

在中国人民银行规定的最长贷款期限内（目前为 30 年），由公积金管理部门和贷款银行根据借款人的实际情况，分别确定贷款期限。

6. 贷款利率

所贷款项中的商业性个人住房贷款部分按照个人住房贷款利率执行。公积金贷款部分按照个人住房公积金贷款利率执行。

7. 申请贷款所需材料（表 6-7、表 6-8）

向公积金管理部门和银行依次提出借款申请时，需提交以下资料：

（1）身份证件（居民身份证、户口簿或其他有效身份证件）；

（2）公积金管理部门和贷款银行认可的借款人偿还能力证明材料，例如：收入证明、近三年的个人所得税纳税证明或（和）资产证明等；

（3）合法的购买（建造、大修）住房的合同、协议及批准文件；

（4）借款人用于购买住房的自筹资金的有关证明；

（5）公积金管理部门和贷款行规定的其他文件和资料。

表 6-7　北京个人住房组合贷款（公积金部分）标准要件清单（经办银行发起）

序号	材料名称	规格	份数	备注
1	身份证件或有效身份证明	复印件	4	对于非担保中心担保的，提供 3 份复印件
2	户口本首页、本人页及变更页	复印件	3	对于非担保中心担保的，提供 2 份复印件
3	暂住证或有效居住证明	复印件	3	非北京市户口提供；对于非担保中心担保的，提供 2 份复印件
4	有效婚姻关系证明	复印件	3	已婚者、离异者提供；对于非担保中心担保的，提供 2 份复印件
5	离退休证明及退休人员收入证明	原件	2	离退休职工提供
6	交易资金划转协议或自行划转声明	原件	1	二手房提供；对于非担保中心担保的，提供 2 份复印件
		复印件	3	
7	购房首付款发票（收据）	复印件	3	非担保中心担保的，提供 2 份复印件

续表

序号	材料名称	规格	份数	备注
8	购房合同（正本）	原件	1	对于按照相关政策需要办理网签手续的，含联机备案表、网签信息表（现房购房情况说明）初审后转经办银行
		复印件	5	对于非担保中心担保的，提供4份复印件
9	契税凭证、公共维修基金凭证逾期还款回购协议书	复印件	4	与担保中心签合作协议并采用担保中心担保的现房提供
10	贷款还清证明	复印件	1	需要对借款申请人是否已办理公积金贷款或政策性贴息情况进行认定的提供
11	中心要求的其他材料			

注：所有材料复印件均用 A4 纸。

表 6-8 组合贷款公积金部分贷款申请所需材料清单（公积金贷款部分经办部门发起）

序号	材料名称	规格	份数	备注
1	身份证件或有效身份证明	原件	1	对于抵押、质押的，提供3份复印件
		复印件	4	
2	户口本首页、本人页及变更页	原件	1	对于抵押、质押的，提供2份复印件
		复印件	3	
3	暂住证或有效居住证明	原件	1	非北京市户口提供；对于抵押、质押的，提供2份复印件
		复印件	3	
4	有效婚姻关系证明	原件	1	已婚者、离异者提供；对于抵押、质押的，提供2份复印件
		复印件	3	
6	离退休证明及退休人员收入证明	原件	2	离退休职工提供
7	交易资金划转协议或自行划转声明	原件	1	二手房提供；对于抵押、质押的，提供2份复印件
		复印件	3	
8	购房首付款发票（收据）	原件	1	抵押、质押的，提供2份复印件
		复印件	3	

续表

序号	材料名称	规格	份数	备注
9	购房合同（正本）	原件	1	对于按照相关政策需要办理网签手续的，含联机备案表、网签信息表（现房购房情况说明）初审后转经办银行
		复印件	5	对于抵押、质押的，提供4份复印件
10	卖方房屋所有权证（含共有权证）	原件	1	二手房项目提供，对抵押、质押的，提供3份复印件
		复印件	4	
11	卖方身份证或有效身份证明	原件	1	二手房项目提供，对于抵押、质押的，提供3份复印件
		复印件	4	
12	卖方收款账户	原件	1	二手房项目提供，对于抵押、质押的，提供2份复印件
		复印件	3	
13	契税凭证、公共维修基金凭证逾期还款回购协议书	原件	1	与担保中心签合作协议并采用担保中心担保的现房提供
		复印件	4	
14	贷款还清证明	原件	1	需要对借款申请人是否已办理公积金贷款或政策性贴息情况进行认定的提供
		复印件	1	
15	大专以上学历、学位、职称证书	原件	1	根据信用评估申请人实际情况提供
16	自有住房产权、租赁公有住房证明	原件	1	
17	代办授权委托书	原件	3	通过代办机构办理
18	住房公积金贷款预审单	原件	1	抵押加第三方连带责任保证
19	抵押物评估初审意见书	原件	1	抵押加第三方连带责任保证
20	中心要求的其他材料			

注：贷款中心审核原件后将原件退还给借款人（逾期还款回购协议书等贷款审核需要留存的资料原件除外），所有材料复印件均用A4纸。

8. 贷款流程

（1）贷款咨询：通过银行网点、电话或网站了解组合贷款中自营性贷款的有关情况和要求；通过公积金中心网站、电话和银行网点等了解公积金贷款的有关情况和要求；

（2）贷款申请：分别向住房资金管理中心和银行分别提出书面贷款申请，并提交有关资料；

（3）签订合同：获得公积金个人住房贷款额度之后，持公积金管理部门出具的《公积金个人住房贷款委托通知单》，向贷款银行申请组合贷款（公积金个人住房贷款和自营性个人住房贷款）。客户在接到银行同意贷款的通知后，需与贷款行就公积金个人住房贷款和自营性个人住房贷款分别签订借款合同和担保合同；

（4）贷款发放：公积金中心和银行分别在条件具备时按合同约定发放贷款；

（5）客户还款：客户按合同约定按时还款。

（6）贷后服务。

五、房产过户

房产过户是指通过转让、买卖、赠与、继承遗产等方式获得房产，去房屋权属登记中心办理的房屋产权变更手续，即产权转移从甲方转移到乙方的全过程。

（一）房产过户准备资料

1. 房地产转移登记申请表；

2. 申请人身份证明；

（1）卖方需要的材料：身份证原件及身份证复印件一份。如果是已婚的话需要结婚证原件及复印件一份、房产证原件；如果夫妻双方有一人无法到场的话，必须要先写份委托书再去公证处公证，户口本及复印件一份；

（2）买方需要的材料：身份证原件及身份证复印件一份、户口本及复印件，如果是单身的话，需要去市民政局开单身证明；

3. 房地产权利证书；

4. 有关行政机关行政决定书、已公证的房地产买卖合同书（或赠与书；继承证明文件；房地产交换协议书；房地产分割协议书）；

5. 已设定抵押权的，应提交抵押权人同意的书面文件；

6. 人民法院强制性转移的应提交生效的判决书、裁定书、调解书和协助执行通知书；

7. 非法人企业、组织的房地产转移，应提交其产权部门同意转移的批准文件；

8. 行政划拨、减免地价的土地，应提交主管部门的批准文件和付清地价款证明；

9. 以招标、拍卖、挂牌方式取得房地产的，应提交中标确认书、拍卖成交确认书、土地使用权转让合同书，付清地价款证明；

10. 属于政府福利性普通商品住房的应提交相关主管部门的批复；

11. 拆迁补偿的应提交拆迁补偿协议书；

12. 房地产共有人同意转移的意见书；

13. 收购或合并企业的，应提交有关部门的批准文件；

14. 国有企业之间或其他组织之间的房地产调拨的，应提交有关部门的批准文件；

15. 法律、法规、规章及规范性文件规定的其他文件。

（二）房产过户流程

1. 签合同时须卖方房产证上面名字的当事人在场，（若当事人已婚，夫妻双方到场签字，即使房产证上面只有一个人的名字）。

2. 申请材料准备好后，到房产管理局填写表格和存量合同，存量合同上面的金额一定要和签订合同上面的金额一致。

3. 房产过户的申请材料提交房产局后，等待房产管理局会给予回执单，按照回执单上注示的日期去缴纳税金，一般需要15个工作日左右。

4. 房产过户税金缴纳完毕后便可拿到房产证。

（三）房产过户注意事项

1. 若单位购买私房，还需提交单位法人或其他组织资格证明（营业执照或组织机构代码）原件及复印件（加盖公章），单位法定代表人办证委托书（收件窗口领取），受托人身份证原件及复印件；

2. 若非住宅转移，还需提交土地使用权证书；

3. 若当事人不能亲自办理，需出具委托书或公证书，受委托人需出具身份证原件及复印件；

4. 房屋若已出租，且承购人非承租人的，需提交承租人放弃优先购买权证明；

5. 若有共有权人需出具共有权人同意出售证明和共有权证书；

6. 若经法院判决的，需出具法院判决和协助执行通知书。

到交易中心办理过户手续，需带房产证原件，复印件；身份证，复印件。

办理过户手续需要原房主夫妻双方到场；需带身份证、户口本、房产证、契税证、结婚证或单身证明；购房人需带身份证，还应当提交下列材料：

（1）登记申请书；

（2）申请人身份证明；

(3) 房屋所有权证书或者房地产权证书；
(4) 证明房屋所有权发生转移的材料；
(5) 其他必要材料。

注：第（4）项材料，可以是买卖合同、互换合同、赠与合同、受遗赠证明、继承证明、分割协议、合并协议、人民法院或仲裁委员会生效的法律文书，或其他证明房屋所有权发生转移的材料。

（四）继承过户、转让过户、赠与过户的具体要求

1. 继承过户

1) 继承过户流程

（1）办理房产证过户手续要到被继承人户籍所在地的派出所注销户籍，办理死亡证明；

（2）办理房产证过户手续要到区或市公证处（原外销普通商品住房到市公证处）办理继承权公证，房产继承分两种：一是遗嘱继承，二是法定继承。

需要提交的材料有：

①被继承人死亡证明；

②办理房产证过户手续需要该套房屋的产权证明或其他凭证；

③户口簿或其他可以证明被继承人与法定继承人的亲属关系的证明文件；

④办理房产证过户手续需要继承人的身份证件；

⑤有遗嘱的继承权公证另需提交的资料：被继承人所立遗嘱（该遗嘱必须是已公证过的遗嘱，其他形式的遗嘱由于无法认定其真实性，不予采纳）。

（3）办理房产过户登记，申请人是继承人或者受遗赠人（遗赠受领人）。

申请人应当向登记机构提交下列文件：《房地产登记申请书》（原件）、身份证明（复印件）、房地产权证书（原件）、继承权公证文书或者遗嘱公证书和接受遗赠公证书（原件）、契税完税凭证（原件）。

（4）遗赠和法定继承、遗嘱继承不同，需要支付税收。

2) 继承过户费用

（1）公证费：40 元/平方米×产权证面积。

（2）继承公证费：80 元/单，放弃继承公证 80 元/人。

注：继承的房产再次转让出售时个人所得税按照所得征收 20%，符合家庭唯一住房和购买超过 5 年可免征个人所得税。

（3）房地产价值评估费用

根据房地产价格的高低不同采用差额定律累进方式来计算房地产价值评估费，见表 6-9。

表 6-9　房地产丛林各及累进计费率

房地产价格总额（万元）	累进计费率（%）
100 以下	5
101 以上至 1000	2.5
1001 以上至 2000	1.5

3）继承过户所需材料

（1）公证处所需材料：原产权人的死亡证明、产权证复印件和所有当事人的身份证、户口本复印件一套。

注：需证明当事人即为所有继承人，并且其他继承人都自愿放弃继承权。

（2）房管局所需材料：过户基本材料以及公证书一份。

2. 转让过户

1）转让过户规定

投入使用的房地产买卖双方，应当签订房地产买卖合同，合同文本可以使用房屋土地管理局制定的示范文本，也可使用自制合同。使用自制合同的，当事人在过户申请前应委托经市房地局认定的法律服务机构进行预审，法律服务机构对符合规定的自制合同，提出预审合格意见。市、区、县房地产交易管理机构受理过户申请后，应对买卖双方提供的申请过户资料进行审核，审核内容如下：

（1）当事人提供的材料是否合法、有效；

（2）申请书填写的内容与提供的材料是否一致、无误；

（3）房地产的权属是否清楚，有无权属纠纷或他项权利不清的现象，是否属于《房地产转让办法》规定不得转让的范围；

（4）受让人按规定是否可以受让该房地产；

（5）买卖的房地产是否已设定抵押权；

（6）买卖已出租的房地产，承租人是否放弃优先购买权；

（7）买卖共有的房地产，共有人是否放弃优先购买权；

（8）房地产交易管理机构认为应该审核的其他内容。

2）二手房过户所需材料

过户需要提供资料主要有：房屋所有权证、买卖双方身份证明、房屋出售方婚姻状况证明、房屋核档证明、买卖契约以及其他房屋登记机构认为有必要提供的资料等。

3）转让过户费用

（1）营业税（卖方缴纳）

①个人将购买不足5年的住房对外销售的，全额征收营业税；

②个人将购买超过5年（含5年）的非普通住房对外销售的，按照其销售收入减去购买房屋的价款后的差额征收营业税；

③个人将购买超过5年（含5年）的普通住房对外销售的，免征营业税。

（2）个人所得税（卖方缴纳）

①以转让财产收入额减除财产原值和合理费用后的余额，按照20%税率缴纳；

②对纳税人不能提供房屋原值凭证，且主管税务机关通过房屋登记、税收征管信息系统也未能核实房屋原值的，个人所得税税款以本次房屋交易价格按核定征收率1%计算；

③转让家庭出售唯一住房且购买时间超过5年，可以免交个人所得税。

（3）印花税（已免征收）

（4）契税（买方缴纳）

①若买方为首次购房，房屋为面积不足90平方米的普通住宅，缴纳交易总额的1%；

②若买方为首次购房，房屋面积为90—140平方米之间的普通住宅，缴纳交易总额的1.5%；

③若买方为首次购房，房屋面积超过140平方米，缴纳交易总额的3%；

④若买方为二套房，缴纳交易总额3%；

⑤若买方购买的房产是非普通住宅或者是非住宅，缴纳交易总额的3%。

（5）测绘费

按照有关单位要求进行缴纳。

（6）二手房交易手续费：买卖双方承担

按房屋建筑面积6元/平方米交纳。

（7）房屋产权登记费（工本费）

买方承担80元。

4）转让过户所需材料

（1）地税局所需材料：卖方夫妻双方身份证和户口本复印件一套（若卖方夫妻不在同一个户口本上还需提供结婚证复印件一套）、买方身份证复印件一套、网签买卖协议一份、房产证复印件一套（如果卖方配偶已经去世还需要派出所的死亡证明一份）

（2）房管局所需材料：网签买卖协议一份、房产证原件、新测绘图纸两张、免税证明或完税证明复印件。

3. 赠与过户

1）赠与过户费用

(1) 以下情形的房屋产权无偿赠与,对当事双方不征收个人所得税:

①房屋产权所有人将房屋产权无偿赠与配偶、父母、子女、祖父母、外祖父母、孙子女、外孙子女、兄弟姐妹;

②房屋产权所有人将房屋产权无偿赠与对其承担直接抚养或者赡养义务的抚养人或者赡养人;

③房屋产权所有人死亡,依法取得房屋产权的法定继承人、遗嘱继承人或者受遗赠人。

④除以上情形以外,房屋产权所有人将房屋产权无偿赠与他人的,受赠人因无偿受赠房屋取得的受赠所得,按照"经国务院财政部门确定征税的其他所得"项目缴纳个人所得税,税率为20%。其应纳税所得额为房地产赠与合同上标明的赠与房屋价值减除赠与过程中受赠人支付的相关税费后的余额。

(2) 公证费

40元/平方米×产权证面积。

(3) 契税

①若买方为首次购房,房屋为面积不足90平方米的普通住宅,缴纳交易总额的1%;

②若买方为首次购房,房屋面积为90—140平方米之间的普通住宅,缴纳交易总额的1.5%;

③若买方为首次购房,房屋面积超过140平方米,缴纳交易总额的3%;

④若买方为二套房,缴纳交易总额3%;

⑤若买方购买的房产是非普通住宅或者是非住宅,缴纳交易总额的3%。

2) 赠与过户所需材料

(1) 公证处所需材料:卖方夫妻双方户口本和身份证复印件一套、买方身份证复印件一份,产权证复印件一套。

(2) 不需要经过地税局直接可以过户。

(3) 房管局所需材料:正常过户材料以及公证书原件一份。

六、物业管理

(一) 物业服务收费管理

1. 物业服务收费是指物业管理企业按照物业服务合同的约定,对房屋及配套的设施设备和相关场地进行维修、养护、管理,维护相关区域内的环境卫生和秩序,向业主所收取的费用。

物业服务费用由业主交纳。政府另有规定的除外。

2. 本市物业服务收费实行市场调节价和政府指导价。

实行市场调节价的物业服务收费，收费标准由业主与物业管理企业在物业服务合同中约定。

实行政府指导价的物业服务收费由市价格主管部门会同市房地产行政主管部门制定基准价标准及浮动幅度，两年公布一次。

3. 实行市场调节价的物业服务收费标准需要调整时，应由业主大会或共同履行业主大会、业主委员会职责的全体业主与物业管理企业协商确定。

4. 实行市场调节价的物业服务收费，可以采取包干制或者酬金制方式，具体方式由业主大会与物业管理企业协商确定；业主大会成立前，由开发建设单位、物业管理企业与业主在房屋买卖合同或前期物业服务合同中约定。

5. 实行物业服务费用包干制的，物业服务费用的构成包括物业服务成本、法定税费和物业管理企业的利润。

实行物业服务费用酬金制的，预收的物业服务资金包括物业服务支出和物业管理企业的酬金。

物业服务成本或者物业服务支出构成一般包括以下部分：

（1）管理服务人员的工资、社会保险和按规定提取的福利费等；

（2）物业共用部位、共用设施设备的日常运行、维护费用；

（3）物业管理区域清洁卫生费用；

（4）物业管理区域绿化养护费用；

（5）物业管理区域秩序维护费用；

（6）办公费用；

（7）物业管理企业固定资产折旧；

（8）物业共用部位、共用设施设备及公众责任保险费用；

（9）经业主同意的其他费用。

物业共用部位、共用设施设备的大修、中修和更新、改造费用，不得计入物业服务支出或者物业服务成本。

6. 实行物业服务费用酬金制的，预收的物业服务支出属于代管性质，为所交纳的业主所有，物业管理企业不得将其用于物业服务合同约定以外的支出。

物业管理企业应当向业主大会或者全体业主公布物业服务资金年度预决算，并每年不少于一次公布物业服务资金的收支情况。

业主或者业主大会对公布的物业服务资金年度预决算和物业服务资金的收支情况提出质询时，物业管理企业应当及时答复。

7. 物业服务收费采取酬金制方式的，物业管理企业或者业主大会可以按照物业服务合同约定聘请专业机构对物业服务资金年度预决算和物业服务资金的收支情况进行审计。

8. 执行物业服务收费政府指导价的住宅区，电梯、水泵运行维护费可依据其实际支出，按建筑面积或户合理分摊，具体办法由业主与物业管理企业协商确定。协商达成一致之前，电梯、水泵运行维护费执行政府指导价。

9. 利用物业共用部位、共用设施设备进行经营的，应当在征得相关业主、业主大会、物业管理企业的同意后，按照规定办理有关手续。所得收益应当主要用于补充专项维修资金，也可以按照业主大会的决定使用。

10. 业主按照房屋买卖合同约定的交付期开始交纳物业服务费。纳入物业管理范围的已竣工但尚未出售，或者因开发建设单位原因未按时交给物业买受人的物业，物业服务费用由开发建设单位全额交纳。

11. 物业管理企业可按月、按季或按年度计收物业服务费用，但不得一次性预收一年以上（不含一年）的物业服务费用。

12. 业主与物业使用人约定由物业使用人交纳物业服务费用的，从其约定，业主负连带交纳责任。

物业发生产权转移时，业主或者物业使用人应当结清物业服务费用。

业主应当按照物业服务合同的约定按时足额交纳物业服务费用。业主违反物业服务合同约定逾期不交纳服务费用的，业主委员会应当督促其限期交纳；逾期仍不交纳的，物业管理企业可以依法追缴。

13. 物业管理区域内，供水、供电、供气、供热、通讯、有线电视等单位应当向最终用户收取有关费用。物业管理企业接受委托代收上述费用的，可向委托单位收取手续费，不得向业主收取手续费等额外费用。

14. 物业管理企业根据业主的委托提供物业服务合同约定以外的服务，服务收费由双方约定。

15. 物业管理企业在物业服务中应当遵守国家的价格法律法规，严格履行物业服务合同，为业主提供质价相符的服务。

16. 物业服务收费实行明码标价。物业管理企业应当在物业管理区域内的显著位置，将服务内容、服务标准以及收费项目、收费标准进行公示。

（二）北京市住宅物业管理服务标准

表6-10 普通商品住宅物业管理服务标准

项目	范　围	工作内容及要求
（一）综合管理	小区规划红线范围内，涉及共用财产和公共事务的管理	(1) 负责制定物业管理服务工作计划，并组织实施； (2) 每年一次对房屋及设施设备进行安全普查，根据普查结果制定维修计划，组织实施；

续表

项目	范 围	工作内容及要求
（一）综合管理	小区规划红线范围内，涉及共用财产和公共事务的管理	（3）白天有专职管理员接待住户，处理服务范围内的公共性事务，受理住户的咨询和投诉；夜间有人值班，处理急迫性报修，水、电等急迫性报修半小时内到现场； （4）协助召开业主大会并配合其运作； （5）管理规章制度健全，服务质量标准完善，物业管理档案资料齐全； （6）与业主签定物业服务合同等手续；公开服务标准、收费依据及标准； （7）应用计算机系统对业主及房产档案、物业管理服务及收费情况进行管理； （8）全体员工统一着装，佩带有相片胸卡，持证上岗； （9）每年进行一次物业管理服务满意率调查，促进管理服务工作的改进和提高，征求意见用户不低于总户数80%； （10）建立起应对各种公共突发事件的处理机制和预案，包括组织机构、人员和具体措施等，一旦发生，能随时投入运行。
（二）房屋及小区共用部位共用设施设备日常维护	按《北京市住宅公共维修基金使用管理办法》中附件1：共用部位共用设施设备一般应包括的范围的内容为准；不包括另行收费的设备设施，如电梯、水泵、暖气等设备	确保居住小区内楼房共用部位共用设施设备、基本市政设施的正常使用运行和小修养护，包括： （1）楼房及小区内共用部位共用设施设备的日常养护和小修，执行《房屋及其设备小修服务标准》； （2）保证护栏、围墙、小品、桌、椅、楼道灯、绿化设施等公共设施、设备正常使用；道路、甬路、步道、活动场地达到基本平整，边沟涵洞通畅； （3）确保雨水、污水管道保持通畅，定期清淘化粪池、雨水井，相关设施无破损； （4）负责小区智能化设施的日常运行维护； （5）定期清洗外墙
（三）绿化	小区规划红线范围内的中心绿地和房前、屋后，道路两侧区间绿地	按市园林局规定的《二级养护标准》养护

续表

项目	范围	工作内容及要求
（四）保洁	小区规划红线以内，业主户门以外	维护和保持服务范围内的清洁卫生，包括： (1) 有健全的保洁制度，清洁卫生实行责任制，有明确的分工和责任范围； (2) 设定垃圾集纳地点，并每日将服务范围内的垃圾归集到垃圾楼、站，对垃圾（专用）楼、站、箱、道、桶及垃圾进行管理； (3) 每日对保洁服务范围内的区域进行一次清扫，做到服务范围内无废弃杂物； (4) 对楼梯间、门厅、电梯间、走廊等的门、窗、楼梯扶手、栏杆、墙壁等，进行一周一次清扫； (5) 按政府有关规定向服务范围内喷洒、投放灭鼠药、消毒剂、除虫剂； (6) 在雨、雪天气应及时对区内主路、干路积水、积雪进行清扫； (7) 发生突发公共卫生事件时，应迅速组织人员对物业的共用部位共用设施设备进行通风、清洗和消毒，加强对业主的宣传，维持正常的生活秩序
（五）公共秩序维护	小区规划红线以内，业主户门以外	公共区域的秩序维护和公共财产的看管，包括： (1) 相对封闭：做到小区主要出入口昼夜有专人值守，危及人身安全处有明显标志和防范措施； (2) 维护交通秩序：包括对机动车辆和非机动车辆的行驶方向、速度、临时停放位置进行管理，保持车辆行驶通畅； (3) 看管公共财产：包括楼内的门、窗、消防器材及小区的表井盖、雨篦子、小品、花、草、树木、果实等； (4) 夜间对服务范围内重点部位、道路进行不少于一次的防范检查和巡逻，巡逻不少于2人，做到有计划、有记录； (5) 有发生治安案件、刑事案件、交通事故的处置预案；发生时，应立即采取措施，并及时报警和配合公安部门进行处理
（六）停车管理	机动车辆、非机动车辆在停车场（存车处）、位的管理	(1) 有健全的机动车、非机动车存车管理制度和管理方案； (2) 对进入小区的机动车辆进行登记发放凭证，出门凭证放行； (3) 保证停车有序，24小时设专人看管；有发生紧急情况预案； (4) 长期存放的，应签订停车管理服务协议，明确双方的权利义务等。

续表

项目	范围	工作内容及要求
（七）消防管理	公共区域消防设施的维护及消防管理	(1) 有健全的消防管理制度，建立消防责任制及火灾消防预案； (2) 消防设施有明显标志，定期对消防设施进行巡视、检查和维护； (3) 定期进行消防训练，保证有关人员掌握消防基本技能； (4) 发生火灾，及时报警，协助消防人员疏散、救助人员等
（八）高压供水	养护、运行、维修	(1) 保证居民正常生活用水；有停水处置预案； (2) 水箱盖上锁并定期清洗消毒，确保水质合格； (3) 维修服务标准执行京房地修字〔1998〕第799号文件规定 (4) 发生突发公共卫生事件时，要加强对供水系统的消毒，禁止无关人员进入高压水泵机房，接近高位水箱
（九）电梯	养护、运行、维护	(1) 主梯 6：00—24：00 不间断运行，0：00—6：00 呼叫运行，电梯工夜间值班，并在候梯厅公布呼叫电话或房号。凡是楼层中设有电梯门的，均须开启载客； (2) 凡有高峰梯的，在高峰期 6 点—8 点、17 点—19 点与主梯同时运行； (3) 主梯维修时，有备用梯的，用备用梯运行，无备用梯的，属急迫性维修的，应在 30 分钟内抢修完工，其他维修应于 23 点至次日 5 点以内完工；有发生紧急情况时的处置预案；维修服务标准执行京房地修字〔1998〕第 799 号文件规定。 (4) 一旦发生电梯停电关人、夹人等危险情况时，应迅速组织救助
（十）装修管理服务	房屋装饰装修管理	(1) 有健全的装修管理服务制度； (2) 查验业主装修方案，与业主、施工单位签定装修管理协议，告知业主装修注意事项； (3) 装修期间，对装修现场进行巡视与检查，严格治安、消防和房屋安全管理；对进出小区的装修车辆、装修人员实行出入证管理，调解因装修引发的邻里纠纷； (4) 业主装修结束后，应进行检查。对违反装修协议的要进行处理，问题严重的报行政管理部门； (5) 及时清运装修垃圾，集中堆放时间不得超过三天

七、常见问答

1. 非同一家庭共有一房如何计算？

非同一家庭的两名及以上个人共同拥有一套住房产权，各计一套已拥有住房。共有产权人相互之间转让共有住房产权的，不需要进行购房资格审核。

2. 集体户籍是否视为北京户籍？

北京市单位集体户口是本市户籍的一种形式。因就学迁入学校集体户口的，不能作为本市户籍人员购房。

3. 父母名下有一套住房，以未成年子女名义再购房，申请贷款时是否算首套？

不是首套。购房单位为家庭不是个人，家庭成员包括申请人、配偶及未成年子女。

4. 个人名下有贷款购买住房，结清出售后再贷款购房，算首套还是二套？

虽然贷款买的房产出售以后，家庭名下已没有任何住房，但因为有过贷款记录，再申请房贷也会被算作二套房。

5. 婚后双方共同贷款购房，离异后一方再申请贷款购房，是否算第一套？

若能查到房贷记录，任何一方再贷款购房时都为二套房。

6. 名下有一处商业房产，算不算已有住房？

此次政策只是针对住宅，与商业无关，因此已有的商业房产，不计算为已有住房。若已经"商改住"或者此房产为住宅的房产证，则认定为已有住房。

7. 户口在外地，名下有一套在外地的住房，是否被限购？

如果符合非本市户籍居民家庭在京购买条件：在京持有本市有效暂住证，在本市没拥有住房且连续五年以上在本市交纳社会保险或个人所得税的非本市户籍居民家庭，可在京购买一套住房。

8. 丈夫是外地户籍、妻子是北京户籍，丈夫已有的房产会不会计入家庭房产？

在新购房审核中，需要提交身份证、结婚证等材料，购房以家庭为单位，所以丈夫已有房产将被计入家庭房产中。

9. 外地户籍家庭需要的纳税和社会保险证明，如何提交？

社会保险证明不需要购房者提交，核查系统通过购房人的身份证号，就可以在人力社保部门自动查询到其社会保险缴纳情况。个人所得税方面，需要购房者在税务部门开具相关证明。

附　　录

附录 1

"三房"轮候家庭申请公共租赁住房登记表

系统打印登记序号：＿＿＿＿＿＿＿＿＿＿

申请人姓名	王××		身份证号码		××××××××××××××××××	
联系方式	13813800000		登记时间		××××年×月×日	
受理单位	海淀　　区		东升　街道/乡镇		东升　居委会	
轮候家庭备案情况	已取得保障性住房资格类型：□经济适用住房　　√限价商品住房 　　　　　　　　　　　　□廉租住房租金补贴　□廉租住房实物配租 原备案登记编号：＿0012××＿　备案时间：＿××××年×月×日＿ 申请家庭人口：＿＿2＿＿　　家庭成员姓名：＿×××＿					
公共租赁住房配租情况	该家庭符合公共租赁住房申请条件。 家庭人口＿＿人，配租公共租赁住房＿＿＿＿套型。家庭特殊情况： □60周岁（含）以上老人　　□重度残疾人员 □患大病或做过大手术人员　□优抚对象及退役军人 □省部级以上劳动模范　　　□成年孤儿 　　　　　　　　　　　　街道（乡镇）住房保障部门（盖章） 经办人：　　　　　　　　负责人：　　　　年　月　日					
	该家庭符合公共租赁住房申请条件，准予登记。 （　）同意街道（乡镇）住房保障管理部门意见，配租＿＿＿套型。 公共租赁住房登记编号：＿GLH＿＿＿＿＿＿＿＿＿＿＿＿ （　）不同意街道（乡镇）住房保障管理部门意见。配租调整为＿＿＿套型。 　　　　　　　　　　　　区县住房保障管理部门（盖章） 经办人：　　　　　　　　负责人：　　　　年　月　日					

申请人签字：＿王××＿　　　　　　　　日期：＿××××＿年＿月＿日

注：1. 申请时应当携带申请人身份证及廉租住房、经济适用住房或限价商品住房审核备案通知单。

2. 此表由系统直接打印，一式两份，区县、街道（乡镇）住房保障管理部门各留一份。

附录 2

登记编号：本市人员	GX								
京外人员	GW								
廉租补贴	L								

北京市保障性住房申请家庭情况核定表

申请人姓名： 王××

身份证件编号：××××××××××××××××

申请人：√本市户籍　□外省市户籍（户籍地：＿＿＿省市（自治区）＿＿＿市（县）

户籍所在地：＿海淀＿区（县）＿东升＿街道（乡镇）＿东升＿居委会

　　　　　　＿东升＿街（胡同、小区）　×　号（楼）　×　单元×××室

现居住地址：＿海淀＿区（县）＿东升＿街道（乡镇）＿东升＿居委会

　　　　　　＿东升＿街（胡同、小区）　×　号（楼）　×　单元×××室

工作单位所在地：＿海淀＿区（县）＿＿＿＿＿街道（乡镇）

通讯地址：＿北京市海淀区东升街××××××××＿　邮编：＿100088＿

移动电话：＿××××××××××＿　固定电话：＿×××××××＿

北京市住房保障办公室监制

填 表 说 明

一、本表封面及表中第 3 至 5 页中内容由申请家庭按要求如实填写，封面中"登记编号"由工作人员统一填写；第 6 至 9 页由申请家庭成员单位和街道办事处（乡镇政府）填写；第 10 至 12 页由街道（乡镇）、区（县）和市住房保障管理部门填写；"※"标注的部分申请廉租补贴资格时填写。申请家庭成员较多，收入情况证明栏不够，可复印空白表后填写。

二、本表用蓝色或黑色钢笔或签字笔填写，字迹工整，不得涂改。表格填写一式两份。

三、申请家庭以家庭为单位申请，家庭成员包括申请人、配偶、未成年子女及已成年单身子女。申请家庭可推举一名年满 18 周岁、具有完全民事行为能力的人员作为家庭申请人。

四、申请家庭成员收入情况应如实填写，在职人员交申请人所在单位核准盖章并签字；离退休人员和失业人员由退休金和失业救济金发放单位盖章签字；无工作单位的由户籍所在街道办事处（乡镇政府）通过入户调查、邻里访问及信函索证等方法进行核定，并签署意见、盖章。

五、申请家庭收入证明中"上年本人收入合计"为家庭成员申请当月前 12 个月的可支配收入，包括工资、薪金、奖金、年终加薪、劳动分红、津贴、补贴、养老金、其他劳动所得及财产性收入。不包括个人交纳的基本养老保险费、基本医疗保险费、失业保险费、工伤保险费、生育保险费等社会保险费、住房公积金和个人所得税。

六、收件日期为申请家庭按要求交齐各种材料的正式受理日期。

申请廉租补贴资格的特别说明：

一、申请家庭按要求如实填写本表第 8 页"※"标注的部分。

二、申请人应具有北京市城镇常住户口，家庭人均住房使用面积、家庭收入和资产总额符合北京市廉租住房准入标准。

三、申请家庭年收入核定意见由街道办事处（乡镇政府）负责核定填写。

特殊情况家庭认定：

老人家庭是指申请家庭成员中至少有 1 人年满 60 周岁。

严重残疾人员家庭是指家庭成员中有残联鉴定为重度残疾人员。

患有大病人员家庭是指申请家庭成员中有一人以上患有经医疗卫生部门确定的特殊病种。

承租危房家庭是指申请家庭承租的住房经有资质的房屋安全鉴定机构鉴

定为危险房屋。

　　优抚对象应当持有民政部门颁发的优抚证件，包括：《革命烈士证明书》、《革命军人因公牺牲证明书》、《革命军人病故证明书》、《革命伤残军人证》、《定期抚恤领取证》、《定期补助领取证》及区（县）以上民政部门出具的优抚对象身份的相关证明。

　　面临拆迁的家庭是指申请家庭居住的房屋已列入区县建委（房管局）核发的拆迁许可证确定的拆迁范围内，并已在拆迁范围内发布拆迁公告或已签订拆迁补偿协议。

　　省部级劳模是指省部级以上劳动模范（先进工作者）等。

　　成年孤儿是指市民政部门认定的成年孤儿安置证明。

申 请 承 诺 书

×××：

　　申请家庭成员已知晓我市保障性住房政策，本人及全体共同申请人愿意遵守国家和我市保障性住房管理相关规定，我们已如实填写和申报有关材料，保证提供的所有材料真实有效。若有弄虚作假、隐瞒家庭住房、收入、工作状况及伪造相关证明等情况，同意按照有关的管理规定取消申请资格，退出配租的保障性住房，并补齐市场平均租金与配租住房标准租金的差额，申请廉租住房补贴的退还已领取的租房补贴，若情节严重同意按有关规定接受行政或刑事处罚。本人及全体共同申请人名下的房产等已进行如实申报，不存在权属纠纷。

　　本人及全体共同申请人同意在申请或轮候期间家庭住房、收入和工作单位等发生变化的，在60日内向户口所在地街乡镇、区县住房保障部门如实申报，并积极配合街乡镇、区县住房保障管理部门会同有关部门对申报情况进行核实。

　　本人及全体共同申请人同意承诺，购买、受赠、继承或者租赁其他住房后，在规定时间内退出保障性住房，退还产权单位。

　　本人及全体共同申请人同意并授权，市、区县、街乡镇住房保障管理部门在审查资格条件时，向有关部门（如房产、公积金、社保、税务、公安、银行、证券交易所等）、工作单位和个人收集、核对本人及家庭成员信息资料；同意并授权拥有本人及家庭成员个人信息、资料的单位（部门）或个人，向有关审查管理部门提供本人及家庭成员的相关信息资料。

　　外省市在京工作人员承诺：本人及全体共同申请人在京均无承租住房、名下均无完成产权登记或已签订购房合同但尚未完成产权登记的住宅或商住房屋。

　　本人及共同申请人愿意严格遵守以上承诺，并承担违反承诺的责任和后果。

　　承诺人（申请人、共同申请家庭成员及监护人）：
①申请人签字：＿＿王××＿＿　　时间：＿××××＿年＿×＿月＿×＿日
②共同申请成员签字：＿＿张××＿＿　　时间：＿××××＿年＿×＿月＿×＿日
③共同申请成员签字：＿＿王××＿＿　　时间：＿××××＿年＿×＿月＿×＿日
④共同申请成员签字：＿＿＿＿＿＿　　时间：＿＿＿＿＿年＿＿月＿＿日
⑤监护人签字：＿＿＿＿＿＿　　时间：＿＿＿＿＿年＿＿月＿＿日

申请家庭成员及资产情况

与申请人关系	姓名	性别	婚姻状况	身份证件编号	户口所在地 暂住证发放地	工作学习单位	月收入（元）
申请人	王××	男	已婚	××××××××××××	海淀区东升街道东升小区×号楼×单元×××室	北京×××公司	2800
之妻	张××	女	已婚	××××××××××××	海淀区东升街道东升小区×号楼×单元×××室	北京×××厂	2500
之子	王××	男	未婚	××××××××××××	海淀区东升街道东升小区×号楼×单元×××室	北京×××小学	0
家庭资产申报情况（万元）							
与申请人关系	姓名	汽车价值	有价证券	存款（含现金、借出款）	投资（含股份）	房产价值（含拆迁所得）	其他资产	资产净值小计
申请人	王××	0	0	2.5	0	0	0	2.5
之妻	张××	0	0	0.8	0	0	0	0.8
之子	王××	0	0	0	0	0	0	0
家庭年收入合计	63600元	外省市在京工作人员暂住证编号					
申报资产净值	3.3万元	外省市在京工作人员在京居住工作年限						年
汽车车牌号	无	品牌型号					购置时间	

说明：1."申请家庭成员"包括申请人及其配偶、未成年子女及已成年单身子女等。

2."与申请人关系"栏填写：之妻、之夫、之子、之女等。

3."婚姻状况"栏填写：未婚、已婚、离婚、丧偶等。

4."身份证件编号"栏填写：经公安机关进行升位处理后的18位身份证号。

5."户口所在地"栏填写：居民户口薄首页户口登记住址。

6."暂住证编号""暂住证发放地"栏填写：外省市在京工作人员按照《暂住证》编号及发放派出所名称填写。

7."工作学习单位"栏填写：工作学习单位全称，没有的填"无"。

8."月收入""申请家庭年收入"栏填写：申请人本人及申请家庭成员每月可支配收入。家庭年收入为家庭可支配收入，即家庭每年在支付个人所得税和各种社会保障费后所余下的实际收入。

9."家庭资产申报情况"为申请人及共同申请人名下的资产，应如实申报，具体数额按估算的市值数额填写，如没有应填写"0"，房产拆迁所得按照拆迁补偿款与拆迁补助费之和填写。

申请家庭住房情况

目前居住房屋坐落	海淀区东升街道东升小区×号楼×单元×××		使用面积	27m²
产权人（单位）	王××		承租人	
房屋类型	√成套楼房　×简易楼房　×平房（×有自建）		是否拆迁	×是 √否
居住情况	×直管公房　×自管公房　×已购公房　×城镇私房　√商品住房 ×市场租住房　×集体土地住房　×单位宿舍　×其他			
其他房屋坐落			使用面积	m²
产权人（单位）			承租人	
房屋类型	□成套楼房　□简易楼房　□平房		是否拆迁	□是 □否
居住情况	□直管公房　□自管公房　□已购公房　□城镇私房　□商品住房 □市场租住房　□集体土地住房　□单位宿舍　□其他			
商品房合同编号		建筑面积　　平方米		
申请家庭成员 个人产权房屋 所有权证编号	目前居住	房权证　　字第　　号		
	其他房屋	房权证　　字第　　号		
申请家庭人口	3人	住房使用面积　27m²	人均住房使用面积	9m²
申请家庭填写申请人及配偶的父母及未共同申请的成年子女信息				
关系	姓名	身份证件编码	关系	姓名	身份证件编码

说明：1."目前居住房屋坐落"栏填写：有住房的填写房屋地址，无住房的填写现居住地址。原住房已拆迁的，请填写被拆迁住房地址。

2."产权人（单位）"栏填写：房屋所有权证上标明的产权人或房屋出租单位名称。

3."房屋类型""居住情况""是否拆迁"栏填写：在属于该类别前的□打"√"，不属于该类别前的□打"×"。

4."住房使用面积"栏填写：使用面积按《公有住房租赁合同》上标明的计租面积为准；私产住房以《房屋所有权证》上标明的使用面积为准，未标明使用面积的按照建筑面积÷1.333 计算。两处或两处以上住房的，使用面积合并计算。

5.申请家庭成员签订商品房合同的，按照合同标明的房屋建筑面积填写。

6."申请家庭人口"栏填写：申请家庭成员数量之和。

申请家庭成员收入情况证明

姓　名		身份证件编号			就业情况	
工作单位					单位性质	
劳动(工作)合同时限			年　月　日至　　年　月　日			
本人上一年工薪收入		元①	年社保养老金、失业救济金领取			元②
个人公积金年支取		元③	年个人所得税交纳			元④
上年本人可支配收入合计		元（大写：　　　　　　　元）⑤				
社会保险缴纳情况		□是（缴纳时间　　年　月至　　年　月）　□否				
住房公积金缴存情况		□是（缴纳时间　　年　月至　　年　月）　□否				
个人公积金登记号			住房公积金所属单位登记号			
其他需说明的情况						
单位声明		我单位为申请人出具的就职及收入证明真实有效。若我单位为申请人出具虚假证明，愿意接受上级主管部门或监察部门依法追究我单位主要领导和相关人员的责任，构成犯罪的提请司法机关依法追究刑事责任。				
单位意见		负责人签字：　　　　　　　　　　劳资（人事）部门盖章 联系电话：　　　　　　　　　　　　　　　年　月　日				

说明：

1. "就业情况"栏填写：在职、退休、失业、其他等。

2. "单位性质"栏填写：行政机关、事业单位、企业、社会团体及其他。其中企业包括国有企业、集体企业、股份合作企业、联营企业、有限责任公司、股份有限公司、私营企业、外商投资企业、港澳台商投资企业、其他企业等。

3. 在职（退休）人员上一年收入包括工资、薪金、奖金、年终加薪、劳动分红、津贴、补贴、养老金、其他劳动所得及财产性收入。不包括基本养老保险费、基本医疗保险费、失业保险费、工伤保险费、生育保险费等社会保险费和住房公积金。

4. 无业（失业）人员上一年收入包括非固定劳动收入、赡养抚养费、补贴和其他等。

5. "个人公积金年支取"栏填写：个人住房公积金年支取数额。

6. 上一年可支配收入合计⑤＝①＋②＋③－④

家庭成员住房情况证明

同志,已(未)由本单位解决住房,或通过拆迁等解决住房。 住房地址: 住房使用面积:　　m²。 负责人: 联系电话: 　　　单位(街乡)盖章 　　　　年　月　日	同志,已(未)由本单位解决住房,或通过拆迁等解决住房。 住房地址: 住房使用面积:　　m²。 负责人: 联系电话: 　　　单位(街乡)盖章 　　　　年　月　日	同志,已(未)由本单位解决住房,或通过拆迁等解决住房。 住房地址: 住房使用面积:　　m²。 负责人: 联系电话: 　　　单位(街乡)盖章 　　　　年　月　日
同志,已(未)由本单位解决住房,或通过拆迁等解决住房。 住房地址: 住房使用面积:　　m²。 负责人: 联系电话: 　　　单位(街乡)盖章 　　　　年　月　日	同志,已(未)由本单位解决住房,或通过拆迁等解决住房。 住房地址: 住房使用面积:　　m²。 负责人: 联系电话: 　　　单位(街乡)盖章 　　　　年　月　日	同志,已(未)由本单位解决住房,或通过拆迁等解决住房。 住房地址: 住房使用面积:　　m²。 负责人: 联系电话: 　　　单位(街乡)盖章 　　　　年　月　日

申请家庭承租(拥有)原住房处置意见"※"

原住房是否腾退	□腾退房屋　□不腾退	是否含自建	□是　□否
腾退住房地址		使用面积	
产权人(单位)		承租人	
申请人与私房产权人或房屋承租人关系		□本人　□配偶　□父母　□子女	
申请人签字	产权人(单位)签字盖章	承租人签字	

低收入申请家庭收入、住房、资产核定意见※

申请人及共同申请人	姓名	身份证件号码	工作单位及职务	年可支配收入
				元
				元
				元
				元

经我单位审核，该家庭成员所报收入情况属实。
申请家庭成员人均月收入为：_____元；家庭上年总收入为：_____元；
（大写）：_____元。
审核单位全称：_____。

负责人签字：　　　　　　　　　　街道办事处（乡镇政府）（盖章）
联系电话：　　　　　　　　　　　　　　　　　　　年　月　日

特殊情况家庭认定※

街道办事处（乡镇政府）意见	家庭类型	□低保家庭　□优抚家庭　□低收入家庭			
		低保证件标明（优抚核心家庭）人口__人。发证日期___年_月_日			
	特殊情况	□家庭有重残人员　□家庭有患大病人员　□承租危房家庭 □已拆迁　□连续低保两年及以上的家庭 □家庭收入连续两年低于低收入家庭认定标准且成员中有55周岁（含）以上男性或50周岁（50）以上女性　□成年孤儿			
	姓名	特殊情况及程度	证件名称	证件编号	发证日期
	被拆迁情况	该家庭原位于　　　　　　的房屋已于　　年　月被拆迁			
	经核实，该家庭困难状况与上表情况相符。 　　　　　　　　　　　　　街道办事处（乡镇政府）盖章 经办人：　　　　　　　负责人：　　　　　　年月日				

第一次公示及初审配租意见

收件日期	年 月 日	报送材料（份）	
收件人		申请人签字	

一次公示	一次公示日期： 年 月 日至 年 月 日 一次公示地点：□户籍登记地 □现居住地 □工作单位 经第一次公示，该家庭人口、住房、收入和资产情况： （ ）无异议； （ ）有异议，异议情况：_____ 异议核实情况：_____
初审意见	经初审： 家庭收入：申请家庭上一年家庭总收入_____元，人均月收入_____元。 家庭住房：使用面积_____m²，人均住房使用面积_____m²。 家庭资产净值：_____万元 申请家庭优先情况： 　　□60周岁（含）以上老人　□重残人员　□患大病或做过大手术人员 　　□优抚对象及退役军人　□省部级以上劳动模范　□成年孤儿 其他情况：_____ （ ）该家庭收入、住房情况符合保障性住房。 （ ）该家庭收入、资产和住房情况符合廉租住房租房补贴申请条件。（下面必选项） 　　□承租危房家庭　□已拆迁　□连续低保两年及以上的家庭 　　□严重残疾人员　□家庭收入连续两年低于低收入家庭认定标准且成员中有55周岁（含）以上男性或50周岁（50）以上女性　□患大病人员 　　□成年孤儿 （ ）该家庭不符合保障性住房申请条件，已于 年 月 日书面通知该家庭。 经办人： 　　　　　　　　负责人： 　　　　　　　年 月 日

续表

初审配租意见	经街道（乡镇）住房保障部门初审，为该家庭确定保障性住房配租方案： 配租家庭人口_____人；姓名：_____ 家庭人口结构： 　　　□单身1人家庭　□夫妻2人家庭　□单亲2人家庭 　　　□子女年满10周岁单亲2人家庭　□夫妻及子女3人以上家庭 配租保障性住房_____套型。 　　　　　　　　　　　　　　　街道（乡镇）住房保障部门（盖章） 　　经办人：　　　　　　负责人：　　　　　　年　月　日
	"※" 　　根据初审、公示及该家庭原住房处理意见，经我街道（乡镇）住房保障部门联合评议，为该家庭确定廉租补贴方案： 家庭廉租补贴人口_____人；姓名：_____ □廉租补贴： 　　配租使用面积_____m²，家庭廉租补贴月补贴额最高为_____元/月。 　　　　　　　　　　　　　　　街道（乡镇）住房保障部门（盖章） 　　经办人：　　　　　　负责人：　　　　　　年　月　日

第二次公示及复核配租意见

二次公示	公示日期：_____年___月___日至_____年___月___日 公示地点：_____ 经公示，该家庭人口、住房、收入和资产情况： （ ）无异议； （ ）有异议，异议情况：_____ 异议核实情况：_____
复审意见	（ ）该家庭符合保障性住房配租申请条件，准予登记。 家庭收入：申请家庭上一年家庭总收入_____元，人均月收入_____元。 家庭住房：使用面积_____m²，人均住房使用面积_____m²。 家庭资产净值：_____万元 登记编号：_____，家庭配租人口_____人， 同意街道（乡镇）配租方案： 　□公租房：配租保障性住房_____套型。 不同意街道（乡镇）配租方案，调整为： 　□公租房：配租保障性住房_____套型。 　　　　　　　　　　　　　　区（县）住房保障管理部门（盖章） 经办人：　　　　　　　负责人：　　　　　　年 月 日
	"※"（ ）该家庭符合廉租补贴，申请条件，准予登记。 登记编号：_____，家庭配租人口_____人， 同意街道（乡镇）配租方案： 　□廉租补贴：配租人口_____人；配租使用面积_____m² 　　　　　家庭廉租补贴月补贴额最高为_____元/月。 不同意街道（乡镇）配租方案，调整为： 　□廉租补贴：廉租补贴人口_____人；配租使用面积_____m² 　　　　　家庭廉租补贴月补贴额最高为_____元/月。 （ ）该家庭不符合保障性住房申请条件，已于_____年___月___日书面通知该家庭。 　　　　　　　　　　　　　　区（县）住房保障管理部门（盖章） 经办人：　　　　　　　负责人：　　　　　　年 月 日
备案	经办人：　　　　　　　　　　　　　　　　　　年 月 日

附录 3

北京市住房和城乡建设委员会关于进一步完善我市保障性住房申请、审核、分配政策有关问题的通知

(京建法〔2013〕5号)

各区县住房城乡建设委（房管局），东城、西城区住房城市建设委（房管局）：

为进一步简化我市保障性住房申请、审核程序，完善保障性住房分配政策，加快解决本市城镇中低收入家庭住房困难，推动住房保障方式向"租售并举，以租为主"转变，促进本市住房保障事业健康、持续发展，依据有关文件精神，经市政府批准，我市实行保障性住房统一申请、审核。现就有关问题通知如下：

一、实行保障性住房统一申请、审核

（一）保障性住房申请家庭，统一填写《北京市保障性住房申请家庭情况核定表》（见附件），并递交相关证明材料。符合廉租住房保障条件的，在提出保障性住房申请时，应同时提供符合廉租住房条件的相关证明材料，由街道办事处（乡镇人民政府）住房保障管理部门在《北京市保障性住房申请家庭情况核定表》中做相应标注和说明。

（二）按照《北京市公共租赁住房申请、审核及配租管理办法》（京建法〔2011〕25号）规定的公共租赁住房准入标准、审核程序进行审核，审核通过并获得备案资格的家庭，纳入住房保障范围。

二、完善保障性住房分配政策

（一）按照统一申请审核政策备案的家庭，分配实行租售并举，以租为主。先通过配租公共租赁住房予以保障，待有可配售房源时，按照届时我市出售型保障房政策进行配售资格核定并组织配售。

（二）鼓励各区县结合自身实际，加大工作创新力度，对轮候公共租赁住房超过一定期限的家庭，可以采取扩大租金补贴范围，由轮候家庭承租社会存量房源等方式解决。

（三）统一申请审核政策实行前已备案的轮候家庭，仍然按照原方式进行保障，在轮候期间，可通过配租公共租赁住房或其他方式解决过渡需求。

三、相关工作要求

（一）明确住房保障工作目标。各区县住房城乡建设委（房管局）要进一步摸清本区中低收入住房困难家庭底数，按照"十二五"期间基本解决轮候家庭住房困难的工作目标，合理制定工作计划和配租配售方案，并向社会

公布。

（二）加大房源建设力度，多种方式筹集房源。各区县住房城乡建设委（房管局）要在积极完成新建任务的基础上，因地制宜，通过改建、收购、长期租赁等方式，多渠道筹集保障性住房房源。

（三）加强组织领导和宣传指导。各区县住房城乡建设委（房管局）要严格按照通知要求落实相关工作，做好政策宣传、答疑和指导，为申请家庭提供便捷、高效的服务。

四、本通知自 2013 年 4 月 19 日起实施

附件：北京市保障性住房申请家庭情况核定表

北京市住房和城乡建设委员会

2013 年 4 月 11 日

附录 4

关于印发《北京市公共租赁住房申请、审核及配租管理办法》的通知

各区县住房城乡（市）建设委、房管局、住保办、各有关单位：

  为做好公共租赁住房申请、审核及配租管理工作，加快解决群众住房困难，根据北京市人民政府《关于加强本市公共租赁住房建设和管理的通知》（京政发〔2011〕61号），北京市住房和城乡建设委员会制定了《北京市公共租赁住房申请、审核及配租管理办法》，现印发给你们，请结合实际，认真执行。

二〇一一年十一月二十九日

北京市公共租赁住房申请、审核及配租管理办法

第一章 总 则

第一条 为规范公共租赁住房申请、审核及配租管理工作，根据北京市人民政府《关于加强本市公共租赁住房建设和管理的通知》（京政发〔2011〕61号），制定本办法。

第二条 本市行政区域内市、区县人民政府所属机构、社会单位以及投资机构、房地产开发企业持有的公共租赁住房申请、审核、公示、轮候、复核及配租管理适用本办法。

第三条 市住房保障管理部门负责本市公共租赁住房的指导、监督和备案工作。区县、街道办事处（乡镇人民政府）住房保障管理部门按照各自职责负责本地区公共租赁住房的申请受理、审核、公示、轮候、复核及配租管理工作。

第二章 申请和审核

第四条 市、区县人民政府所属机构、社会单位以及投资机构、房地产开发企业持有的公共租赁住房供应对象主要是城市中低收入住房困难家庭。符合下列条件之一的，可以申请公共租赁住房：

（一）廉租住房、经济适用住房、限价商品住房（以下统称"保障性住房"）轮候家庭。

（二）申请人具有本市城镇户籍，家庭人均住房使用面积15平方米（含）以下；3口及以下家庭年收入10万元（含）以下、4口及以上家庭年收入13万元（含）以下。

市住房城乡建设主管部门会同市相关部门根据本市人均可支配收入水平变化等对上述标准及时进行动态调整。

（三）外省市来京连续稳定工作一定年限，具有完全民事行为能力，家庭收入符合上款规定标准，能够提供同期暂住证明、缴纳住房公积金证明或社会保险证明，本人及家庭成员在本市均无住房的人员。具体条件由各区县人民政府结合本区县产业发展、人口资源环境承载力及住房保障能力等实际确定。

产业园区公共租赁住房主要用于解决引进人才和园区就业人员住房困难，具体申请条件由产业园区管理机构确定并报区县人民政府批准后实施，并报市住房保障工作领导小组办公室备案。

第五条 公共租赁住房申请家庭成员包括申请人、配偶、未成年子女及已成年单身子女。申请家庭应当推举一名具有完全民事行为能力的家庭成员作为申请人。

第六条 符合第四条第（一）项条件的保障性住房轮候家庭，可持备案通知书到原申请街道办事处（乡镇人民政府）登记申请轮候配租公共租赁住房。公共租赁住房轮候时间从原保障性住房备案登记日期起算。

符合第四条第（二）项条件的本市城镇户籍家庭，向申请人户籍所在地街道办事处（乡镇人民政府）提出申请。

符合第四条第（三）项条件的外省市来京工作人员，向申请人工作单位所在街道（乡镇）住房保障管理部门提出申请。

第七条 公共租赁住房资格申请、审核按照本市现行的保障性住房"三级审核、两级公示"制度执行。申请家庭住房、收入等情况的审核按照本市现行保障性住房相关政策执行。审核及公示时限按现行廉租住房审核及公示时限执行。

第八条 一个家庭只能承租一套公共租赁住房。考虑家庭代际、性别、年龄结构和家庭人口等因素，配租标准原则为：

家庭人口	家庭构成	配租套型
1人	单身（包括未婚、离异、丧偶）	宿舍、单居或小套型
2人	夫妻及子女未满10周岁的单亲家庭	单居、小或中套型
	子女年满10周岁的单亲家庭	中或大套型
3人以上	夫妻及子女	中或大套型

第九条 对符合承租公共租赁住房条件的家庭实行轮候配租制度。轮候期间，申请家庭收入、人口、住房、资产等情况发生变化的，申请人应在家庭情况变动后60日内告知街道（乡镇）住房保障管理部门。经审核后，街道（乡镇）住房保障管理部门应上报区县住房保障管理部门，并对变更情况进行登记，调整配租方案。不符合公共租赁住房申请条件的，由区县住房保障管理部门按照规定取消资格。

第十条 申请家庭有原住房的，原住房为承租公房（包括直管、自管）的应当腾退，原住房由公房原产权单位或房屋所在地区县住房保障管理部门收回；原住房为私房且已纳入棚户区等公益性项目房屋征收范围或位于首都功能核心区的，原住房由房屋所在地区县住房保障管理部门收购。具体收回、收购及补偿办法由各区县人民政府制定，报市住房保障工作领导小组办公室备案后实施。

第三章 配租管理

第十一条 区县住房保障管理部门应加强公共租赁住房分配计划管理。根据筹集房源情况，在每年12月制定下一年度本区县公共租赁住房公开摇号分配计划，经区县政府批准并报市住房保障工作领导小组办公室备案后实施。公共租赁住房分配计划应在区县政府网站向社会公布。

计划实施中遇调整的，应在区县政府批准后10个工作日内上报市住房保障工作领导小组办公室备案，并及时调整公布信息。

第十二条 区县人民政府所属机构组织建设、筹集以及投资机构、房地产开发企业持有的公共租赁住房，优先向项目所在区县符合公共租赁住房申请条件的家庭配租；房源有剩余的，由市住房保障管理部门调配给其他区县配租。市保障性住房建设投资中心建设、收购的公共租赁住房用于全市统筹调配使用，优先满足项目所在区县配租需求。

第十三条 市、区县人民政府所属机构以及投资机构、房地产开发企业持有的公共租赁住房配租采用公开摇号、顺序选房方式进行，由区县住房保障管理部门组织摇号配租。程序如下：

（一）公共租赁住房产权单位应当在区县住房保障管理部门监督指导下，在房屋具备入住条件60天前编制配租和运营管理方案，经批准后，由区县住房保障管理部门在区县政府网站上公布配租公告，公告内容包括房源位置、套数、户型面积、工期、租金标准、租赁管理、供应对象范围、登记时限、登记地点等。家庭应在规定时限内到指定地点进行意向登记。

区县住房保障管理部门应在公共租赁住房配租房源中，选择符合廉租住房建设标准的房屋面向廉租家庭配租。

（二）区县住房保障管理部门根据意向登记家庭备案时间顺序，按房源与家庭数量比不超过1∶1.2确定参加摇号入围家庭名单。

区县住房保障管理部门组织相关部门对入围家庭的收入、人口、住房等情况进行复核；经复核，仍符合公共租赁住房申请条件的家庭名单，在区县政府网站上予以公布。

（三）廉租住房、经济适用住房和限价商品住房轮候家庭优先配租；申请家庭成员中有60周岁（含）以上老人、患大病或做过大手术人员、重度残疾人员、优抚对象及退役军人、省部级以上劳动模范、成年孤儿优先配租。

（四）区县住房保障管理部门遵循公平、公开、公正原则，结合本区县实际选择下列一种方式组织公开摇号配租。

1．区县住房保障管理部门确定配租家庭范围后，按照优先家庭在前、普通家庭在后的顺序摇出家庭选房顺序号，家庭依据摇出的顺序号选房。选房工作在区县住房保障管理部门监督下，由公共租赁住房产权单位负责组织实施。

2．区县住房保障管理部门确定配租家庭范围后，可结合配租住房套型，按照优先家庭在前、普通家庭在后的顺序分组对应不同套型的房屋，直接摇出家庭顺序号及所对应的房号。

家庭退出公共租赁住房后房屋空置的，公共租赁住房产权单位可根据最近一次摇号顺序号依次递补。

（五）申请家庭选房确认后，区县住房保障管理部门向申请家庭发放《北京市公共租赁住房配租通知单》，申请家庭凭配租通知单、身份证明与公共租赁住房产权单位签订《北京市公共租赁住房租赁合同》，其中需腾退原住房的家庭应先办理完原住房腾退手续。

第十四条 社会单位建设持有的公共租赁住房，优先解决本单位取得公共租赁住房备案资格的职工居住需求。配租工作由社会单位组织实施，摇号配租程序参照社会公开摇号配租程序确定。

（一）社会单位应当在市、区县住房保障管理部门的监督指导下，在房屋具备入住条件60天前编制配租及运营管理方案，并组织配租。其中中央及市属单位向市住房保障管理部门申请并由其核准；其他社会单位向区县住房保障管理部门申请，区县住房保障管理部门核准后报送市住房保障管理部门备案。

（二）社会单位应在组织摇号配租前对入围家庭人口、收入等情况进行复核，市、区县住房保障管理部门对职工家庭住房情况进行复核。经核查，仍符合公共租赁住房申请条件的家庭名单，在社会单位网站上予以公布。

（三）社会单位组织家庭配租选房后，家庭与公共租赁住房产权单位签订

《北京市公共租赁住房租赁合同》。配租房屋和家庭信息经单位确认后，报市、区县住房保障管理部门备案。

（四）社会单位配租后房源仍有剩余的，应在选房工作完成后30日内，将剩余房源情况报市、区县住房保障管理部门，由住房保障管理部门按规定程序向社会公开配租，或由市、区县人民政府指定机构按规定价格收购，公开配租。

第十五条　申请家庭未在规定时间内选房或签订租赁合同，视同放弃一次配租资格，可继续轮候。同一家庭只能放弃两次配租资格，超过两次须重新提出申请。

第十六条　区县住房保障管理部门、社会单位和公共租赁住房产权单位应当按照"保障性住房全程阳光工程"要求组织摇号选房活动，公开透明。

摇号活动可邀请人大代表、政协委员、政风行风监督员以及新闻媒体参加，接受社会监督，摇号排序过程应由公证部门全程监督并出具公证证明。选房工作由区县住房保障管理部门全程监督。配租结果应在区县政府或社会单位网站上公布。

第十七条　市住房保障管理部门建立健全公共租赁住房申请配租信息管理平台，建立申请轮候家庭和公共租赁住房房源使用情况动态档案，实现全市动态管理。

各区县住房保障管理部门建立申请及轮候家庭档案，根据轮候家庭住房、人口、收入变动情况，及时调整家庭信息，实现对轮候家庭档案的动态管理。

公共租赁住房产权单位建立健全房屋使用档案，完善纸质档案和电子档案的收集、管理工作，保证档案数据完整、准确，并根据家庭变动情况及时变更住房档案，实现公共租赁住房档案的动态管理。

第十八条　公共租赁住房产权单位应在完成家庭选房签约工作5个工作日后，将配租家庭情况、身份证号及所选房号等情况录入信息管理平台，并将配租家庭名单、配租房源、房屋租金等材料经单位领导签字盖章后报区县住房保障管理部门备案。上述备案材料作为房屋产权单位享受公共租赁住房运营税费减免的依据。

第十九条　《北京市公共租赁住房租赁合同》内容包括租赁房屋的基本情况、租金标准及调整原则、租金收取方式、租赁期限、修缮责任、合同解除、违约责任以及双方权利义务等。合同示范文本由市住房保障管理部门推荐使用。

第二十条　公共租赁住房租赁合同期限由双方约定，一般为3年，最长不超过5年。公共租赁住房租金可以按月、季或年收取，但最长不得超过1年。

第四章 租后管理

第二十一条 承租家庭因家庭人口变化等原因需调整配租房屋的,可向公共租赁住房产权单位提出书面申请,经家庭原申请所在地区县住房保障管理部门复核,仍符合公共租赁住房申请条件的,区县住房保障管理部门提出调整意见。

公共租赁住房项目中有套型匹配的空置房屋,产权单位可根据调整审批意见时间顺序予以调换,重新签订租赁合同,并按规定腾退原承租的住房。项目中没有套型匹配的房屋,由产权单位建立家庭轮候调房需求库。

第二十二条 承租人在租赁期限内死亡的,经复核,家庭仍符合公共租赁住房申请条件的,家庭可按规定推举新的承租人与房屋产权单位重新签订租赁合同。家庭无共同申请人的,租赁合同自动终止。

第二十三条 租赁合同期满后承租人需要续租的,应在合同期满前3个月向原申请所在地区县住房保障管理部门提出申请,经复核,仍符合公共租赁住房申请条件的,产权单位办理续租手续;不符合的不再续租,承租人应退出住房。

第二十四条 承租家庭自愿退出公共租赁住房的,承租人需向产权单位提出书面申请,办理相关腾房手续,在规定期限内腾退住房。公共租赁住房产权单位在与承租人解除租赁合同10个工作日内,应书面通知承租人原申请所在区县住房保障管理部门。

第二十五条 公共租赁住房承租家庭成员通过购买、受赠、继承、租赁等方式取得其他住房,不再符合公共租赁住房申请条件的,应在规定期限内退出公共租赁住房。

区县住房保障管理部门每年定期复核承租家庭住房变动情况,通过房屋交易权属系统查询承租家庭成员的住房状况,根据复核结果对公共租赁住房配租资格等进行动态调整,并书面告知当事人。

第二十六条 公共租赁住房产权单位和区县住房保障管理部门应及时将承租家庭变动信息录入本市公共租赁住房信息管理平台,保证相关信息准确。

第五章 其 他

第二十七条 连续三年通过摇号均未能入选的经济适用住房轮候家庭,或参加多次摇号均未能摇中且轮候三年以上的限价商品住房轮候家庭,区县住房保障管理部门在有房源供应时,可安排公共租赁住房配租解决住房过渡需求。

第二十八条 产业园区管理机构组织建设公共租赁住房,其建设计划、准入标准、申请、审核、公示、轮候、配租管理办法由园区管理机构制定,报区县人民政府核准后实施,并报市住房保障工作领导小组办公室备案。

第二十九条 外省市来京工作人员申请公共租赁住房的,由区县人民政府根据本地区实际制定审核、配租管理办法,报市住房保障工作领导小组办公室备案。

第三十条 本办法自2011年12月1日起施行。《北京市公共租赁住房管理办法(试行)》(京建住〔2009〕525号)中有关规定与本通知内容不一致的,以本通知为准。

附件1:"三房"轮候家庭申请公共租赁住房登记表
附件2:北京市公共租赁住房申请家庭情况核定表

附录 5

公共租赁住房管理办法

《公共租赁住房管理办法》已经第 84 次部常务会议审议通过，现予发布，自 2012 年 7 月 15 日起施行。

住房和城乡建设部部长　姜伟新
二〇一二年五月二十八日

公共租赁住房管理办法

第一章　总　　则

第一条　为了加强对公共租赁住房的管理，保障公平分配，规范运营与使用，健全退出机制，制定本办法。

第二条　公共租赁住房的分配、运营、使用、退出和管理，适用本办法。

第三条　本办法所称公共租赁住房，是指限定建设标准和租金水平，面向符合规定条件的城镇中等偏下收入住房困难家庭、新就业无房职工和在城镇稳定就业的外来务工人员出租的保障性住房。

公共租赁住房通过新建、改建、收购、长期租赁等多种方式筹集，可以由政府投资，也可以由政府提供政策支持、社会力量投资。

公共租赁住房可以是成套住房，也可以是宿舍型住房。

第四条　国务院住房和城乡建设主管部门负责全国公共租赁住房的指导和监督工作。

县级以上地方人民政府住房城乡建设（住房保障）主管部门负责本行政区域内的公共租赁住房管理工作。

第五条　直辖市和市、县级人民政府住房保障主管部门应当加强公共租赁住房管理信息系统建设，建立和完善公共租赁住房管理档案。

第六条　任何组织和个人对违反本办法的行为都有权进行举报、投诉。

住房城乡建设（住房保障）主管部门接到举报、投诉，应当依法及时核实、处理。

第二章　申请与审核

第七条　申请公共租赁住房，应当符合以下条件：

（一）在本地无住房或者住房面积低于规定标准；

（二）收入、财产低于规定标准；

（三）申请人为外来务工人员的，在本地稳定就业达到规定年限。

具体条件由直辖市和市、县级人民政府住房保障主管部门根据本地区实际情况确定，报本级人民政府批准后实施并向社会公布。

第八条 申请人应当根据市、县级人民政府住房保障主管部门的规定，提交申请材料，并对申请材料的真实性负责。申请人应当书面同意市、县级人民政府住房保障主管部门核实其申报信息。

申请人提交的申请材料齐全的，市、县级人民政府住房保障主管部门应当受理，并向申请人出具书面凭证；申请材料不齐全的，应当一次性书面告知申请人需要补正的材料。

对在开发区和园区集中建设面向用工单位或者园区就业人员配租的公共租赁住房，用人单位可以代表本单位职工申请。

第九条 市、县级人民政府住房保障主管部门应当会同有关部门，对申请人提交的申请材料进行审核。

经审核，对符合申请条件的申请人，应当予以公示，经公示无异议或者异议不成立的，登记为公共租赁住房轮候对象，并向社会公开；对不符合申请条件的申请人，应当书面通知并说明理由。

申请人对审核结果有异议，可以向市、县级人民政府住房保障主管部门申请复核。市、县级人民政府住房保障主管部门应当会同有关部门进行复核，并在15个工作日内将复核结果书面告知申请人。

第三章 轮候与配租

第十条 对登记为轮候对象的申请人，应当在轮候期内安排公共租赁住房。

直辖市和市、县级人民政府住房保障主管部门应当根据本地区经济发展水平和公共租赁住房需求，合理确定公共租赁住房轮候期，报本级人民政府批准后实施并向社会公布。轮候期一般不超过5年。

第十一条 公共租赁住房房源确定后，市、县级人民政府住房保障主管部门应当制定配租方案并向社会公布。

配租方案应当包括房源的位置、数量、户型、面积，租金标准，供应对象范围，意向登记时限等内容。

企事业单位投资的公共租赁住房的供应对象范围，可以规定为本单位职工。

第十二条 配租方案公布后，轮候对象可以按照配租方案，到市、县级人民政府住房保障主管部门进行意向登记。

市、县级人民政府住房保障主管部门应当会同有关部门，在15个工作日内对意向登记的轮候对象进行复审。对不符合条件的，应当书面通知并说明理由。

第十三条 对复审通过的轮候对象，市、县级人民政府住房保障主管部门可以采取综合评分、随机摇号等方式，确定配租对象与配租排序。

综合评分办法、摇号方式及评分、摇号的过程和结果应当向社会公开。

第十四条 配租对象与配租排序确定后应当予以公示。公示无异议或者异议不成立的，配租对象按照配租排序选择公共租赁住房。

配租结果应当向社会公开。

第十五条 复审通过的轮候对象中享受国家定期抚恤补助的优抚对象、孤老病残人员等，可以优先安排公共租赁住房。优先对象的范围和优先安排的办法由直辖市和市、县级人民政府住房保障主管部门根据本地区实际情况确定，报本级人民政府批准后实施并向社会公布。

社会力量投资和用人单位代表本单位职工申请的公共租赁住房，只能向经审核登记为轮候对象的申请人配租。

第十六条 配租对象选择公共租赁住房后，公共租赁住房所有权人或者其委托的运营单位与配租对象应当签订书面租赁合同。

租赁合同签订前，所有权人或者其委托的运营单位应当将租赁合同中涉及承租人责任的条款内容和应当退回公共租赁住房的情形向承租人明确说明。

第十七条 公共租赁住房租赁合同一般应当包括以下内容：

（一）合同当事人的名称或姓名；

（二）房屋的位置、用途、面积、结构、室内设施和设备，以及使用要求；

（三）租赁期限、租金数额和支付方式；

（四）房屋维修责任；

（五）物业服务、水、电、燃气、供热等相关费用的缴纳责任；

（六）退回公共租赁住房的情形；

（七）违约责任及争议解决办法；

（八）其他应当约定的事项。

省、自治区、直辖市人民政府住房城乡建设（住房保障）主管部门应当制定公共租赁住房租赁合同示范文本。

合同签订后，公共租赁住房所有权人或者其委托的运营单位应当在30日内将合同报市、县级人民政府住房保障主管部门备案。

第十八条 公共租赁住房租赁期限一般不超过5年。

第十九条　市、县级人民政府住房保障主管部门应当会同有关部门，按照略低于同地段住房市场租金水平的原则，确定本地区的公共租赁住房租金标准，报本级人民政府批准后实施。

公共租赁住房租金标准应当向社会公布，并定期调整。

第二十条　公共租赁住房租赁合同约定的租金数额，应当根据市、县级人民政府批准的公共租赁住房租金标准确定。

第二十一条　承租人应当根据合同约定，按时支付租金。

承租人收入低于当地规定标准的，可以依照有关规定申请租赁补贴或者减免。

第二十二条　政府投资的公共租赁住房的租金收入按照政府非税收入管理的有关规定缴入同级国库，实行收支两条线管理，专项用于偿还公共租赁住房贷款本息及公共租赁住房的维护、管理等。

第二十三条　因就业、子女就学等原因需要调换公共租赁住房的，经公共租赁住房所有权人或者其委托的运营单位同意，承租人之间可以互换所承租的公共租赁住房。

第四章　使用与退出

第二十四条　公共租赁住房的所有权人及其委托的运营单位应当负责公共租赁住房及其配套设施的维修养护，确保公共租赁住房的正常使用。

政府投资的公共租赁住房维修养护费用主要通过公共租赁住房租金收入以及配套商业服务设施租金收入解决，不足部分由财政预算安排解决；社会力量投资建设的公共租赁住房维修养护费用由所有权人及其委托的运营单位承担。

第二十五条　公共租赁住房的所有权人及其委托的运营单位不得改变公共租赁住房的保障性住房性质、用途及其配套设施的规划用途。

第二十六条　承租人不得擅自装修所承租公共租赁住房。确需装修的，应当取得公共租赁住房的所有权人或其委托的运营单位同意。

第二十七条　承租人有下列行为之一的，应当退回公共租赁住房：

（一）转借、转租或者擅自调换所承租公共租赁住房的；

（二）改变所承租公共租赁住房用途的；

（三）破坏或者擅自装修所承租公共租赁住房，拒不恢复原状的；

（四）在公共租赁住房内从事违法活动的；

（五）无正当理由连续 6 个月以上闲置公共租赁住房的。

承租人拒不退回公共租赁住房的，市、县级人民政府住房保障主管部门应当责令其限期退回；逾期不退回的，市、县级人民政府住房保障主管部门可以依法申请人民法院强制执行。

第二十八条　市、县级人民政府住房保障主管部门应当加强对公共租赁住房使用的监督检查。

公共租赁住房的所有权人及其委托的运营单位应当对承租人使用公共租赁住房的情况进行巡查,发现有违反本办法规定行为的,应当及时依法处理或者向有关部门报告。

第二十九条 承租人累计 6 个月以上拖欠租金的,应当腾退所承租的公共租赁住房;拒不腾退的,公共租赁住房的所有权人或者其委托的运营单位可以向人民法院提起诉讼,要求承租人腾退公共租赁住房。

第三十条 租赁期届满需要续租的,承租人应当在租赁期满 3 个月前向市、县级人民政府住房保障主管部门提出申请。

市、县级人民政府住房保障主管部门应当会同有关部门对申请人是否符合条件进行审核。经审核符合条件的,准予续租,并签订续租合同。

未按规定提出续租申请的承租人,租赁期满应当腾退公共租赁住房;拒不腾退的,公共租赁住房的所有权人或者其委托的运营单位可以向人民法院提起诉讼,要求承租人腾退公共租赁住房。

第三十一条 承租人有下列情形之一的,应当腾退公共租赁住房:

(一)提出续租申请但经审核不符合续租条件的;

(二)租赁期内,通过购买、受赠、继承等方式获得其他住房并不再符合公共租赁住房配租条件的;

(三)租赁期内,承租或者承购其他保障性住房的。

承租人有前款规定情形之一的,公共租赁住房的所有权人或者其委托的运营单位应当为其安排合理的搬迁期,搬迁期内租金按照合同约定的租金数额缴纳。

搬迁期满不腾退公共租赁住房,承租人确无其他住房的,应当按照市场价格缴纳租金;承租人有其他住房的,公共租赁住房的所有权人或者其委托的运营单位可以向人民法院提起诉讼,要求承租人腾退公共租赁住房。

第三十二条 房地产经纪机构及其经纪人员不得提供公共租赁住房出租、转租、出售等经纪业务。

第五章 法律责任

第三十三条 住房城乡建设(住房保障)主管部门及其工作人员在公共租赁住房管理工作中不履行本办法规定的职责,或者滥用职权、玩忽职守、徇私舞弊的,对直接负责的主管人员和其他直接责任人员依法给予处分;构成犯罪的,依法追究刑事责任。

第三十四条 公共租赁住房的所有权人及其委托的运营单位违反本办法,有下列行为之一的,由市、县级人民政府住房保障主管部门责令限期改正,

并处以3万元以下罚款:

(一) 向不符合条件的对象出租公共租赁住房的;

(二) 未履行公共租赁住房及其配套设施维修养护义务的;

(三) 改变公共租赁住房的保障性住房性质、用途,以及配套设施的规划用途的。

公共租赁住房的所有权人为行政机关的,按照本办法第三十三条处理。

第三十五条 申请人隐瞒有关情况或者提供虚假材料申请公共租赁住房的,市、县级人民政府住房保障主管部门不予受理,给予警告,并记入公共租赁住房管理档案。

以欺骗等不正手段,登记为轮候对象或者承租公共租赁住房的,由市、县级人民政府住房保障主管部门处以1000元以下罚款,记入公共租赁住房管理档案;登记为轮候对象的,取消其登记;已承租公共租赁住房的,责令限期退回所承租公共租赁住房,并按市场价格补缴租金,逾期不退回的,可以依法申请人民法院强制执行,承租人自退回公共租赁住房之日起五年内不得再次申请公共租赁住房。

第三十六条 承租人有下列行为之一的,由市、县级人民政府住房保障主管部门责令按市场价格补缴从违法行为发生之日起的租金,记入公共租赁住房管理档案,处以1000元以下罚款;有违法所得的,处以违法所得3倍以下但不超过3万元的罚款:

(一) 转借、转租或者擅自调换所承租公共租赁住房的;

(二) 改变所承租公共租赁住房用途的;

(三) 破坏或者擅自装修所承租公共租赁住房,拒不恢复原状的;

(四) 在公共租赁住房内从事违法活动的;

(五) 无正当理由连续6个月以上闲置公共租赁住房的。

有前款所列行为,承租人自退回公共租赁住房之日起五年内不得再次申请公共租赁住房;造成损失的,依法承担赔偿责任。

第三十七条 违反本办法第三十二条的,依照《房地产经纪管理办法》第三十七条,由县级以上地方人民政府住房城乡建设(房地产)主管部门责令限期改正,记入房地产经纪信用档案;对房地产经纪人员,处以1万元以下罚款;对房地产经纪机构,取消网上签约资格,处以3万元以下罚款。

第六章 附 则

第三十八条 省、自治区、直辖市住房城乡建设(住房保障)主管部门可以根据本办法制定实施细则。

第三十九条 本办法自2012年7月15日起施行。

附录 6

北京市公共租赁住房后期管理暂行办法

第一章 总　　则

第一条　为规范本市公共租赁住房后期监督管理，切实提高管理服务水平，根据《公共租赁住房管理办法》（住房和城乡建设部令第 11 号）、《关于加强本市公共租赁住房建设和管理的通知》（京政发〔2011〕61 号）、《关于加强保障性住房使用监督管理的意见（试行）》（京政发〔2012〕13 号）及相关规定，制定本办法。

第二条　本办法所称公共租赁住房后期管理，是指公共租赁住房租赁管理、物业服务等工作。

第三条　市住房城乡建设主管部门负责本市公共租赁住房后期监督管理。

各区县住房保障管理部门负责本行政区域内公共租赁住房后期监督管理工作，对公共租赁住房产权单位进行指导、监督和检查，依照规定组织相关部门对公共租赁住房承租家庭资格进行复核。

公共租赁住房产权单位应负责租赁管理、物业服务等工作，并协助住房保障管理部门加强承租家庭资格动态管理，协助街道办事处（乡镇人民政府）及社区管理部门等开展社区服务。

第四条　市住房城乡建设主管部门建立本市公共租赁住房管理信息系统，完善公共租赁住房使用情况、申请轮候家庭及配租家庭动态档案，实现全市动态管理。

公共租赁住房产权单位和区县住房保障管理部门应及时将公共租赁住房使用情况、承租家庭信息变动情况录入公共租赁住房管理信息系统，保证信息准确。

第五条　公共租赁住房产权单位具体承担下列职责：

（一）建立岗位职责和人员管理制度，制定公共租赁住房运营管理方案和租赁管理服务规范，并组织实施；

（二）办理房屋入住手续，与承租家庭签订房屋租赁合同，并按租赁合同约定提供服务；

（三）负责房屋租金确定、收缴等工作，并协助承租家庭办理租金补贴；

（四）建立承租家庭动态档案，定期入户走访，及时掌握承租家庭成员基本信息变化情况；

（五）受理承租家庭房屋合同变更、调换及调整、续租申请，并按照区县住房保障管理部门的决定办理相关手续；

（六）宣传、贯彻执行住房保障政策，开展日常检查，接受、处理举报和投诉，按租赁合同约定监督承租家庭房屋使用情况；

（七）按租赁合同约定纠正和处理违规使用房屋行为，办理合同终止手续，并及时报告区县住房保障管理部门；

（八）负责公共租赁住房自用和共用部位及设施设备的维修养护，保持房屋及设施设备完好，确保房屋正常使用；

（九）负责组织开展公共租赁住房物业服务；

（十）按要求定期向区县住房保障主管部门报告公共租赁住房后期管理工作情况，并接受相关主管部门检查；

（十一）按照有关规定或合同约定应承担的其他工作。

第六条 承租家庭应自觉遵守本市公共租赁住房管理规定和租赁合同约定，按时交纳房屋租金，合理使用房屋，配合产权单位开展房屋及设施设备维修养护工作。

第七条 物业服务企业受公共租赁住房产权单位委托，依据国家及本市住宅物业管理服务有关规定，按照委托物业服务合同做好物业服务工作。

第二章 租赁管理

第八条 公共租赁住房产权单位应在管理区域内设立房屋租赁管理服务站，安排房屋租赁管理人员（以下简称房管员）为承租家庭提供租赁管理服务，监督物业服务企业工作，具体负责公共租赁住房的入住手续办理、家庭档案建立、租赁合同签订、变更、续租或终止、租金收缴、合同履约监督、房屋及设施设备维修养护服务等工作。

同一公共租赁住房管理区域应至少配备2名房管员，实际管理户数超过500户的，产权单位应配备不少于3名房管员，并按照每超过300户增配1名房管员的标准增配房管员。

第九条 公共租赁住房产权单位在组织家庭办理房屋入住手续前30日，应将拟办理入住家庭情况书面告知家庭申请所在区县住房保障管理部门，获取家庭成员基本信息。

区县住房保障管理部门对产权单位提供的拟入住家庭名单进行复核后，对不再符合公共租赁住房配租条件的家庭，书面通知产权单位停止办理入住手续。

第十条 承租家庭办理公共租赁住房入住手续时，应与公共租赁住房产权单位签订公共租赁住房租赁合同。承租人为保障性住房申请核定表中的申请人，其他入住家庭成员应与保障性住房申请核定表中所列家庭成员一致。

公共租赁住房入住家庭实行实名登记备案制。产权单位建立入住家庭档案，完善入住家庭成员基本信息管理台帐，并进行动态更新。

公共租赁住房租赁合同签订后 10 日内，产权单位将承租家庭名单、配租房屋情况、房屋租金等材料分别报送承租家庭申请所在区县及项目所在区县住房保障管理部门备案。

第十一条 公共租赁住房租金按本市相关规定确定并实行动态调整。公共租赁住房产权单位按租赁合同约定收缴房屋租金。承租家庭符合公共租赁住房租金补贴申请条件的，可按规定向街道办事处（乡镇人民政府）住房保障管理部门申请租金补贴。

第十二条 承租家庭因自身原因提出在申请家庭成员间变更承租人的，可向公共租赁住房产权单位设立的租赁管理服务站提出申请，并按下列程序办理：

（一）承租家庭推举一名具有完全民事行为能力的承租人，填写变更书面申请，明确变更原因。产权单位核定家庭各项费用均已结清后，收齐承租人身份证、户口本、租赁合同、死亡证明、共同申请人同意变更意见书等材料后，报送到承租家庭原申请户籍所在区县住房保障管理部门审核。

（二）区县住房保障管理部门组织街道办事处（乡镇人民政府）住房保障管理部门对家庭申请情况进行复核，家庭仍符合配租条件的，应在公共租赁住房小区公示 10 日。公示无异议的，区县住房保障管理部门应在 15 日内将同意变更意见反馈给产权单位；公示有异议的，区县住房保障管理部门组织相关部门进行复核。

（三）产权单位在接到反馈意见 5 日内，为家庭办理承租人变更手续，租赁期限为原合同剩余期限。

经复核，家庭不再符合配租条件的，区县住房保障管理部门按照相关规定作出取消家庭保障资格的决定，并在 15 日内将处理结果书面告知产权单位。

第十三条 承租家庭因人口变化需调整配租住房，或因家庭自身原因申请在同套型内与其他承租家庭调换配租住房的，承租家庭可向公共租赁住房产权单位提出申请，经区县住房保障管理部门审核后，产权单位予以调整或调换。具体申请程序和办理时限按第十二条相关规定执行。

市住房城乡建设主管部门建立承租家庭调换登记轮候册。承租家庭住房调换后应与产权单位重新签订租赁合同，租赁期限为原合同剩余期限。

公共租赁住房承租家庭配租住房调整及调换实施细则，由市住房城乡建设主管部门另行制订。

第十四条 承租家庭在租赁期内自愿退出公共租赁住房的，承租家庭应提前30日向公共租赁住房产权单位提出书面申请，结清相关费用，并在规定期限内将住房腾空交回产权单位。产权单位在与承租人解除租赁合同15日内，应书面通知承租人原申请所在区县住房保障管理部门。

承租家庭自愿退出公共租赁住房视同放弃一次配租资格，可继续轮候。同一家庭只能放弃两次配租资格，超过两次须重新申请。

第十五条 承租家庭在租赁期内，通过购置、继承、受赠等方式取得其他住房，并不再符合公共租赁住房配租条件的，应退出承租的公共租赁住房。

各区县住房保障管理部门每年对承租家庭住房变动情况进行复核。经复核，承租家庭不再符合公共租赁住房配租条件的，区县住房保障管理部门作出取消保障资格的决定，并在15日内书面告知公共租赁住房产权单位。

第十六条 租赁合同期满后承租家庭需要续租的，应在租赁期满前3个月向公共租赁住房产权单位提出续租申请，产权单位收齐相关申请材料后，报送到承租家庭原申请户籍所在区县住房保障管理部门复核。区县住房保障管理部门接到家庭申请材料2个月内，组织街道办事处（乡镇人民政府）住房保障管理部门完成家庭资格复核工作，并依下列情况做出处理决定，书面告知公共租赁住房产权单位：

（一）承租家庭仍符合届时公共租赁住房配租条件的，可继续承租公共租赁住房。

（二）承租家庭不再符合届时公共租赁住房配租条件，但家庭成员在本市均无他处住房的，可申请继续承租住房，经市或区县住房保障管理部门批准后，应按同区域同类型住房的市场租金标准交纳房屋租金。

（三）承租家庭不再符合届时公共租赁住房配租条件，且家庭成员在本市他处有住房的，应退出公共租赁住房。

产权单位在接到区县住房保障管理部门书面意见后，在1个月内完成与承租家庭续租，或收回承租的公共租赁住房。

产权单位无法向承租家庭提供原住房续租的，经住房保障管理部门同意，可在持有的房源中调配其他房屋给承租家庭。

第十七条 公共租赁住房产权单位负责房屋室内自用部位和自用设施设备维修养护服务。自用部位包括户门、室门、外窗、户内顶棚、墙面、地面、阳台、设置的防盗栏等。自用设施设备包括户内电气、燃气、供热、自来水分户表以内的管线及配件，卫生洁具、厨房器具和相关的上、下水管道及其他配套电器。

产权单位接到承租家庭报修后，应组织专业人员或委托物业服务企业专业人员及时上门维修，需收取费用的应按约定标准向承租家庭收取。

第十八条 公共租赁住房产权单位应按租赁合同约定，组织房管员对承租家庭进行入户检查，及时掌握承租家庭人员变化、房屋使用、室内设备设施状况等情况，并做好检查记录。检查记录由产权单位归入承租家庭档案管理。

产权单位组织入户检查时，承租家庭应至少有一名具有完全民事行为能力的家庭成员在场。入户检查的房管员应不少于2人，并按照规定佩戴工作证件。

产权单位每季度按照不低于实际入住家庭户数30%的比例组织入户检查，每年必须对入住家庭检查1次。对曾有违规使用房屋行为的家庭，产权单位应对其组织不定期抽查，并适当增加入户检查次数。

第十九条 承租家庭有转租、转借、闲置、改变用途、违章搭盖、擅自拆改房屋和违规使用公共空间等违规行为或其他违反租赁合同约定行为的，公共租赁住房产权单位房管员应按租赁合同约定及时制止，制作询问笔录。当事人不配合无法制作询问笔录的，房管员应及时做好工作记录。

承租家庭拒不改正的，产权单位应按房屋租赁合同约定处理，直至解除租赁合同，要求家庭退出公共租赁住房。

产权单位应在15日内将处理结果向相关区县住房保障管理部门报告，并及时将检查及处理情况录入公共租赁住房管理信息系统。

第二十条 公共租赁住房产权单位应向承租家庭明确公共租赁住房使用规则，并对承租家庭租住行为进行检查监督，发现家庭有危害小区住户居住安全、破坏小区环境卫生等方面行为应及时制止，并按有关规定处理或报告相关管理部门处理。

第二十一条 公共租赁住房产权单位应在租赁管理服务站设立举报信箱，定期开箱收集举报信息；公开举报电话，设置专（兼）职人员负责接听，并做好违规违约使用房屋举报信息汇总登记、调查、处理工作。

产权单位可将承租家庭履行租赁合同的情况在楼栋内等场所予以公示，接受小区承租家庭监督，公示内容包括公共租赁住房租金交纳、租金补贴额及房屋使用情况等。

第二十二条 公共租赁住房产权单位应协助区县住房保障管理部门完成对承租家庭成员收入、住房情况的复核，公示张贴及意见收集等工作，协助住房保障管理部门做好政策宣传，引导承租家庭合理使用房屋，维护小区秩序。

第二十三条 公共租赁住房产权单位应建立承租家庭意见征询机制，每半年组织召开一次由各楼栋或单元承租家庭代表参加的联席会，每年组织承租家庭填写满意度调查问卷，征询改进小区物业服务、租赁管理、使用监督管理、社会公共服务、社区建设等方面意见和建议，并将结果书面反馈区县住房保障管理部门。

第二十四条 公共租赁住房产权单位应按季、年向区县住房保障管理部门报告本单位持有管理的公共租赁住房出租、空置、租金收缴、违规使用、举报查处、退出等情况。

第三章 物业服务

第二十五条 集中建设的公共租赁住房，公共租赁住房产权单位可自行管理，也可通过招投标方式将全部或部分专项服务委托给物业服务企业或其他专业性服务企业。同等条件下优先选择有保障性住房小区物业服务业绩的物业服务企业承担。

配建的公共租赁住房，应与本物业管理区域内的其他物业实施统一管理。建设单位不得通过增设护栏等方式将公共租赁住房与区域内其他物业分隔。

第二十六条 公共租赁住房应配置租赁管理服务办公用房，用于区域内公共租赁住房及承租家庭档案资料保存、住户接待、人员值班备勤等日常工作。

集中建设的公共租赁住房，公共租赁住房产权单位应合理安排配套用房，满足小区物业服务和租赁管理办公使用。

配建的公共租赁住房，建设单位应在首层配建建筑面积不低于100平方米的配套用房，由产权单位按公共租赁住房回购价格收购作为租赁管理服务办公用房使用。

本办法实施前已建成的公共租赁住房，产权单位可向建设单位收购建筑面积不低于100平方米的配套用房作为租赁管理服务办公用房。无法收购的，产权单位可安排建筑面积100平方米左右的首层房屋作为租赁管理办公用房。

第二十七条 集中建设的公共租赁住房由多个产权单位共同持有的，应由持有房屋建筑面积最多的产权单位牵头，会同其他产权单位组建业主大会或建立业主联席会议制度，共同决定小区物业服务等公共事项。

配建公共租赁住房的产权单位，应积极配合建设单位推进业主大会的成立，产权单位按持有房屋建筑面积在业主大会中行使业主权利。

第二十八条 配建的公共租赁住房，建设单位和产权单位可在公共租赁住房建设收购协议中约定公共租赁住房交付后的物业服务费承担及支付方式。

第二十九条 公共租赁住房产权单位应负责公共租赁住房及其配套设施设备的维修养护，确保房屋正常使用。

公共租赁住房可形成独立物业管理区域的，暂不交存住宅专项维修资金。配建的公共租赁住房应按本市相关管理规定交存住宅专项维修资金。

第三十条 公共租赁住房产权单位持有的地下空间，应按照本市规定合理使用，面向承租家庭提供各类服务。管理区域范围内的电梯、宣传栏等公共空间，应首先满足小区居民服务和政策宣传需要。

规划用于公共租赁住房的停车位应优先满足本小区内承租家庭租赁使用。

第四章 监督管理

第三十一条 市、区县住房保障管理部门应采取定期检查、档案资料抽查、对承租家庭走访、举报投诉处理、舆情社情监测等方式，加强对公共租赁住房产权单位开展的后期管理工作、承租家庭房屋使用情况进行监督考核。

第三十二条 市住房城乡建设主管部门建立公共租赁住房信用信息共享制度，将公共租赁住房产权单位、受委托参与管理服务企业、承租家庭的违规违约处理情况进行记录、归集、共享，并可按照有关权限和程序与其他部门共享，为社会信用管理提供信息服务。

第三十三条 公共租赁住房产权单位及其委托的管理服务单位有下列行为之一的，住房保障管理部门应及时督促产权单位按规定整改。拒不改正的，住房保障行政管理部门按《公共租赁住房管理办法》（住房和城乡建设部令第11号）相关规定予以处罚：

（一）向不符合配租条件的对象出租公共租赁住房的；

（二）未履行公共租赁住房及其配套设施设备维修养护义务的；

（三）改变公共租赁住房的保障性住房性质、用途，以及配套设施的规划用途的。

第三十四条 承租家庭有下列行为之一的，公共租赁住房产权单位可按租赁合同约定解除合同，收回房屋：

（一）将房屋转租、转借或者擅自调换承租住房的；

（二）改变承租住房用途或房屋结构的；

（三）破坏或者擅自装修承租住房，拒不恢复原状的；

（四）连续3个月以上在承租住房内居住不满30日的；

（五）累计3个月未按照合同约定交纳租金的；

（六）被区县住房保障管理部门取消公共租赁住房配租资格的；

（七）其他违反法律、法规规定及租赁合同行为的。

责令退回承租住房的家庭，产权单位可给予两个月的过渡期，过渡期内按照同区域、同类型住房的市场租金收取租金；逾期仍拒不退回的，公共租赁住房产权单位可以向人民法院提起诉讼，要求承租人腾退公共租赁住房，并按租赁合同约定，按照两倍公共租赁住房租金标准收取租金。

第三十五条 公共租赁住房产权单位应按租赁合同约定对承租家庭的违规违约行为进行处理。承租家庭有将房屋转租、转借、擅自调换、闲置、改变用途等违规行为及在房屋内从事违法活动的，产权单位应及时向区县住房保障管理部门报告。经核实后，区县住房保障行政管理部门应取消家庭保障资格，并通过媒体公示，记入信用档案，5年内不得再次申请保障性住房，并按照《公共租赁住房管理办法》（住房和城乡建设部令第 11 号）相关规定予以处理。

第三十六条 各级住房保障管理部门、公共租赁住房产权单位及相关管理服务单位的工作人员，如有参与或隐瞒公共租赁住房转租、转借、闲置等违规行为的，应按照本市相关规定处理。

第三十七条 公共租赁住房产权单位应加强对委托的管理服务企业进行监督、检查、考核。对于考核不合格或居民反映问题较突出的，应令其限期整改或重新选聘。

第五章 附 则

第三十八条 社会单位利用自有土地建设持有的公共租赁住房、通过市场趸租方式筹集的公共租赁住房的后期管理工作参照本办法规定执行。

公共租赁住房办理首次入住手续前，产权单位或筹集单位应向项目所在区县住房保障管理部门登记备案。

第三十九条 各产业园区管委会或所属企业组织筹集运营的公共租赁住房后期管理办法由园区管理机构参照本办法制定，经区县人民政府批准后实施，并报市住房保障工作领导小组办公室备案。

第四十条 本办法自 2013 年 9 月 1 日起施行。此前公共租赁住房管理规定中与本办法不一致的，以本办法为准。

附件1：

承租家庭申请书

_____：

承租人_____，身份证号码_____，备案登记编号_____，租赁合同编号_____。本家庭为_____区县保障性住房申请家庭，于_____年____月____日起承租位于_____区（县）_____号楼_____单元_____号公共租赁住房，建筑面积_____平方米，合同期限_____年，月租金_____元，承租家庭成员共_____人，分别为_____。现经承租家庭成员协商一致，提出申请：

☐因承租人死亡变更承租人；

☐家庭成员间变更承租人；

☐调整配租房屋；

☐同套型内调换配租房屋地点；

☐续签租赁合同；

☐自愿终止租赁合同。

具体原因说明：

_____

_____

_____。

特此申请。

申请人：   联系电话：
①承租人签名：   日期：
②承租家庭成员签名：   日期：
③承租家庭成员签名：   日期：
④承租家庭成员签名：   日期：

注：本通知书一式两份，交办理保障家庭入住手续单位一份，区县住房保障管理部门留存一份。

附件2：

租赁服务办理通知书

_____：

　　与你单位签订_____项目公共租赁住房租赁合同的家庭_____（身份证号码_____，备案登记编号_____），经复核，仍符合公共租赁住房配租条件。依据我市保障性住房相关管理规定，_____区（县）住房保障管理部门作出以下决定：

　　□同意该家庭办理承租人变更；

　　□同意该家庭办理续租原有住房；

　　□同意该家庭纳入公共租赁住房调换轮候册，有合适房屋时可调换。

　　□同意该家庭_____

　　请你单位在收到本通知后，为该家庭办理相关手续，并在手续办理后及时将结果反馈区县住房保障管理部门。本通知有效期六个月。

　　特此通知。

联系人：　　　　联系电话：

区（县）住房保障管理部门
年　月　日

注：本通知书一式两份，交办理保障家庭入住手续单位一份，区县住房保障管理部门留存一份。

附件3：

取消家庭住房保障资格通知书

_____：

　　与你单位签订公共租赁住房租赁合同的家庭_____（身份证号码_____，备案登记编号_____），经复核，已不再符合公共租赁住房配租条件。依据我市保障性住房相关管理规定，_____区（县）住房保障管理部门已作出取消该家庭住房保障资格的决定。

　　请你单位在收到本通知后，按租赁合同相关约定处理，并将处理结果及时反馈区县住房保障管理部门。

　　特此通知。

联系人：　　　　　联系电话：

区（县）住房保障管理部门

年　月　日

注：本通知书一式两份，交办理保障家庭入住手续单位一份，区县住房保障管理部门留存一份。

附件 4：

公共租赁住房承租家庭情况登记表

一、房屋基本情况

房屋座落	_____区（县）_____路_____号（院）_____号楼_____单元_____号					
居室	□零居室 □一居室 □二居室 （□单宿 □小户型 □中户型 □大户型）	建筑面积	m²	月租金标准	元/m²	月租金	元
		街乡镇		备案登记编号		合同编号	

二、承租家庭基本情况

与承租人关系	姓名	性别	年龄	婚姻状况	身份证件号码（暂住证号码）	户口所在地			工作或学习单位
承租人						□本区	□外区	□京外	
						□本区	□外区	□京外	
						□本区	□外区	□京外	
						□本区	□外区	□京外	
						□本区	□外区	□京外	

续表

承租人电话	通讯地址		电子邮箱		紧急联系人	联系电话
起租日期	终租日期	承租年限	家庭人均月收入 元		入住人数 人	人均住房面积 m²
申请家庭类型	□三房轮候家庭（□廉租租金补贴、□廉租实物配租、□经济适用住房、□限价商品住房） □保障性住房（公共租赁住房）申请家庭　□产业园区符合条件家庭　□社会单位符合条件家庭 □其他_____					
家庭结构	□单身一人（□未婚 □离异 □丧偶）　□夫妻两人　□三口之家　□三人以上家庭					
家庭特殊情况	□希望就近上幼儿园（家庭有年满3周岁幼儿）　□希望就近上小学（家庭有年满6周岁儿童）　□失业登记希望就近工作 □保障性住房（公共租赁住房）申请家庭　□优抚家庭及退役军人　□家庭有4050人员　□劳模家庭　□家庭成员中有大病　□家庭成员中有重残 □低保家庭　□其他_____					
车辆情况	□机动车 □摩托车　□残疾人三轮车 □电瓶车	品牌		是否养犬	□是 □否	是否愿意参加社区公益活动	□是 □否
		车牌号					

承租家庭签字：　　　　　　　　　　　　　　登记日期：　　年　月　日

附件 5-1：

_____公共租赁住房 入住情况 备案表

（____年____月）

产权单位（盖章）：　　　　　　　　　　　　　　　　　　　　　　　　　　　　　首次选房日期：

总入住家庭		户			宿舍	单居	小套型		中套型		套型建筑面积	大套型	备注
序号	备案编号	区县	承租人姓名	套型	承租人身份证号	家庭人口数	合同编号	楼号	单元号	房号	户型		月租金	

填表人：　　　　　　　　审核人：　　　　　　　　填表日期：　　　　　　　　联系电话：

产权单位（盖章）：上表填报的数据经我单位部门审核为经我单位组织入住的实际情况，同意上报区县住房保障管理部门备案。

说明：1. 房屋套型按公共租赁住房建设标准划分，产权单位也可根据配租房源情况将零居室、一居室、二居室对应到各类套型。

2. 项目初次选房入住后填报，项目运营期间在每季度第一月 5 日前上报上季度新选房入住家庭情况。

附件 5-2：

公共租赁住房_____号楼 未入住房屋 备案表
(示范表格)

产权单位（盖章）： 项目座落：

单元号								
房号	1	2	3	4	5	6	7	8
户型	东北三居	东向一居	东向两居	东向两居	东向两居	南向两居	南向一居	西南三居
层数	建筑面积	建筑面积	建筑面积	建筑面积	建筑面积	建筑面积	建筑面积	建筑面积
6								
5								
4								
3								
2								
1								

审核人： 填表日期：

填表人：产权单位（盖章）：未入住房源情况经我单位核对属实，同意上报区县住房保障管理部门备案。

联系电话：

说明：
1. 房源状态在楼盘表上用颜色标示：未入住房源以绿色标识；已入住房源用红色标识。
2. 按一栋楼一个楼盘表报送，彩色打印报送。

附件 5-3：

_____ 公共租赁住房 退房情况 备案表
（____年____月）

产权单位（盖章）：　　　　　　　　　　　　　　　　　　　　　　共有 ___ 户家庭退房

序号	区县	备案编号	承租人姓名	身份证号码	原租赁合同编号	楼号	单元号	房号	户型	套型建筑面积	退房原因	是否计入放弃一次户家庭退房

填表人：　　　　　　　　　　　审核人：　　　　　　　　　　　填表日期：　　　　　　　　　　　联系电话：

产权单位（盖章）：退房家庭情况我单位经核对属实，同意上报区县住房保障管理部门备案。

说明：项目运营期间在每季度第一月 5 日前上报上季度退房家庭情况。退房原因为合同到期或自愿退出。

附件6：

公共租赁住房入户检查情况记录表（参考样式）

项目交用时间：_____年_____月　　　　　　　　记录表编号：

承租人姓名		家庭备案登记编号		实际居住情况	□是本人居住 共___人，其他人员姓名：___ □非本人居住
房号户型	___号楼___单元___室			套型	□大套型 □中套型 □小套型 □单居 □宿舍
租金交纳情况	□按时交纳租金　□拖欠租金（□1月 □2月 □3月 □超过3月）			检查时间	___年___月___日___时___分
房屋使用情况	□无违规行为　□有违规使用行为			房屋及设施设备情况	□完好 □基本完好 □需维修
发现违规行为： □转租　□转借　□擅自调换　□闲置 □改变房屋结构　□改变房屋用途 □破坏或擅自装置公共空间　□违规使用公共空间 □其他违规行为___				□户门 □室门 □外窗 □内顶棚 □墙面 □地面 □阳台 □防盗栏 □洗面盆 □马桶 □厨柜 □灶具及油烟机 □管道维修（□电 □燃气 □热水器 □供热 □自来水 □厨房下水 □卫生间下水 □其他___）			
承租家庭意见	□检查与实际相符　□检查与实际不符			家庭固定电话	移动电话
不符情况说明				其他需说明的情况	

产权单位入户检查人员签字：___，

附件7：

_____公共租赁住房承租家庭违规违约使用房屋明细表

产权单位（盖章）：　　　　　　　　　　　　（____年____月）　　　　　　　共有____户家庭退房

序号	受理时间	违规违约家庭姓名	备案编号	户型	楼号	单元及房号	发现方式	违规行为类型	违规行为具体内容	调查结果	处理结果	未调查处理原因
1												
2												
3												
4												
5												
6												
7												

填表人：　　　　　　　　　　单位负责人：　　　　　　　　　　联系电话：

说明：1. 填写的项目为已交付使用办理入住手续的项目。
2. 房屋类型包括公共租赁住房、廉租实物住房。
3. 违规行为类型包括：A 出租（转租）、B 转借、C 闲置、D 擅自改变房屋用途、E 擅自拆改房屋、F 违规使用公共空间、G 违规出售、H 擅自调换、I 拖欠租金、J 其他，可直接填写相应字母；
4. 发现方式包括：K 单位巡查、L 信访举报、M 网络媒体报导、N 巡查中介发现、O 街道批转线索、P 区县批转线索、Q 市级转线索、R 其他等，可直接填写相应字母。
5. 请各公共租赁住房产权单位在每季度第一月5日前将汇总表（含电子表）盖章后报送到项目所在区县住房保障管理部门。

附录 7

关于公共租赁住房租金补贴申请、审核、发放等有关问题的通知

京建法〔2012〕10 号

各区县住房城乡建设委（房管局），东城、西城区住房城市建设委，经济技术开发区建设局（房地局），各有关单位：

为完善公共租赁住房制度，切实解决中低收入家庭住房困难，根据国务院办公厅《关于保障性安居工程建设和管理的指导意见》（国办发〔2011〕45号）、住房城乡建设部等部门《关于加快发展公共租赁住房的指导意见》（建保〔2010〕87号）、北京市人民政府《关于加强本市公共租赁住房建设和管理的通知》（京政发〔2011〕61号），本市对符合规定条件且提出租金补贴申请的公共租赁住房承租家庭根据家庭收入水平等因素进行分档补贴。现就承租公共租赁住房家庭租金补贴申请、审核、发放等有关问题通知如下：

一、公共租赁住房租金补贴申请、审核

区县住房保障管理部门组织公共租赁住房公开摇号配租活动，完成轮候家庭意向登记，确定入围家庭后，入围家庭可提出公共租赁住房租金补贴申请，由区县、街道办事处（乡镇人民政府）住房保障管理部门对申请家庭租金补贴资格进行审核。公共租赁住房租金补贴申请家庭资格审核工作与公共租赁住房公开摇号前复核工作一并进行，具体程序如下：

（一）廉租家庭公共租赁住房租金补贴申请、审核

取得廉租住房实物配租或廉租住房租金补贴资格的申请人可持身份证、户口簿到户籍所在地街道办事处（乡镇人民政府）住房保障管理部门申请公共租赁住房租金补贴资格。申请人应按要求如实填写《北京市公共租赁住房租金补贴申请审核表》（廉租家庭专用，按统一格式印制，见样表，一式两份），街道办事处（乡镇人民政府）住房保障管理部门自受理之日起 5 个工作日内完成初审、提出租金补贴方案、录入住房保障管理信息系统（以下简称"系统"）等工作，并上报区县住房保障管理部门复审。区县住房保障管理部门在 5 个工作日内完成复审并确定租金补贴方案。

（二）其他家庭公共租赁住房租金补贴申请、审核

1. 申请：申请人持身份证、户口簿到户籍所在地街道办事处（乡镇人民政府）住房保障管理部门领取《北京市公共租赁住房租金补贴申请审核表》（非廉租家庭专用，以下简称《审核表》，按统一格式印制，见样表，一式两

份），按要求如实填写相关内容后，持《审核表》以及家庭人口、住房、收入、资产等相关证明材料，向户籍所在地街道办事处（乡镇人民政府）住房保障管理部门提出申请。公共租赁住房租金补贴的申请人及共同申请家庭成员应与登记参加公共租赁住房公开摇号的申请人及共同申请家庭成员一致。

2. 街道（乡镇）初审：街道办事处（乡镇人民政府）住房保障管理部门在10个工作日内完成对申请材料的初审工作。经初审符合租金补贴条件的，街道办事处（乡镇人民政府）住房保障管理部门在《审核表》中签署初审意见、提出租金补贴方案，并将申请租金补贴家庭情况录入系统后上报区县住房保障管理部门复审。

3. 区县复审：区县住房保障管理部门在10个工作日内完成对申请材料的复审工作。经复审，符合租金补贴条件的，由区县住房保障管理部门在《审核表》上签署意见，确定租金补贴方案。

（三）街道办事处（乡镇人民政府）住房保障管理部门通过系统打印《北京市公共租赁住房租金补贴资格通知单》，并向本街道（乡镇）符合条件的申请家庭发放。

（四）申请家庭取得《北京市公共租赁住房租金补贴资格通知单》，通过区县住房保障管理部门组织的公开摇号，选择并签订公共租赁住房租赁合同后，可按照确定的租金补贴方案办理公共租赁住房租金补贴领取手续。未选到公共租赁住房的家庭，租金补贴资格自通过审核之日起一年内有效，超出一年的需要进行复核。

二、公共租赁住房租金补贴发放

（一）确定租金补贴代发银行

市住房保障办公室通过招标方式确定公共租赁住房租金补贴代发银行推荐名单。区县住房保障管理部门从代发银行推荐名单中选择租金补贴代发银行。鼓励公共租赁住房产权单位或运营单位（以下简称"产权人"）从租金补贴代发银行推荐名单中确定租金代扣银行，方便租金补贴家庭交纳租金和领取租金补贴。

（二）导入租赁合同信息

公共租赁住房产权人与承租家庭签订公共租赁住房租赁合同后5日内应将公共租赁住房租赁合同中载明的配租家庭成员名单、房屋租金、配租房源、租金代扣银行、账户等信息导入系统。

（三）核定租金补贴数额

1. 自公共租赁住房租赁期限开始之日起，取得公共租赁住房租金补贴资格的承租家庭可到户籍所在地街道办事处（乡镇人民政府）住房保障管理部门办理租金补贴领取手续。办理手续时，申请人需携带户名为本人的租金代扣银行卡及复印件、身份证件、公共租赁住房租赁合同、《北京市公共租赁住房租金补贴资格通知单》等资料。如产权人选定的租金代扣银行不在租金补贴代发银行推荐名单内，申请人应在区县住房保障管理部门选定的租金补贴代发银行办理租金补贴代发银行卡，并在办理租金补贴领取手续时提交银行卡及复印件。

2. 街道办事处（乡镇人民政府）住房保障管理部门收件后应当即时对照系统生成的《北京市公共租赁住房租金补贴信息确认单》核对申请人提供的上述资料，留存银行卡复印件，并将申请人提供的租金补贴代发银行名称及账号录入系统。街道办事处（乡镇人民政府）住房保障管理部门通过系统打印《北京市公共租赁住房租金补贴信息确认单》，交由申请人核对无误后签字确认。申请人确认后，街道办事处（乡镇人民政府）住房保障管理部门通过系统将《北京市公共租赁住房租金补贴信息确认单》提交区县住房保障管理部门复核。

3. 区县住房保障管理部门在5个工作日内对街道办事处（乡镇人民政府）住房保障管理部门提交的《北京市公共租赁住房租金补贴信息确认单》予以复核。复核通过后，街道办事处（乡镇人民政府）住房保障管理部门通过系统打印《北京市公共租赁住房租金补贴发放通知单》，并送达给申请人。租金补贴起始发放时间为租赁期限开始之日的次月。

（四）发放租金补贴

1. 公共租赁住房产权人每月5日（含）前须在系统中确认上月公共租赁住房租金交纳情况，并通过系统报送区县住房保障管理部门。区县住房保障管理部门通过系统生成公共租赁住房租金补贴应发明细，确认后于每月20日前通过银行将租金补贴发放给租金补贴家庭。

2. 租金补贴家庭未交纳租金的，区县住房保障管理部门暂不发放租金补贴，待其补齐相应租金后一并补发。

3. 因公共租赁住房租赁合同提前终止，租金交纳不足整月的，当月租金补贴不予发放。

三、公共租赁住房租金补贴动态管理

（一）领取公共租赁住房租金补贴的廉租家庭资格的变更、取消及年度复核管理

廉租家庭公共租赁住房租金补贴资格的变更、取消及年度复核管理与其廉租家庭资格变更、取消及年度复核管理一并进行。经审核，廉租家庭资格变更、取消的，应同时变更、取消其公共租赁住房租金补贴资格。如廉租家庭资格取消后，符合其他家庭公共租赁住房租金补贴条件，可按照本通知规定程序申请公共租赁住房租金补贴。

（二）其他家庭公共租赁住房租金补贴资格的变更、取消管理

1. 租金补贴家庭的人口、收入、住房、资产等情况发生变化的，租金补贴家庭应在家庭情况变动后 60 日内如实向户籍所在地街道办事处（乡镇人民政府）住房保障管理部门申报并提交相关材料。

2. 经审核，租金补贴家庭情况发生变化后仍符合租金补贴条件的，街道办事处（乡镇人民政府）住房保障管理部门填写《北京市公共租赁住房租金补贴家庭情况变更核定表》（非廉租家庭）并附相关材料后，上报区县住房保障管理部门复审。其中家庭人口变化的，申请家庭需重新办理公共租赁住房资格审核手续，通过公共租赁住房资格审核后，再申请公共租赁住房租金补贴，但不需再提供其他材料，直接填写《北京市公共租赁住房租金补贴家庭情况变更核定表》（非廉租家庭），原租金补贴登记编号不变。

新生儿登记户口后租金补贴家庭提出增加保障人口的，经街道办事处（乡镇人民政府）、区县住房保障管理部门审核可直接调整租金补贴方案。

不符合租金补贴条件的，街道办事处（乡镇人民政府）住房保障管理部门填写《北京市公共租赁住房租金补贴家庭资格取消表》并说明原因后，报区县住房保障管理部门按规定做出处理决定，取消家庭租金补贴资格。

（三）除廉租家庭外，其他公共租赁住房租金补贴家庭的年度复核工作按以下规定执行：

1. 租金补贴家庭应当在领取租金补贴的次年起，每年的 4 月向产权人领取并填写《北京市公共租赁住房租金补贴家庭情况年度申报表》，持相关证明材料如实向户籍所在地街道办事处（乡镇人民政府）住房保障管理部门申报家庭人口、收入、住房、资产等变动情况。家庭人口、收入、住房、资产等未发生变动的，也须向户口所在地街道办事处（乡镇人民政府）住房保障管理部门申报。

2. 对家庭情况变化的租金补贴家庭，街道办事处（乡镇人民政府）住房保障管理部门在 20 个工作日内完成对家庭申报材料初审工作。街道办事处（乡镇人民政府）住房保障管理部门提出初审意见后上报区县住房保障管理部门复审。区县住房保障管理部门在 20 个工作日内完成对家庭申报材料的复审工作。

3. 对申报家庭人口、收入、住房、资产等未发生变动的家庭，在区县住房保障管理部门的监督指导下，由街道办事处（乡镇人民政府）住房保障管理部门采取抽查和普查相结合的方式进行复核。经复核，申报家庭人口变化或收入、住房、资产等增加的，视为不如实申报家庭人口、收入、住房、资产等情况，由区县住房保障管理部门按本通知第四条第一款规定处理。

4. 对未按规定进行年度申报的租金补贴家庭，区县住房保障管理部门于

5月起停发租金补贴，并向其下发《北京市公共租赁住房租金补贴停发通知单》。领取公共租赁住房租金补贴家庭补报家庭变化情况的，自审核合格的次月起恢复发放租金补贴，但停发期间不予补发。

（四）公共租赁住房租金补贴额度的调整

1. 经区县、街道办事处（乡镇人民政府）住房保障管理部门核定，租金补贴家庭不再符合原公共租赁住房租金补贴标准，但仍符合其他租金补贴标准的，区县住房保障管理部门应向租金补贴家庭下发《北京市公共租赁住房租金补贴金额变更通知单》，并于核定租金补贴资格后次月起按调整后的金额发放租金补贴。

2. 公共租赁住房租金调整的，产权人应于租金调整后5日内书面通知承租人户籍所在区县住房保障管理部门。区县住房保障管理部门向租金补贴家庭下发《北京市公共租赁住房租金补贴金额变更通知单》，并于租金调整的次月起按调整后的金额发放租金补贴。

（五）公共租赁住房租金补贴的停发

1. 区县住房保障管理部门取消租金补贴家庭公共租赁住房租金补贴资格时，同时向其下发《北京市公共租赁住房租金补贴停发通知单》，于取消公共租赁住房租金补贴资格次月起停发租金补贴。

2. 公共租赁住房产权人在与承租人解除租赁合同5日内，应书面通知承租人户籍所在区县住房保障管理部门。区县住房保障管理部门向租金补贴家庭下发《北京市公共租赁住房租金补贴停发通知单》，于租赁合同解除次月起停发租金补贴。

四、监督管理

（一）对不如实申报家庭人口、收入、住房、资产等情况以及伪造相关证明骗取租金补贴的申请家庭，由区县住房保障管理部门取消租金补贴资格，已骗取租金补贴的，由区县住房保障管理部门责令退还，通过媒体公示并计入信用档案，五年内不得再次申请保障性住房或廉租住房租金补贴。构成犯罪的，移交司法机关处理。国家机关、事业单位、国有企业等工作人员提供虚假证明骗取租金补贴的，移交相关纪检监察机关处理。

（二）产权人与租金补贴家庭串通骗取租金补贴的，由区县住房保障管理部门对产权人的行为予以通报，并通过媒体公示，责令租金补贴家庭退还骗取的租金补贴。对于公共租赁住房产权人工作人员不认真履行职责、玩忽职守造成租金补贴发放错误的，由区县住房保障管理部门提请产权人进行严肃处理，追究相应责任，构成犯罪的，移交司法机关处理。

（三）市住房保障管理部门对区县公共租赁住房租金补贴工作进行指导、监督、定期检查。发现违反相关规定或不按程序操作的，责令其限期整改，并对整改情况进行检查。对造成恶劣影响的工作人员，提请纪检监察机关进行调查、处理。

五、其他

（一）承租廉租实物住房的廉租家庭按原有规定交纳租金；承租市场房源的廉租家庭租金补贴标准不做调整，按原相关规定执行。

（二）对于享受廉租租金补贴的公共租赁住房租金补贴家庭，自公共租赁住房租赁期限开始之日起区县住房保障管理部门停发其廉租租金补贴，按规定标准发放公共租赁住房租金补贴。

（三）承租公共租赁住房后提出租金补贴申请的家庭，可按照本通知前款规定的申请、审核程序申请租金补贴，取得租金补贴资格后，可按照核定的租金补贴金额享受租金补贴。租金补贴起始发放时间为提出租金补贴申请的次月。

（四）公共租赁住房租金补贴申请、审核、发放是一项复杂的系统工程，涉及群众切身利益，请各区县住房保障管理部门及相关单位认真组织实施。实施中遇到的问题及时向市住房保障管理部门反馈。

六、本通知自2012年6月1日起实施。

附件1：北京市公共租赁住房租金补贴申请审核表（廉租家庭专用）
附件2：北京市公共租赁住房租金补贴申请审核表（非廉租家庭专用）
附件3：北京市公共租赁住房租金补贴资格通知单
附件4：北京市公共租赁住房租金补贴信息确认单
附件5：北京市公共租赁住房租金补贴发放通知单
附件6：北京市公共租赁住房租金补贴家庭情况变更核定表（非廉租家庭专用；廉租家庭专用）
附件7：北京市公共租赁住房租金补贴申请家庭资格取消表
附件8：北京市公共租赁住房租金补贴家庭情况年度申报表
附件9：北京市公共租赁住房租金补贴金额变更通知单
附件10：北京市公共租赁住房租金补贴停发通知单

二〇一二年四月二十四日

附件1：

北京市公共租赁住房租金补贴申请审核表
（廉租家庭专用）

申请人姓名		身份证号码		
联系方式		登记时间		年　月　日
编号		GB　□□□□□□□		
受理单位		区县　　　　街道/乡镇		
申请家庭资格情况	已取得廉租住房资格类型：□廉租住房租金补贴 　　　　　　　　　　　　□廉租住房实物配租 家庭类型：□城市低保家庭　□城市低收入家庭　□其他家庭 廉租家庭备案登记编号：_____ 备案时间：_____ 申请家庭人口：_____　家庭成员姓名：_____			
公共租赁住房租金补贴情况	经审核，该家庭符合公共租赁住房租金补贴条件，租金补贴类型为： 　（　）取得廉租住房实物配租资格的城市低保家庭 　（　）取得廉租住房实物配租资格的其他家庭 　（　）取得廉租住房租金补贴资格的家庭 　　　　　　　　　　　　　街道（乡镇）住房保障部门（盖章） 经办人：　　　　　　　　负责人：　　　　　年　月　日 （　）同意街道（乡镇）住房保障管理部门意见。 （　）不同意街道（乡镇）住房保障管理部门意见，调整为_____。 　　　　　　　　　　　　　区县住房保障管理部门（盖章） 经办人：　　　　　　　　负责人：　　　　　年　月　日			
申请人签字：			日期：　年　月　日	

附件2：

北京市公共租赁住房租金补贴申请审核表
（非廉租家庭专用）

编号：

申请人姓名：_____

身份证件编号：□□□□□□□□□□□□□□□□□□

户籍所在地：_____区（县）_____街道（乡镇）_____居委会

_____街（胡同、小区）____号（楼）____单元____室

现居住地址：_____区（县）_____街道（乡镇）_____居委会

_____街（胡同、小区）____号（楼）____单元____室

工作单位所在地：_____区（县）_____街道（乡镇）

通讯地址：_____ 邮编：_____

移动电话：_____ 固定电话：_____

北京市住房保障办公室监制

填 表 说 明

一、本表根据《北京市公共租赁住房租金补贴申请、审核、发放等有关问题的通知》制定,为申请本市公共租赁住房租金补贴非廉租家庭填写的专用核定表。

二、本表封面及表中第2—5页中内容由申请家庭按要求如实填写,封面中"登记编号"由工作人员统一填写;第6—7页由申请家庭成员单位和房屋产权单位填写;第8—9页由街道(乡镇)、区(县)住房保障管理部门填写。申请家庭成员较多,收入情况证明栏不够,可复印空白表后填写。

三、本表用蓝色或黑色钢笔或签字笔填写,字迹工整,不得涂改。表格填写一式两份。

四、申请人及共同申请家庭成员与公共租赁住房的申请人及共同申请家庭成员一致。

五、申请家庭成员收入情况应如实填写,在职人员交申请人所在单位核准盖章并签字;离退休人员和失业人员由退休金和失业救济金发放单位盖章签字;无工作单位的由户籍所在街道办事处(乡镇政府)通过入户调查、邻里访问及信函索证等方法进行核定,并签署意见、盖章。

六、申请家庭收入证明中"上年本人收入合计"为家庭成员申请配租公共租赁住房当月前12个月的可支配收入,包括工资、薪金、奖金、年终加薪、劳动分红、津贴、补贴、养老金、其他劳动所得及财产性收入。不包括个人交纳的基本养老保险费、基本医疗保险费、失业保险费、工伤保险费、生育保险费等社会保险费、住房公积金和个人所得税。

七、收件日期为申请家庭按要求交齐各种材料的正式受理日期。

申 请 承 诺 书

×××：

  申请家庭成员已知晓我市公共租赁住房租金补贴政策，本人及全体共同申请人愿意遵守国家和我市公共租赁住房管理相关规定，我们已如实填写和申报有关材料，保证提供的所有材料真实有效。若有弄虚作假、隐瞒家庭住房、收入、工作状况及伪造相关证明等情况，同意按照有关的管理规定取消申请资格，退出配租的公共租赁住房，若情节严重同意按有关规定接受行政处理。本人及全体共同申请人名下的房产等已进行如实申报，不存在权属纠纷。

  本人及全体共同申请人同意在承租期间家庭住房、收入和工作单位等发生变化的，在60日内向户口所在地街乡镇、区县住房保障部门如实申报，并积极配合街乡镇、区县住房保障管理部门会同有关部门对申报情况进行核实。

  本人及全体共同申请人同意并授权，市、区县、街乡镇住房保障管理部门在审查资格条件时，向有关部门（如房产、公积金、社保、税务、公安、银行、证券交易所等）、工作单位和个人收集、核对本人及家庭成员信息资料；同意并授权拥有本人及家庭成员个人信息、资料的单位（部门）或个人，向有关审查管理部门提供本人及家庭成员的相关信息资料。

  本人及共同申请人愿意严格遵守以上承诺，并承担违反承诺的责任和后果。

  承诺人（申请人、共同申请家庭成员及监护人）：
①申请人签字：_____　　时间：_____年___月___日
②共同申请成员签字：_____　　时间：_____年___月___日
③共同申请成员签字：_____　　时间：_____年___月___日
④共同申请成员签字：_____　　时间：_____年___月___日

重 要 提 示

尊敬的申请人及共同申请成员：

　　为确保住房保障管理部门对申请家庭资格监管工作落实到位，充分维护申请家庭的合法权益，根据北京市保障性住房相关规定，现将有关事项提示如下：

　　一、请申请人务必如实申报家庭人口、住房、收入、资产等情况，您申报的家庭人口、住房、收入、资产情况将作为住房保障部门对您家庭进行资格审核、复核以及发放补贴的重要依据。如申请家庭的人口、住房、收入、资产等情况在资格申请期间及轮候期间发生变化的，请于60日内以书面形式向街道办事处（乡镇人民政府）住房保障管理部门报告，并提供人口、住房、收入、资产等变化情况的相关证明材料。

　　保障性住房轮候期从申请家庭按照规定的程序通过保障性住房资格审核后开始，到申请家庭参加区县住房保障管理部门组织的公开摇号，签订配租公共租赁住房合同截止。

　　二、住房保障管理部门在受理申请人提交的申请材料后，将会同税务、公安、社保、公积金、车管、房管、民政等部门，对申请家庭所提交的申请材料进行核查。经核查，申报材料真实且符合保障条件的将予以备案。

　　三、申请家庭通过资格审核取得资格备案后即进入住房轮候阶段。轮候期间，住房保障管理部门每年仍会对申请家庭的人口、住房、收入、资产等情况进行复查。经复查，若发现申请家庭在申请时存在虚报、瞒报行为的，或在轮候期间家庭人口、住房、收入、资产等情况发生变动但未如实向住房保障管理部门申报的，一经查实，将取消保障性住房的资格，记入不良信用档案，并通过相关网站和媒体公开曝光。该家庭自被取消申请资格之日起5年内不得再次申请保障性住房。构成犯罪的，移交司法机关依法追究刑事责任。

　　四、公共租赁住房分档租金补贴标准为：

家庭类型	租金补贴占房屋租金的比例	租金补贴建筑面积上限
取得廉租住房实物配租资格的城市低保家庭	95%	50平方米
取得廉租住房实物配租资格的其他家庭	90%	50平方米
取得廉租住房市场租金补贴资格的家庭	70%	50平方米
人均月收入1200元及以下的其他家庭	50%	60平方米
人均月收入在1200元（不含）以上1800元（含）以下的其他家庭	25%	60平方米
人均月收入在1800元（不含）以上2400元（含）以下的其他家庭	10%	60平方米

公共租赁住房租金补贴申请家庭及租金补贴标准实行动态管理，根据本市经济状况、居民收入、公共租赁住房租金水平等因素适时调整。

五、请申请人主动查阅本市保障性住房管理相关文件，全面了解政策。

上述提示内容本人及共同申请成员已阅知。

申请人及共同申请成员（签字、捺指印）：_____

年　　月　　日

申请家庭成员情况

与申请人关系	姓名	性别	婚姻状况	身份证件编号	户口所在地暂住证发放地	工作学习单位	月收入（元）
申请人							

申请家庭资产情况（万元）

与申请人关系	姓名	汽车价值	有价证券	存款（含现金、借出款）	投资（含股份）	房产价值（含拆迁所得）	其他资产	资产净值小计
申请人								
家庭年收入合计				元	家庭人均月收入			元
家庭总资产净值				万元				

说明：1. "申请家庭成员"包括申请人及其配偶、未成年子女及已成年单身子女等。

2. "与申请人关系"栏填写：之妻、之夫、之子、之女等。

3. "婚姻状况"栏填写：未婚、已婚、离婚、丧偶等。

4. "身份证件编号"栏填写：经公安机关进行升位处理后的18位身份证号。

5. "户口所在地"栏填写：居民户口薄首页户口登记住址。

6. "工作学习单位"栏填写：工作学习单位全称，没有的填"无"。

7. "月收入""申请家庭年收入"栏填写：申请人本人及申请家庭成员每月可支配收入。家庭年收入为家庭可支配收入，即家庭每年在支付个人所得税和各种社会保障费后所余下的实际收入。

8. "家庭资产申报情况"为申请人及共同申请人名下的资产，应如实申报，具体数额按估算的市值数额填写，如没有应填写"0"，房产拆迁所得按照拆迁补偿款与拆迁补助费之和填写。

申请家庭成员收入及住房情况证明

姓　名		身份证件编号		就业情况	
工作单位				单位性质	
劳动(工作)合同时限		年　月　日至　年　月　日			
本人上一年工薪收入		元①	年社保养老金、失业救济金领取		元②
个人公积金年支取		元③	年个人所得税交纳		元④
上年本人可支配收入合计		元（大写：　　　　　元）⑤			
社会保险缴纳情况		□是（缴纳时间　年　月至　年　月）　□否			
住房公积金缴存情况		□是（缴纳时间　年　月至　年　月）　□否			
个人公积金登记号			住房公积金所属单位登记号		
住房解决情况		□是（已分配（购买）住房或通过拆迁等解决住房）　□否 地址：　　　　　　　　　　　　建筑面积：　　　m²			
其他需说明的情况					
单位声明		我单位为申请人出具的就职及收入证明真实有效。若我单位为申请人出具虚假证明，愿意接受上级主管部门或监察部门依法追究我单位主要领导和相关人员的责任，构成犯罪的提请司法机关依法追究刑事责任。			
单位意见		负责人签字：　　　　　　　　　劳资（人事）部门盖章 联系电话：　　　　　　　　　　　　　　　　年　月　日			

说明：

1. "就业情况"栏填写：在职、退休、失业、其他等。
2. "单位性质"栏填写：行政机关、事业单位、企业、社会团体及其他。其中企业包括国有企业、集体企业、股份合作企业、联营企业、有限责任公司、股份有限公司、私营企业、外商投资企业、港澳台商投资企业、其他企业等；
3. 在职（退休）人员上一年收入包括工资、薪金、奖金、年终加薪、劳动分红、津贴、补贴、养老金、其他劳动所得及财产性收入。不包括基本养老保险费、基本医疗保险费、失业保险费、工伤保险费、生育保险费等社会保险费和住房公积金。
4. 无业（失业）人员上一年收入包括非固定劳动收入、赡养抚养费、补贴和其他等。
5. "个人公积金年支取"栏填写：个人住房公积金年支取数额。
6. 上一年总收入合计⑤＝①＋②＋③－④

申请家庭成员收入及住房情况证明

姓　名		身份证件编号		就业情况	
工作单位				单位性质	
劳动(工作)合同时限		年　月　日至　年　月　日			
本人上一年工薪收入		元①	年社保养老金、失业救济金领取		元②
个人公积金年支取		元③	年个人所得税交纳		元④
上年本人可支配收入合计		元（大写：　　　　　元）⑤			
社会保险缴纳情况		□是（缴纳时间　年　月至　年　月）□否			
住房公积金缴存情况		□是（缴纳时间　年　月至　年　月）□否			
个人公积金登记号			住房公积金所属单位登记号		
住房解决情况		□是（已分配（购买）住房或通过拆迁等解决住房）　□否 地址：　　　　　　　　　　　　　建筑面积：　　m²			
其他需说明的情况					
单位声明		我单位为申请人出具的就职及收入证明真实有效。若我单位为申请人出具虚假证明，愿意接受上级主管部门或监察部门依法追究我单位主要领导和相关人员的责任，构成犯罪的提请司法机关依法追究刑事责任。			
单位意见		负责人签字：　　　　　　　　劳资（人事）部门盖章 联系电话：　　　　　　　　　　　　　　年　月　日			

说明：

1. "就业情况"栏填写：在职、退休、失业、其他等。
2. "单位性质"栏填写：行政机关、事业单位、企业、社会团体及其他。其中企业包括国有企业、集体企业、股份合作企业、联营企业、有限责任公司、股份有限公司、私营企业、外商投资企业、港澳台商投资企业、其他企业等；
3. 在职（退休）人员上一年收入包括工资、薪金、奖金、年终加薪、劳动分红、津贴、补贴、养老金、其他劳动所得及财产性收入。不包括基本养老保险费、基本医疗保险费、失业保险费、工伤保险费、生育保险费等社会保险费和住房公积金。
4. 无业（失业）人员上一年收入包括非固定劳动收入、赡养抚养费、补贴和其他等。
5. "个人公积金年支取"栏填写：个人住房公积金年支取数额。
6. 上一年总收入合计⑤=①+②+③-④

申请家庭收入、住房、资产核定意见

申请人及共同申请人	姓名	身份证件号码	工作单位及职务	年可支配收入
				元
				元
				元
				元

经我单位审核，该家庭成员所报收入情况属实。

申请家庭上年总收入为：_____元；家庭成员人均月收入为：_____元；

（大写）：_____元。

□既未承租又不拥有其他住房 □承租的其他住房已腾退 □拥有的其他住房已腾退

家庭资产净值：_____万元。

其他情况：_____。

街道（乡镇）住房保障部门（盖章）

经办人： 　　　　　　负责人： 　　　　　　年　月　日

备注	

租金补贴初审意见

收件日期	年 月 日	报送材料（份）	
收件人		申请人签字	
初审意见	经初审： （ ）该家庭为人均月收入1200元及以下的其他家庭。 （ ）该家庭为人均月收入在1200元（不含）以上1800元（含）以下的其他家庭。 （ ）该家庭为人均月收入在1800元（不含）以上2400元（含）以下的其他家庭。 （ ）该家庭不符合公共租赁住房租金补贴申请条件，已于___年___月___日书面通知该家庭。 　　　　　　　　　　　　　　　街道（乡镇）住房保障部门（盖章） 经办人：　　　　　　　　负责人：　　　　　　年 月 日		

租金补贴复审意见

复审意见	经复审，同意街（乡）初审意见： （ ）该家庭为人均月收入1200元及以下的其他家庭。 （ ）该家庭为人均月收入在1200元（不含）以上1800元（含）以下的其他家庭。 （ ）该家庭为人均月收入在1800元（不含）以上2400元（含）以下的其他家庭。 不同意街（乡）初审意见，调整为： （ ）该家庭为人均月收入1200元及以下的其他家庭。 （ ）该家庭为人均月收入在1200元（不含）以上1800元（含）以下的其他家庭。 （ ）该家庭为人均月收入在1800元（不含）以上2400元（含）以下的其他家庭。 　　　　　　　　　　　　　　　区（县）住房保障管理部门（盖章） 经办人：　　　　　　　　负责人：　　　　　　年 月 日
备注	

申请家庭需要提供的材料：

1. 按要求填写的《审核表》（一式两份）；
2. 申请人及家庭成员身份证（正反面印在一张纸上）；
3. 申请人及家庭成员户口簿，（首页、本人页、变更页印在同一纸张上，正面是首页和本人页，背面是变更页）；
4. 已婚家庭成员的婚姻状况证明，离异的提供离婚证或法院判决书；
5. 《房屋租赁合同》、《房屋所有权证》或房屋产权单位的证明，包括申请家庭地址、户口所在地地址、户口迁入本地原地址及他处住房等；
6. 夫妇双方一方户口不在申请所在地的，须提供其户口所在地的住房证明；
7. 原住房已经拆迁的，需提供拆迁补偿协议；
8. 申请人及家庭成员提供社保部门出具的缴存人社会保险缴纳信息凭证，如：《社会保险个人缴费信息对账单》或《参保职工四险缴费情况表》等。
9. 申请人及家庭成员提供的公积金管理部门出具的缴存人《住房公积金缴存个人信息》，或受托银行经办网点为缴存人打印并加盖"住房公积金结息对账专用章"的《住房公积金查询书》、《住房公积金个人账户明细》、"住房公积金对账簿"。
10. 个人所得税完税凭证，包括完税证、缴款书、代扣代收税款凭证或个人所得税完税证明。
11. 申请人与本市工作单位签订的含申请时点的劳动（聘用）合同、国家机关或事业单位公务员录用证明。
12. 本市工作单位提供的加盖公章的就业单位资料复印件。
13. 家庭成员工作单位或街道办事处（乡镇政府）出具的收入证明，离退休人员需提供由管理部门出具的领取离退休费的有关凭证，失业人员需提供由管理部门出具的领取失业保险金期限、标准的证明；
14. 需要提供的其他证明材料。

（上述材料需提供原件检验，留存复印件一式两份，采用A4纸可正反面复印）

附件3：

北京市公共租赁住房租金补贴资格通知单

申请人：_____ 身份证号：_____

根据《关于公共租赁住房租金补贴申请、审核、发放等有关问题的通知》，经街道办事处（乡镇人民政府）、区县住房保障管理部门审核，你家庭符合公共租赁住房租金补贴条件，具体分档为：

（　）取得廉租住房实物配租资格的城市低保家庭
（　）取得廉租住房实物配租资格的其他家庭
（　）取得廉租住房租金补贴资格的家庭
（　）家庭人均月收入1200元及以下。
（　）家庭人均月收入在1200元（不含）以上，1800元（含）以下。
（　）家庭人均月收入在1800元（不含）以上，2400元（含）以下。

特此通知。

公共租赁住房分档租金补贴标准为：

家庭类型	租金补贴占房屋租金的比例	租金补贴建筑面积上限
取得廉租住房实物配租资格的城市低保家庭	95%	50平方米
取得廉租住房实物配租资格的其他家庭	90%	
取得廉租住房市场租金补贴资格的家庭	70%	
人均月收入1200元及以下的其他家庭	50%	60平方米
人均月收入在1200元（不含）以上1800元（含）以下的其他家庭	25%	
人均月收入在1800元（不含）以上2400元（含）以下的其他家庭	10%	

街道（乡镇）住房保障管理部门（盖章）
年　月　日

注：该通知书一式三联，第一联交申请人，第二联由街道（乡镇）住房保障管理部门留存，第三联由区县住房保障管理部门留存。

附件 4：

北京市公共租赁住房租金补贴信息确认单

申请人：_____ 身份证号：_____

公共租赁住房租金补贴资格信息			
家庭类型		租金补贴资格审核编号	
租金补贴建筑面积上限		租金补贴占房屋租金的比例	
公共租赁住房租赁合同信息			
项目名称			
出租人		承租人	
房屋坐落			
房屋建筑面积（平方米）		房屋租金标准（元/建筑平方米·月）	
房屋租金（元/月）		增值服务租金（元/月）（增值服务租金不给予租金补贴）	
房屋租金和增值服务租金合计（元/月）			
租金代扣银行		扣款账号	
起租日期		终租日期	
公共租赁住房租金补贴发放信息			
公共租赁住房租金补贴金额（元/月）			
租金补贴代发银行		租金补贴发放账号	

请申请人确认上述信息准确无误后，签字。

申请人签字： 日期：

附件 5：

北京市公共租赁住房租金补贴发放通知单

申请人：_____ 身份证号：_____

公共租赁住房租金补贴资格审核编号：_____

根据你家庭取得的公共租赁住房租金补贴资格情况及你家庭与出租人_____签订的《北京市公共租赁住房租赁合同》（合同编号：_____），在租赁合同存续期间，如你家庭的租金补贴标准未发生变化，每月可领取房屋租金补贴_____元。房屋租金补贴起始发放时间为_____年_____月。若你家庭房屋租金或租金补贴标准发生变化，区县、街道办事处（乡镇人民政府）住房保障管理部门将重新核定你家庭租金补贴金额。

区县住房保障管理部门将于每月 20 日前将上月租金补贴款划至你家庭在_____银行开立的账户内，账号_____。若你家庭未能及时交纳租金，区县住房保障管理部门暂不发放公共租赁住房租金补贴，待你家庭补齐相应租金后一并补发。因合同提前终止，租金交纳不足整月的，当月租金补贴不予发放。

若你家庭人口、收入、住房、资产等情况发生变化，应在家庭情况变动后 60 日内如实向户籍所在地街道办事处（乡镇人民政府）住房保障管理部门申报。同时，配合住房保障管理部门完成公共租赁住房租金补贴年度复核申报工作，对未按规定进行年度申报的公共租赁住房租金补贴家庭，于应申报次月起停发租金补贴。补报家庭变化情况的，自审核合格的次月起恢复发放租金补贴，但停发期间不予补发。

街道（乡镇）住房保障管理部门（盖章）

年　　月　　日

注：该通知单一式三联，第一联交申请人，第二联由街道（乡镇）住房保障管理部门留存，第三联由区县住房保障管理部门留存。

附件6：

北京市公共租赁住房租金补贴家庭情况变更核定表
（非廉租家庭）

申请人姓名		身份证号	
所在区县及街道		联系电话	
初审意见	租金补贴家庭情况发生如下变化： □家庭人口变化，原_____现_____。 □家庭住房变化，住房面积由（　）平方米变更为（　）平方米 □家庭年收入变化，由（　）元变更为（　）元。 □家庭资产变化，由（　）万元变更为（　）万元。 经审核， □该家庭仍符合公共租赁住房租金补贴条件，补贴额度不变。 □该家庭仍符合公共租赁住房租金补贴条件，租金补贴类型调整为 （　）该家庭为人均月收入1200元及以下的其他家庭。 （　）该家庭为人均月收入在1200元（不含）以上1800元（含）以下的其他家庭。 （　）该家庭为人均月收入在1800元（不含）以上2400元（含）以下的其他家庭。 □该家庭不再符合公共租赁住房租金补贴条件。 经办人（签章）： 负责人（签章）：　　　　街道（乡镇）住房保障管理部门（盖章） 　　　　　　　　　　　　　　　　　　　年　　月　　日			
复审意见	□经审核，该家庭仍符合租房补贴条件，补贴额度不变。 □经审核，该家庭仍符合公租房租金补贴条件，但租金补贴标准需要调整，调整为_____。 □经审核，该家庭不再符合租房补贴条件。 经办人（盖章）： 负责人（签章）：　　　　区县住房保障管理部门（盖章） 　　　　　　　　　　　　　　　　　　　年　　月　　日			

注：该通知书一式二联，第一联由街道（乡镇）住房保障管理部门留存，第二联由区县住房保障管理部门留存。

附件6：

北京市公共租赁住房租金补贴家庭情况变更核定表
（廉租家庭）

申请人姓名		身份证号	
所在区县及街道		联系电话	

初审意见	经审核，该家庭廉租住房资格发生变化，由□廉租住房租金补贴□廉租住房实物配租 变更为□廉租住房实物配租□廉租住房租金补贴； 家庭类型发生变化，由□城市低保家庭□城市低收入家庭□其他家庭 变更为□城市低保家庭□城市低收入家庭□其他家庭 该家庭资格变更后，为 （ ）取得廉租住房实物配租资格的城市低保家庭 （ ）取得廉租住房实物配租资格的其他家庭 （ ）取得廉租住房租金补贴资格的家庭 经办人（签章）： 负责人（签章）：　　　　　街道（乡镇）住房保障管理部门（盖章） 　　　　　　　　　　　　　　　　　　　　年　　月　　日
复审意见	（ ）同意街道（乡镇）住房保障管理部门意见。 （ ）不同意街道（乡镇）住房保障管理部门意见，调整为＿＿＿＿＿＿＿＿＿。 经办人（盖章）： 负责人（签章）：　　　　　区县住房保障管理部门（盖章） 　　　　　　　　　　　　　　　　　　　　年　　月　　日

注：该通知书一式二联，第一联由街道（乡镇）住房保障管理部门留存，第二联由区县住房保障管理部门留存。

附件 7：

北京市公共租赁住房租金补贴申请家庭资格取消表

申请人姓名		身份证号	
所在区（县）		审核编号	
初审意见	<td colspan="3">该家庭因下列原因申请取消公租房租金补贴资格： □申请家庭放弃审核资格。 □申请家庭未如实申报家庭人口、住房、收入及资产等状况，有瞒报行为，取消家庭审核资格。 □申请家庭人口、住房、收入及资产等情况变化，不符合规定的公共租赁住房租金补贴申请条件。 □其他。＿＿＿＿＿＿＿＿＿＿＿＿＿＿＿＿＿＿＿＿＿＿ 经初审，同意取消该家庭公共租赁住房租金补贴资格。 　　　　　　　　　　　　　　　街道（乡镇）住房保障部门（盖章） 　　经办人：　　　　　　　负责人：　　　　年　月　日</td>
复审意见	<td colspan="3">经复审，同意街道（乡镇）住房保障管理部门申请。 从＿＿＿＿年＿＿＿月＿＿＿日起，取消家庭公共租赁住房租金补贴资格。 　　　　　　　　　　　　　　　　　区（县）住房保障部门（盖章） 　　经办人：　　　　　　　负责人：　　　　年　月　日</td>
备注			

注：该通知书一式二联，第一联由街道（乡镇）住房保障管理部门留存，第二联由区县住房保障管理部门留存。

附件8：

北京市公共租赁住房租金补贴家庭情况年度申报表

申请人姓名					身份证号		
申请区（县）					申请街乡		
申请时户籍所在地地址							

申请家庭成员情况	与申请人关系	姓名	性别	婚姻状况	身份证件编码	工作学习单位	月收入
	①本人						
	②						
	③						
	④						
	⑤						

（万元）	汽车价值	有价证券	投资股份	存款借出款	房产价值（拆迁补偿款）	其他资产	资产净值小计
①							
②							
③							
④							
⑤							

保障人口		家庭净资产		万元	家庭年收入	元
除承租公租房外的其他住房情况	第一处房屋坐落				使用面积	m²
	产权人（单位）				承租人	
	第二处房屋坐落				使用面积	m²
	产权人（单位）				承租人	
	住房使用面积			m²	人均面积	m²
配租公租房情况	房屋坐落		建筑面积	m²	联系电话	
通讯地址					邮政编码	

家庭成员情况证明

本 人 填 写			
姓　名		身份证件编号	就业情况
工作单位			单位性质
此次复核前12个月本人可支配收入合计	元	本人名下汽车、有价证券、存款、投资股份等资产净值合计	万元
本人名下承租或拥有房屋地址			
使用面积	m²	房屋类型	□成套楼房　□简易楼　□平房
本人声明	本人及家庭成员了解北京市公共租赁住房租金补贴申请政策，上述表格中所填家庭人员、收入、住房情况属实。如有虚假，一切后果由本人及家庭成员承担。 申请人及家庭成员签字：　　　　　　　　　　　年　月　日		
单 位 填 写			
单位声明	我单位为申请人出具的收入证明真实有效。若我单位为申请人出具虚假证明，愿意接受上级主管部门或监察部门依法追究我单位主要领导和相关人员的责任，构成犯罪的，依法承担相应的刑事责任。		
单位填写个人收入情况	本人复核前12个月的工薪收入		元
^	年社保养老金、失业救济金领取或其他收入		元
^	扣除年个人所得税，年可支配收入合计		元
^	负责人签字：　　　　　　　　　　劳资（人事）部门盖章 联系电话：　　　　　　　　　　　　　　　　年　月　日		

说明：

1. "就业情况"栏填写：在职、退休、失业、其他等。
2. "单位性质"栏填写：行政机关、事业单位、企业、社会团体及其他。其中企业包括国有企业、集体企业、股份合作企业、联营企业、有限责任公司、股份有限公司、私营企业、外商投资企业、港澳台商投资企业、其他企业等；
3. 在职（退休）人员上年收入包括工资、奖金（含年终一次性奖金）、补贴、住房补贴、津贴和其他等。
4. 无业（失业）人员上年收入包括非固定劳动收入、赡养抚养费、补贴和其他等。

附件9：

北京市公共租赁住房租金补贴金额变更通知单

申请人：_____ 身份证号：_____

公共租赁住房租金补贴资格审核编号：_____

根据北京市公共租赁住房租金补贴管理的相关规定，自_____年_____月，区县住房保障管理部门变更你家庭公共租赁住房租金补贴金额，变更后月租金补贴_____元。

变更租金补贴金额原因：

□你家庭承租的公共租赁住房房屋租金变化。

□你家庭租金补贴标准发生变化。

□其他：_____。

街道（乡镇）住房保障管理部门（盖章）

年　　月　　日

注：该通知单一式三联，第一联交申请人，第二联由街道（乡镇）住房保障管理部门留存，第三联由区县住房保障管理部门留存。

附件 10：

北京市公共租赁住房租金补贴停发通知单

申请人：_____ 身份证号：_____

公共租赁住房租金补贴资格审核编号：_____

根据北京市公共租赁住房租金补贴管理的相关规定，自_____年_____月，区县住房保障管理部门停止发放你家庭公共租赁住房租金补贴。

停止发放租金补贴原因：

☐申请家庭不再符合公共租赁住房租金补贴资格。

☐解除公共租赁住房租赁合同。

☐未按规定进行年度申报。

☐其他：_____。

如不服本通知，可以自收到本通知书之日起 60 日内向_____区（县）人民政府或者北京市住房和城乡建设委员会申请行政复议，也可以在三个月内向_____区（县）人民法院提起行政诉讼。

街道（乡镇）住房保障管理部门（盖章）

年　月　日

注：该通知单一式三联，第一联交申请人，第二联由街道（乡镇）住房保障管理部门留存，第二联由区县住房保障管理部门留存。

附录8

关于公共租赁住房租金补贴对象及租金补贴标准有关问题的通知

京建法〔2012〕11号

各区县住房城乡建设委（房管局），东城、西城区住房城市建设委，经济技术开发区建设局（房地局），各区县财政局：

为完善公共租赁住房（以下简称"公租房"）制度，切实解决中低收入家庭住房困难，根据《北京市人民政府关于加强本市公共租赁住房建设和管理的通知》（京政发〔2011〕61号），经市政府批准，现将公租房租金补贴对象及租金补贴标准有关问题通知如下：

一、公租房租金补贴对象

（一）取得廉租住房实物配租或廉租住房租金补贴资格的家庭通过公开摇号方式承租公租房的，可以申请公租房租金补贴。

（二）城六区超出廉租住房保障条件的城镇户籍家庭承租公租房并同时具备以下四项条件的，可以申请公租房租金补贴：

1. 申请当月前12个月家庭人均月收入不高于2400元。

2. 除承租的公租房外，无其他住房或虽有其他住房但已腾退。

3. 3人及以下家庭总资产净值57万元及以下；4人及以上家庭总资产净值76万元及以下。

4. 所承租的公租房须通过区县住房保障管理部门公开摇号方式获得。

（三）本市其他区县超出廉租住房保障条件的城镇户籍家庭，申请公租房租金补贴的家庭人均月收入、家庭总资产净值条件由区县政府自行确定，其余条件与城六区一致，并报市住房保障管理部门、市财政部门审核，于2012年6月1日前公布实施。

二、公租房租金补贴标准

（一）取得廉租住房实物配租或廉租住房租金补贴资格的家庭公租房租金补贴标准

取得廉租住房实物配租或廉租住房租金补贴资格家庭承租的公租房建筑面积低于50平方米（含）的，按照房屋租金的一定比例予以补贴。具体标准如下：

1. 取得廉租住房实物配租资格的城市低保家庭承租公租房的，补贴房屋租金的95%；

2. 取得廉租住房实物配租资格的其他家庭承租公租房的，补贴房屋租金的90%；

3. 取得廉租住房租金补贴资格的家庭承租公租房的，补贴房屋租金的70%。

上述家庭承租的公租房建筑面积高于50平方米的，超出面积的租金不予补贴。

（二）城六区超出廉租住房保障条件的其他城镇户籍家庭的公租房租金补贴标准

城六区超出廉租住房保障条件的其他城镇户籍家庭承租的公租房建筑面积低于60平方米（含）的，公租房租金补贴按以下标准执行：

1. 人均月收入1200元及以下的其他家庭承租公租房的，补贴房屋租金的50%；

2. 人均月收入在1200元（不含）以上1800元（含）以下的其他家庭承租公租房的，补贴房屋租金的25%；

3. 人均月收入在1800元（不含）以上2400元（含）以下的其他家庭承租公租房的，补贴房屋租金的10%。

上述家庭承租的公租房建筑面积高于60平方米的，超出面积的租金不予补贴。

家庭类型	租金补贴占房屋租金的比例	租金补贴建筑面积上限
取得廉租住房实物配租资格的城市低保家庭	95%	50平方米
取得廉租住房实物配租资格的其他家庭	90%	50平方米
取得廉租住房市场租金补贴资格的家庭	70%	50平方米
人均月收入1200元及以下的其他家庭	50%	60平方米
人均月收入在1200元（不含）以上1800元（含）以下的其他家庭	25%	60平方米
人均月收入在1800元（不含）以上2400元（含）以下的其他家庭	10%	60平方米

注：截至发文之日，本市城市低保标准为家庭人均月收入520元，城六区廉租住房家庭收入准入标准为人均月收入960元及以下。

（三）本市其他区县超出廉租住房保障条件的城镇户籍家庭公租房租金补

贴标准

  本市其他区县超出廉租住房保障条件的城镇户籍家庭公租房租金补贴占房屋租金的比例、租金补贴建筑面积上限应与城六区一致，家庭人均月收入分档线由区县政府确定，报市住房保障管理部门、市财政部门审核，于2012年6月1日前公布实施。

  三、公租房租金补贴对象及租金补贴标准实行动态管理，根据本市经济状况、居民收入、公共租赁住房租金水平等因素适时调整。

二〇一二年四月二十四日

附录9

关于印发《北京市城市廉租住房管理办法》的通知

各区、县人民政府，市政府各委、办、局，各市属机构：

现将《北京市城市廉租住房管理办法》印发给你们，请结合实际，认真贯彻执行。

北京市政府
二〇〇七年九月二十五日

北京市城市廉租住房管理办法

第一章 总 则

第一条 为完善城市廉租住房制度，保障低收入家庭的基本住房需求，根据《国务院关于解决城市低收入家庭住房困难的若干意见》（国发〔2007〕24号）精神，结合本市实际，制定本办法。

第二条 本市行政区域内城市廉租住房的建设和管理活动适用本办法。

第三条 本市廉租住房保障水平应当以保障低收入家庭基本住房需求为原则，根据财政承受能力和居民住房状况合理确定。

符合规定条件的低收入家庭可以申请廉租住房。

第四条 城市低收入家庭廉租住房保障方式以发放租赁住房补贴为主，实物配租为辅。

本办法所称租赁住房补贴（以下简称租房补贴）方式，是指住房保障管理部门向符合条件的申请家庭，按照规定的标准发放住房租金补贴，由其到市场上租赁住房。

本办法所称实物配租方式，是指住房保障管理部门向符合条件的申请家庭提供住房，并按照其家庭收入的一定比例收取租金。

对已承租公房的低收入家庭，按现行有关规定实行租金减免政策。

第五条 廉租住房建设和管理工作坚持政府主导，并遵循以下原则：以区为主、全市统筹；自愿申请、逐级审核；公开透明、分期轮候；定期复核、动态监管。

第六条 廉租住房补贴及建设资金由市、区县财政按一定比例共同承担，主要通过以下方式筹集：

（一）市、区县财政预算安排的资金。

（二）住房公积金增值收益中按规定提取的城市廉租住房补充资金。

（三）土地出让净收益中按一定比例提取的资金。

此外，可通过鼓励社会捐赠等方式多渠道筹集资金。

第七条 市政府建立本市住房保障管理工作的协调机制。市建委负责全市城市廉租住房的管理工作。市发展改革、国土资源、规划、财政、税务、民政、交通等有关部门和相关金融机构按照职责分工做好相关工作。各区县政府房屋行政主管部门负责本区县城市廉租住房的管理工作。

第二章 供应对象

第八条 申请租房补贴或实物配租应当以家庭为单位，并符合以下条件：

（一）申请人必须具有本市城镇户籍，在本市生活，申请家庭应推举具有完全民事行为能力的家庭成员作为申请人。

（二）申请家庭人均住房面积、家庭收入、家庭资产符合规定的标准。

城八区廉租住房保障对象的人均住房面积、家庭收入、家庭资产标准由市建委会同有关部门根据本市居民收入、居住水平、住房价格等因素研究确定，报市政府批准后，每年向社会公布一次；远郊区县的上述标准由区县政府结合实际确定，报市政府批准后，每年向社会公布一次。

第九条 申请家庭成员之间应具有法定的赡养、扶养或者抚养关系，包括申请人及其配偶、子女、父母等。但申请家庭成员中已享受廉租住房政策或已作为其他家庭的成员参与廉租住房申请的人员，不得再次参与申请。

第十条 家庭住房是指全部家庭成员名下承租的公有住房和拥有的私有住房。申请家庭现有2处或2处以上住房的，住房面积应合并计算。

第十一条 家庭收入是指家庭成员的全部收入总和，包括工资、奖金、津贴、补贴、各类保险金及其他劳动收入、储蓄存款利息等。

第十二条 家庭资产是指全部家庭成员名下的房产、汽车、现金和有价证券、投资（含股份）、存款、借出款等。

第三章 房源筹集

第十三条 廉租实物住房采取新建和收购方式筹集。来源包括：

（一）政府出资建设的廉租住房（新建廉租住房主要在普通商品住房、限价商品住房、经济适用住房项目中按照一定比例配建，由政府回购，不足部分可采取集中建设方式）。

（二）政府出资收购的住房。

（三）社会捐赠的住房。

（四）其他渠道筹集的住房。

第十四条 廉租实物住房供应实行统一的计划管理，原则上由区县政府组织建设或收购，对部分房源不足的区县，市建委可以适当调剂。

第十五条 新建的廉租实物住房用地实行行政划拨方式供应，免收各项行政事业性收费；配建的廉租住房由市、区县住房保障管理部门按规定价格回购并按规定的租金标准向符合条件的家庭出租的，按有关规定享受税收优惠。

第十六条 廉租住房按照小户型、满足基本住房需求、节能省地的原则建设或收购。具体标准由市规划委会同市建委、市国土局、市发展改革委等部门研究确定。

第十七条 廉租实物住房的租金收入实行收支两条线管理，租金收入上缴同级财政部门，维护和管理所需经费由各级住房保障管理部门编制预算，报同级财政部门审核后纳入部门预算。

第四章 审核与分配

第十八条 对申请廉租住房的家庭实行三级审核、两级公示制度。

（一）申请：申请家庭向户口所在地街道办事处或乡镇政府提出申请。

（二）初审：街道办事处或乡镇政府通过审核材料、入户调查、组织评议、公示等方式对申请家庭的住房、收入、资产等情况进行初审，提出初审意见，并将符合条件的申请家庭报区县住房保障管理部门。人户分离家庭在户口所在地和实际居住地同时进行公示。

（三）复审：区县住房保障管理部门对申请家庭进行复审，符合条件的，将申请家庭的情况进行公示，无异议的，报市建委。

（四）备案：市建委对申请家庭情况进行复核，符合条件的，市建委予以备案。区县住房保障管理部门为经过备案的申请家庭建立市、区县共享的住房需求档案。

第十九条 城八区廉租住房保障标准、每平方米租金补贴标准及补贴面积标准，由市建委会同有关部门根据本市居民平均住房状况、家庭人口结构等因素研究确定，报市政府批准后，每年向社会公布一次；远郊区县的上述标准由区县政府结合实际确定，报市政府批准后，每年向社会公布一次。

第二十条 符合条件的家庭只能选择一种廉租住房保障方式，其中实物住房主要配租给家庭成员中有 60 周岁以上（含 60 周岁）老人、严重残疾人员、患有大病人员的家庭和承租危房及面临拆迁的家庭。

第二十一条　有原住房的家庭在享受廉租住房保障时，可将原住房退出或由住房保障管理部门回购；不能退出原住房的，由住房保障管理部门按差额面积发放租房补贴或配租实物住房。

第二十二条　对申请租房补贴和实物配租的家庭实行轮候制度。区县住房保障管理部门按住房困难程度等因素实行分类轮候，通过摇号方式确定排序。

第二十三条　领取租房补贴的家庭应与产权人或产权单位签订租赁合同，租房补贴由户口所在地的区县住房保障管理部门或街道办事处、乡镇政府直接支付产权人或产权单位。

承租廉租实物住房的家庭应与房屋产权单位签订租赁合同，按期交纳租金。租金标准由市发展改革委会同市建委等部门研究确定。

第五章　监督管理

第二十四条　建设、收购的廉租住房产权登记在区县政府委托的单位名下，按照属地原则进行管理。建设、收购的廉租住房的产权人不得将房屋转让、抵押。

第二十五条　廉租住房只能用于申请家庭及其成员自住，不得转租、转借以及从事居住以外的任何活动。

第二十六条　享受廉租住房保障的家庭，每年应按时向区县

住房保障管理部门申报住房、收入、人口及资产状况，区县住房保障管理部门会同有关部门对其申报情况进行复核，并按照复核结果，调整租房补贴金额或者实物配租面积。

区县住房保障管理部门定期对享受廉租住房保障的家庭住房、收入、人口及资产状况进行检查，对家庭收入连续 1 年超出规定标准的，取消其廉租住房保障资格，停发租房补贴，或者在合理期限内收回廉租住房。

第二十七条　对违反本办法，不如实申报家庭住房、收入、人口及资产状况，骗取廉租住房保障的，责令其退还已领取的租房补贴，或者退出廉租住房并补交市场平均租金与廉租住房标准租金的差额，并依据有关规定进行处罚，5 年内不得再申请廉租住房保障；构成犯罪的，移交司法机关依法追究刑事责任。

第二十八条　享受廉租住房保障的家庭有下列行为之一的，由区县住房保障管理部门收回其承租的廉租住房，或者停止发放租房补贴：

（一）将承租的廉租住房转借、转租的。

(二)擅自改变房屋用途的。

(三)连续6个月以上未在廉租住房内居住的。

第二十九条 对为申请人出具虚假证明的单位,由市建委提请其上级主管部门或监察部门依法追究单位主要领导和相关人员的责任;构成犯罪的,移交司法机关依法追究刑事责任。

第三十条 对有关部门和单位的工作人员,在廉租住房管理

工作中利用职务上的便利收受他人财物或者其他好处的,对已批准的廉租住房不依法履行监督管理职责的,或者发现违法行为不予查处的,给予行政处分;构成犯罪的,移交司法机关依法追究刑事责任。

第六章 附 则

第三十一条 各区县政府可依据本办法,结合实际情况,制定具体实施办法。

市政府各相关部门可依据本办法,根据各自职责制定相应配套文件。

第三十二条 本办法自发布之日起施行。凡过去文件规定与本办法不一致的,以本办法为准。

附录 10

关于印发《北京市城市廉租住房申请、审核及配租管理办法》的通知

京建住〔2007〕1176号

各区（县）建委（房管局）、各有关单位：

为做好廉租住房申请、审核、租房补贴发放和实物配租管理工作，根据北京市委、市政府《关于贯彻落实〈国务院关于解决城市低收入家庭住房困难的若干意见〉的实施意见》（京发〔2007〕22号）和《北京市人民政府关于印发〈北京市城市廉租住房管理办法〉的通知》（京政发〔2007〕26号），北京市建设委员会制定了《北京市城市廉租住房申请、审核及配租管理办法》，现印发给你们，请结合实际，依照执行。

二〇〇七年十一月十三日

北京市城市廉租住房申请、审核及配租管理办法

第一章 总 则

第一条 为完善我市城市廉租住房制度，规范城市廉租住房管理工作，根据《中共北京市委、北京市人民政府关于贯彻落实〈国务院关于解决城市低收入家庭住房困难的若干意见〉的实施意见》（京发〔2007〕22号）和《北京市人民政府关于印发〈北京市城市廉租住房管理办法〉的通知》（京政发〔2007〕26号），制定本办法。

第二条 北京市城市低收入住房困难家庭申请廉租住房保障，适用本办法。

第三条 市住房保障管理部门负责本市廉租住房管理的指导、监督、检查以及申请家庭的备案工作。区（县）、街道办事处（乡镇人民政府）住房保障管理部门按照各自职责负责受理本地区廉租住房的申请、审核、认定、配租、补贴发放及后期管理工作。

第二章 申请条件

第四条 申请廉租住房租房补贴或实物配租应当以家庭为单位，并同时具备下列条件：

（一）申请人必须具有本市城镇户籍，在本市生活；

（二）申请家庭人均住房面积、家庭收入、家庭资产符合规定的标准。具体标准按照我市每年向社会公布的标准执行。

第五条 符合本办法第四条规定的老人、严重残疾人员（以下简称重残人员）、患有大病人员和承租危房及面临拆迁的家庭可以申请实物配租。实物房源不足时，可采取租房补贴方式过渡。其中：

老人是指申请家庭成员中至少有1人年满60周岁以上（含60周岁）。

重残人员是指申请家庭成员中有经残联鉴定为重度残疾人员。

患有大病人员家庭是指申请家庭成员中患有以下病症或做过以下手术：具体指慢性肾衰竭（尿毒症）、恶性肿瘤、再生障碍性贫血、慢性重型肝炎、心脏瓣膜置换手术、冠状动脉旁路手术、颅内肿瘤开颅摘除手术、重大器官移植手术、主动脉手术等。家庭成员是否患有上述病种，需要出示医疗机构提供的证明。

承租危房是指申请家庭承租的住房经有资质的房屋安全鉴定机构鉴定为危险房屋。

面临拆迁是指申请家庭居住房屋已列入区县建委（房管局）核发房屋拆迁许可证确定的拆迁范围内，并已在拆迁范围内发布拆迁公告。

第六条 申请家庭成员之间应具有法定的赡养、扶养或者抚养关系，包括申请人及其配偶、子女、父母等。低保申请家庭成员按民政部门核发的《北京市城市居民最低生活保障金领取证》上标明的人口认定；不属于低保的其他申请家庭成员按下列人员认定：

（一）配偶；

（二）父母；

（三）未成年子女；

（四）已成年但不能独立生活的子女；

（五）父母双亡且由祖父母或者外祖父母作为监护人的未成年或者已成年但不能独立生活的孙子女和外孙子女；

（六）根据本条原则和有关程序认定的其他人员。

重残人员家庭1人户按2人计算。

第七条 家庭住房是指全部家庭成员名下承租的公有住房和拥有的私有住房，住房面积按照使用面积计算。承租公有住房的，使用面积按《公有住房租赁合同》上标明的计租面积为准；居住私产住房的，以《房屋所有权证》上标明的建筑面积除以1.333计算。申请家庭现有2处或2处以上住房的，住房面积应合并计算。下列房屋面积纳入申请家庭住房面积核定范围：

（一）全部家庭成员自有私房（含已购公有住房）；

（二）全部家庭成员按照本市规定租金标准承租住房；

（三）全部家庭成员拆迁待安置的住房；

（四）全部家庭成员在集体土地上自有的正式住房；

家庭人均住房面积计算公式：申请人户口所在地现居住住房面积÷其所在住房同一《租赁合同》或《房屋所有权证》下的长期共居户籍人口（共居人口在它处有住房除外）＋申请家庭成员它处住房面积÷申请家庭人口。

申请家庭居住在自建房内、单独立户，且他处无正式住房的，自行拆除自建房或承诺配租后自行拆除，可申请廉租住房。

申请家庭将原住房腾退给区（县）住房保障管理部门后，可按无房户配租廉租住房；申请家庭住用其父母、子女自有或承租的住房，家庭人均住房使用面积符合廉租住房申请标准的，可按全额配租廉租住房。

第八条　家庭收入是指家庭成员申请当月前12个月的全部家庭收入总和，包括工资、奖金、津贴、补贴、各类保险金及其他劳动收入、储蓄存款利息等。

第九条　家庭总资产净值是指家庭成员名下的房产、汽车净值及现金、有价证券、投资（含股份）、存款、借出款等。

家庭总资产净值中除拆迁补偿款及房屋折价外，现金、有价证券、投资（含股份）、存款、借出款等项之和不能超过民政部门规定的社会救助对象家庭收入的认定标准。

第三章　审核程序

第十条　符合本办法规定条件的家庭，向户口所在地的街道（乡镇）领取《北京市城市居民申请廉租住房家庭情况核定表》（以下简称《核定表》，《核定表》按统一格式印制，见样表）一式三份，按要求填写相关内容。

申请家庭成员所在单位要为各家庭成员出具住房及收入情况证明（离退休人员凭退休金领取证计算收入，失业人员凭失业保险金领取证计算收入），并在《核定表》的相应栏目中签署意见、盖章。

家庭成员无工作单位的，由户口所在街道（乡镇）通过入户调查、邻里访问及信函索证等方法，对其住房、收入进行核定，并签署意见、盖章。

第十一条　申请家庭推举一名具有完全民事行为能力的家庭成员作为申请人，向户口所在地街道办事处或乡镇人民政府提出申请，并提交以下申请材料及复印件，所需复印件一式三份：

（一）申请人及家庭成员身份证、户口簿；

（二）已婚家庭成员的婚姻证明，离异的提供离婚证；

（三）居住地住房情况证明（《房屋租赁合同》、《房屋所有权证》或房屋产权单位的证明）；

（四）按要求填写并经有关部门认定的《核定表》（须提供原件）；

（五）低保和优抚家庭提供民政部门核发的低保或优抚证明；

（六）原住房拆迁的家庭须提供拆迁补偿协议；

（七）需要提供的其他证明材料。

申请廉租住房实物配租的家庭，需同时提交以下相应材料：重残家庭须提供残联出具的重残证明；有患大病成员家庭须提供医疗机构出具的大病诊断书；居住危房的由房屋安全鉴定机构出具的危险房屋鉴定书。

第十二条 申请家庭须做出声明，同意市区（县）住房保障管理部门向其他有关政府部门（如工商、税务、交通等）、公/私营机构（如银行、证券交易所、车辆管理所等）或其工作单位调查其家庭收入、住房、资产等情况，并索取相关证明。

第十三条 街道（乡镇）住房保障管理部门收到申请家庭交报的材料后，应当及时做出是否受理的决定，并向申请人出具书面凭证。申请材料不齐全或者不符合法定形式的，应当在5日内书面告知申请人需要补正的全部内容，受理时间从申请人补齐材料的次日起计算；逾期不告知的，自收到材料之日起即为受理。

第十四条 接受申请人的受理后，由街道（乡镇）住房保障管理部门对申请家庭收入、资产、人口和住房状况进行初审。初审工作按照以下程序进行：

（一）审核材料

街道（乡镇）住房保障管理部门根据申请家庭交报的材料完成对家庭人口、住房面积、家庭收入、家庭资产等情况的审核，核查原件，留存复印件。

（二）入户调查

街道（乡镇）住房保障管理部门与其他相关部门组成入户调查小组，对申请家庭的住房面积、实际居住人口、家庭资产情况进行实地调查，入户调查人员不得少于2人，由入户人员填写调查情况。

（三）组织评议

街道（乡镇）住房保障管理部门组织相关单位对申请家庭的收入、住房及资产情况进行评议，由经办人填写《评议记录》。

（四）公示

街道（乡镇）住房保障管理部门在正式受理申请家庭材料后20个工作日内，完成材料审核、入户调查和组织评议工作。经审核符合申请条件的，街道（乡镇）住房保障管理部门应当在申请人户口所在地、居住地及工作单位对申请家庭的人口、住房、收入、资产等情况进行公示，期限为15日。

第十五条 经公示无异议或者异议不成立的，街道（乡镇）住房保障管理部门在申请家庭的《核定表》中签署初审意见、提出初步的配租方案,将申请家庭的资料录入申请审核管理系统,并在2个工作日内将申请家庭的书面申请材料上报区(县)住房保障管理部门。

经公示提出异议的,由街道(乡镇)住房保障管理部门会同有关单位在10日内完成复查,并对不符合申请条件的家庭书面告知原因;经复查符合申请条件的,按前款规定办理。

第十六条 区(县)住房保障管理部门应自收到申请材料之日起10个工作日内完成对申请资料的复审,符合条件的,确定配租方案。在区(县)政府网站或规定的范围内对申请家庭人口、住房、收入、资产情况及配租方案进行公示,期限为15日。

复审及公示无异议的,由区(县)住房保障管理部门对申请家庭的资格进行认定,并在申请家庭《核定表》上签署意见、盖章后,在2个工作日内上报市住房保障管理部门备案。

复审及公示有异议的,由街道(乡镇)住房保障管理部门会同有关单位在10日内进行复查,并对不符合申请条件的家庭书面告知原因;符合条件的,按前款规定办理。

第十七条 市住房保障管理部门自接到区(县)住房保障管理部门上报材料之日起8个工作日内完成备案工作,并在2个工作日内向区(县)住房保障管理部门下发备案通知。由街道(乡镇)住房保障管理部门向符合条件的家庭发放《北京市城市廉租住房资格审核及配租通知单》。

市、区(县)、街道(乡镇)住房保障管理部门在审核过程中,因申请家庭提供的要件不全需补交材料的,所需时间不计入审核时限。

第四章 租房补贴配租管理

第十八条 租房补贴按人均住房保障面积标准、配租家庭人口、每月每平方米租赁住房补贴标准、家庭收入水平等因素确定。具体标准按我市规定标准执行。

第十九条 城近郊八区廉租家庭租房补贴金额按下列公式计算:

低保家庭月租房补贴数额=每平方米月补贴额×(人均住房保障面积标准－人均现住房使用面积)×配租家庭人口

其他低收入家庭月租房补贴数额=每平方米月补贴额×(人均住房保障面积标准－人均现住房使用面积)×配租家庭人口－(家庭人均月收入－北京市城市低保标准)×配租家庭人口。

上述公式计算每户计发的租房补贴数额不足月租房补贴最低限额标准的,按月租房补贴最低限额标准计;高于月租房补贴最高限额标准的,按月租房补贴最高限额标准计。

远郊区（县）廉租家庭按各自区（县）的标准计算月租房补贴金额、月租房补贴最低限额及最高补贴限额。

第二十条 已确定为租房补贴的家庭应在 6 个月内落实租赁房屋，并与房屋出租人签订《北京市城市廉租住房租赁合同－租房补贴协议》，双方当事人将合同报廉租住房申请人户口所在区（县）住房保障管理部门备案后，区（县）住房保障管理部门向房屋出租人发放《北京市廉租住房租房补贴发放通知单》，房屋出租人持《北京市廉租住房租房补贴发放通知单》和身份证件到住房保障管理部门指定的地点按月领取补贴资金。

配租家庭所租房屋实纳租金超过家庭月租房补贴数额的，超出部分由配租家庭自行承担；低于月租房补贴数额的，按实际发生额发放租房补贴。

每月 15 日（含）前签订租赁合同并备案的，房屋出租人可从当月领取租房补贴；15 日后签订租赁合同并备案的，房屋出租人从次月开始领取租房补贴。

第五章　实物配租管理

第二十一条 对符合承租廉租实物住房条件的家庭实行轮候配租制度。轮候期间，申请家庭收入、人口、住房、资产等情况发生变化，申请人应当及时告知街道（乡镇）住房保障管理部门。经审核后，街道（乡镇）住房保障管理部门应上报区（县）住房保障管理部门，并对变更情况进行登记，不再符合申请条件的，由区（县）住房保障管理部门取消轮候资格。

第二十二条 向廉租家庭配租实物住房的人均住房使用面积原则上不超过人均住房保障面积标准。住房分配考虑家庭代际、性别、年龄结构和家庭人口数量等因素，全额保障标准为：

家庭人口	家庭构成	配租居室
1 人	单身（未婚、离异、丧偶）	单间平房
2 人	夫妻、同性单亲家庭	1 居室
	异性单亲家庭（子女年满 10 周岁）	2 居室或两间平房
3 人	夫妻及子女或夫妻一方父母 祖孙三代	
4 人	两对夫妻、夫妻及两单身同性子女	3 居室
	夫妻及两单身异性子女（年满 10 周岁）	
	夫妻、子女及夫妻一方父母	
5 人以上	3 居室或根据家庭人口、性别、年龄结构确定配租住房	

第二十三条 申请廉租住房的家庭，原则上应将原住房腾退给区（县）住房保障管理部门，腾退原住房的，按全额保障面积标准配租或发放租房补贴；不腾退原房的，按差额保障面积标准配租或发放租房补贴。

申请家庭原住房腾退及补偿的具体办法，由区（县）政府根据本区（县）实际情况制定。

第二十四条 区（县）住房保障管理部门定期通过摇号方式确定实物配租家庭：

（一）确定配租家庭数量

区（县）住房保障管理部门根据每年筹集房源数量决定实物配租的家庭户数。

（二）摇号配租

区（县）住房保障管理部门根据配租住房面积（户型）将申请家庭分成不同组别，并根据申请家庭的住房困难程度等因素进行排队，按照配租数量的一定比例确定参加摇号的家庭范围。区（县）住房保障管理部门向中选家庭发放《北京市廉租住房实物配租摇号结果通知单》。

申请家庭根据区（县）住房保障管理部门提供的房源，按照摇号结果顺序选房，填写《北京市廉租住房实物配租选房确认单》。

申请家庭放弃选房的，须重新轮候，由后续家庭依次递补。两次放弃选房的，须进行重新申请。

同一家庭参加3次摇号均未能选中住房的，区（县）住房保障管理部门可直接为其配租。

区（县）住房保障管理部门组织摇号活动应公开透明，可邀请人大代表、政协委员以及新闻媒体参加，接受社会监督。

摇号排序结果及选房结果应在一定范围内予以公布。

（三）发放通知

申请家庭选房确认后，区（县）住房保障管理部门为选房家庭发放《北京市廉租住房实物配租通知单》。其中需要退出原住房的配租家庭，须与区（县）住房保障管理部门办理原住房退出手续。

第二十五条 申请家庭凭《北京市廉租住房实物配租通知单》与廉租住房产权单位签订《北京市城市廉租住房实物配租租赁合同》。合同应当明确廉租住房情况、租赁期限、房屋面积、租金标准、权利、义务、腾退住房方式及违约责任等内容。承租人应当按合同约定的标准缴纳租金，并按约定的期限腾退原有住房。

未按约定办理上述腾退或交款手续的，或逾期不签订《北京市城市廉租住房实物配租租赁合同》的，视为放弃本次廉租住房实物配租资格。

第二十六条 由政府统一管理的廉租住房实物配租租金按照使用面积计租。可按照廉租家庭总收入的一定比例确定租金标准；也可参照廉租住房的各项成本及市场租金水平实行政府定价，并根据家庭收入不同实行差别补助。

第六章 监督管理

第二十七条 享受廉租住房保障的城市低收入家庭每年应按期向街道（乡镇）住房保障管理部门如实申报家庭收入、人口、住房、资产等变动情况。

区（县）、街道（乡镇）住房保障管理部门应当定期会同同级民政等相关部门对享受廉租住房保障家庭的收入、人口、住房、资产等变动状况进行复核，并根据复核结果对享受廉租住房保障的资格、方式、租房补贴发放额度、实物住房租金等进行及时调整并书面告知当事人。

第二十八条 享受廉租住房保障的城市低收入家庭在承租廉租住房期间，因家庭人口减少的，减少租房补贴或配租住房面积；因家庭人口增加，需增加租房补贴或实物配租面积的，需按照第三章审核程序申请轮候。

第二十九条 享受廉租住房保障的家庭有下列情况之一的，由区（县）住房保障管理部门做出取消保障资格的决定，收回承租的廉租住房，或者停发租房补贴：

（一）未如实申报家庭收入、家庭人口、住房、资产等状况的；

（二）家庭人均收入连续一年以上超出廉租住房政策确定的收入标准的；

（三）人均住房面积超出规定的住房保障标准的；

（四）擅自改变房屋用途，经劝告不改正的；

（五）将承租的廉租住房转借、转租的；

（六）连续六个月以上未在廉租住房居住的；

（七）连续三个月或累计超过六个月未交纳房租的；

（八）其他违反合同约定行为的。

第三十条 区（县）住房保障管理部门做出取消保障资格的决定后，向配租家庭发放《北京市廉租住房终止配租通知单》，并说明理由。

对享受租房补贴的家庭，住房保障管理部门停发租房补贴。

享受实物配租的家庭，应当在6个月内将承租的廉租住房退回住房保障管理部门，并结清相关费用。逾期不退回的，区（县）住房保障管理部门可从次月起按照市场租金标准提高租金，或向人民法院提起诉讼。处理结果向社会公布，计入不良信用档案，五年内不允许该家庭申请廉租住房。

第三十一条 各级住房保障管理部门工作人员应严格执行廉租住房的申请、审核、公示、摇号、配租、退出等程序，认真履行相关职责。违反本规定的，按《北京市城市廉租住房管理办法》第三十条规定执行。

第七章 附 则

第三十二条 各区（县）可根据本办法，结合实际情况，制定具体的办法。

第三十三条 本办法自发布之日起施行。

附录 11

北京市住房和城乡建设委员会关于进一步加强廉租住房、经济适用住房和限价商品住房申请资格审核管理有关工作的通知

京建发〔2010〕206 号

各区（县）建委、房管局，各街道（乡镇）住房保障办：

为加强廉租住房、经济适用住房和限价商品住房资格审核管理，根据《北京市城市廉租住房管理办法》（京政发〔2007〕26 号）、《北京市经济适用住房管理办法（试行）》（京政发〔2007〕27 号）和《北京市限价商品住房管理办法（试行）》（京政发〔2008〕8 号）的有关规定，结合工作实际，现就进一步规范我市廉租住房、经济适用住房和限价商品住房申请资格审核管理有关工作通知如下：

一、资格审核备案管理

（一）符合廉租住房、经济适用住房和限价商品住房申请条件家庭向户籍所在地街道办事处或乡镇政府提出申请时，需填写家庭情况核定表及申请材料一式两份。区（县）、街道（乡镇）两级住房保障管理部门各留存一份。

全体申请家庭成员申请时应提供居民有效身份证件。无法提供居民身份证件的，须提供户籍所在地户籍管理部门或军队团级以上部门出具的证明材料，标明身份证件号码。

（二）各街道（乡镇）、区（县）住房保障管理部门应严格按照审核程序和时限完成对申请家庭的初审和复审工作。区（县）住房保障管理部门完成复审后上报市住房城乡建设委。市住房城乡建设委按照规定时限完成备案审查，并下发《备案结果通知书》（附件1），加盖行政审批专用章。

（三）各区（县）住房保障管理部门接到《备案结果通知书》后，应在《北京市城市居民申请廉租住房家庭情况核定表》、《北京市城市居民购买经济适用住房申请核定表》或《北京市家庭购买限价商品住房申请核定表》的"备案情况"栏中加盖"已备案"或"不予备案"印章。印章标准：章长3.5cm，章宽1.0cm，用一号仿宋字体。

通过备案的家庭，由区（县）住房保障管理部门通知街道（乡镇）住房保障管理部门在10个工作日内向符合条件的申请家庭发放《北京市城市廉租住房资格审核及配租通知单》（附件2）、《北京市城市居民购买经济适用住房申请备案通知单》或《北京市城市居民购买限价商品住房申请备案通知单》

(附件3)。未通过备案的，发放《不予备案通知单》（附件4）。

二、资格变更、取消管理

（一）已通过廉租住房、经济适用住房或限价商品住房资格审核，在轮候期间家庭住房、收入和资产等情况发生变化的，申请家庭应如实向户籍所在地街道（乡镇）住房保障管理部门进行申报。

（二）经审核，申请家庭发生变化后仍符合申请条件的，街道（乡镇）住房保障管理部门填写《申请家庭情况变更核定表》（附件5）补充相关材料后，上报区（县）住房保障管理部门复审。其中，家庭增加或减少保障人口的，需重新填写《申请核定表》，补充相关材料后按"三级审核、两级公示"程序重新审核，原登记编号不变。新生儿登记户口后家庭提出增加保障人口的，经街道（乡镇）、区（县）住房保障管理部门审核可直接调整配租配售意见。

不符合条件的，街道（乡镇）住房保障管理部门填写《申请家庭资格取消核定表》（附件6）说明原因后，报区（县）住房保障管理部门按规定作出处理决定，取消家庭申请资格。

（三）已通过经济适用住房购买资格审核的家庭，放弃购买经济适用住房申请配售限价商品住房的，经全体申请家庭成员书面认可后，可直接向户口所在地的街道（乡镇）住房保障管理部门提交书面申请。街道（乡镇）住房保障管理部门办理经济适用住房资格终止手续后，将该家庭信息录入限价商品住房审核系统，并标注优先配售。

家庭轮候超过一年的，经复核仍符合经济适用住房申请条件的，继续纳入限价商品住房优先配售范围；不符合经济适用住房申请条件但仍符合限价商品住房申请条件的，按限价商品住房一般家庭配售。

（四）区（县）住房保障管理部门每月5日前，向市住房城乡建设委上报本区（县）上月申请家庭变化情况，市住房城乡建设委在5个工作日内向区（县）下发《备案结果通知书》。

三、年度复核管理

（一）各区（县）住房保障管理部门按照《关于对已通过廉租住房、经济适用住房和限价商品住房申请资格审核家庭进行定期复核等有关问题的通知》（京建住〔2009〕830号）要求，在规定时间内完成申请家庭资格复核和结果上报工作。

资格复核主要包括对被复核家庭申报的人口、住房、收入及资产情况进行核实，核对住房保障申请资格审核系统数据与实际情况是否一致等。

（二）申请家庭资格复核工作按照下列程序进行：

1. 家庭申报：家庭按要求填写《家庭定期复核表》（附件7），持相关证明材料向户籍所在地街道（乡镇）住房保障管理部门如实申报家庭变动情况。

2. 街乡初审：街道（乡镇）住房保障管理部门在10个工作日内完成对家庭申报材料初审工作。经初审符合条件的，由街道（乡镇）住房保障管理部门提出初审意见后上报区（县）住房保障管理部门复审。

3. 区（县）复审：区（县）住房保障管理部门在10个工作日内完成对家庭申报材料的复审工作，并依据复核结果按相关规定做出保留资格、调整配租配售方案、终止或取消资格的处理决定。

四、举报查处管理

（一）各级住房保障管理部门在资格审核、年度复核工作中发现或接到群众举报申请家庭有不实申报行为的，区（县）住房保障管理部门应在30日内会同街道（乡镇）、民政、社保、公安、社区居委会等部门对家庭情况进行复查。复查可通过约谈当事人、入户调查、单位走访等方式进行。

（二）街道（乡镇）住房保障管理部门应在约谈前15日按照申请人留存的联系方式向当事人送达约谈通知。对无法取得联系的，区（县）住房保障管理部门在区（县）政府网站或相关媒体上公告约谈通知。当事人不按约定时间到指定地点参加谈话的，视为放弃申辩权利。

应有不少于两名的工作人员参加复查。调查人员应制作《询问调查笔录》（附件8），并要求被调查人在书面材料上签字。被调查人拒绝签字的，复查人员应注明情况并签字。

（三）区（县）住房保障管理部门查询核查对象房产情况时，可向房屋所在地房屋交易部门或房屋登记部门出具《房产情况协助查询函》（附件9）。区（县）房屋交易部门或房屋登记部门应积极配合住房保障管理部门查询申请家庭成员的住房情况，在接到协助查询函后5个工作日内完成协查工作，以《房屋情况查询表》（附件10）的形式，将查询结果书面反馈至住房保障管理部门。

（四）街道（乡镇）住房保障管理部门依据调查结果填写《申请家庭资格复查登记表》（附件11），提出初步处理意见后，报区（县）住房保障管理部门按相关规定作出处理决定。

申请家庭在申请或轮候期间家庭情况发生变化后，弄虚作假，隐瞒家庭住房、收入及资产等状况的，经复查属实，由区（县）住房保障管理部门作出取消申请资格的决定，记入不良信用档案，并通过区（县）政府网站或相关媒体公开曝光。该家庭自被取消申请资格之日起五年内不得再次申请保障性住房。

对于已签订经济适用住房或限价商品住房购买合同的家庭，区（县）住房保障管理部门应及时向开发企业发放《取消购房资格通知书》（附件12）。开发企业自接到通知后20个工作日内按合同约定与购房人解除购房合同，并到区（县）房屋登记部门办理合同注销手续。

（五）对不符合申请条件的家庭，由区（县）住房保障管理部门组织街道（乡镇）住房保障管理部门送达《北京市经济适用住房购买资格取消通知书》或《北京市限价商品住房购买资格取消通知书》（附件13）（以下简称《资格取消通知书》）。当事人应在《送达回证》上签字并注明签收日期。当事人拒绝接受《资格取消通知书》的，由送达人员邀请社区居委会等部门工作人员到场见证，在《送达回证》上注明拒收事由和日期，由送达人、见证人签字后，将《资格取消通知书》留置当事人处，即视为送达。对于无法取得联系的，区（县）住房保障管理部门可在区（县）政府网站或相关媒体上公告送达。

（六）因取消资格收回的房源由市或区（县）住房保障管理部门重新调配。

五、其他

（一）申请家庭上年收入按照家庭申请之日前12个月的收入总和计算，学习毕业新参加工作的申请家庭成员工作不足12个月的，不足月份的收入按照有收入月份的月收入均值计算。

申请家庭成员按照规定由单位代缴的住房公积金和各项社会保险统筹费不计入家庭收入。

（二）申请家庭成员购买的非住宅类房屋不计入家庭住房面积，计入家庭资产净值。申请家庭成员在本市的房屋资产净值由审核部门按市住房城乡建设委定期发布的同地段房屋再上市指导价格确定，或由审核部门依据申请家庭委托的有专业评估资质的机构出具的评估报告确定。

（三）申请家庭成员已签定购房合同的住房计入家庭住房面积。申请家庭成员宅基地上自有住房计入申请家庭住房面积。不符合规划要求的自建住房，拆除后不计入住房面积核定。

（四）区（县）住房保障管理部门在为符合廉租住房实物配租条件的家庭办理廉租实物住房入住手续之日起30日后停发其租房补贴。

（五）廉租住房申请家庭成员承租公有住房或拥有私有住房的，配租廉租实物住房时须将原承租的公有住房或拥有的私有住房腾退给区（县）住房保障管理部门或其指定机构。

原住房为公房的，区（县）住房保障管理部门或其指定机构与产权单位办理承租关系变更手续；原住房为私房的，由区（县）住房保障管理部门或其指定机构收购。收购补偿办法及标准，由各区（县）人民政府根据本区（县）实际情况制定。

六、本通知自2010年5月1日起施行。此前文件与本通知不一致的，以本通知为准。

附件：1. 备案结果通知书
2. 北京市城市廉租住房资格审核及配租通知单
3. 北京市城市居民购买经济适用住房/限价商品住房申请备案通知单
4. 不予备案通知单
5. 申请家庭情况变更核定表
6. 申请家庭资格取消核定表
7. 家庭定期复核表
8. 询问调查笔录
9. 房产情况协助查询函
10. 房屋情况查询表
11. 申请家庭资格复查登记表
12. 取消购房资格通知书
13. 北京市保障性住房配租（购买）资格取消通知书

二〇一〇年四月二十一日

附录 12

关于加强廉租住房、经济适用住房和限价商品住房审核配租配售管理等问题的通知

京建发〔2010〕523号

各区（县）建委、房管局，各街道（乡镇）住保办，各有关单位：

为加强廉租住房、经济适用住房和限价商品住房管理，根据《北京市城市廉租住房管理办法》（京政发〔2007〕26号）、《北京市经济适用住房管理办法（试行）》（京政发〔2007〕27号）、《北京市限价商品住房管理办法（试行）》（京政发〔2008〕8号）和《北京市人民政府贯彻落实国务院关于坚决遏制部分城市房价过快上涨文件的通知》（京政发〔2010〕13号）的有关规定，结合工作实际，现就进一步规范我市廉租住房、经济适用住房和限价商品住房审核配租配售管理有关工作通知如下：

一、资格审核管理

（一）购买经济适用住房和限价商品住房的申请家庭成员包括申请人、配偶及未成年子女。其他申请条件不变。

申请廉租住房家庭成员，仍按照原政策规定执行。

（二）申请廉租住房、经济适用住房和限价商品住房家庭成员需提供社保、公积金、地税部门出具的申请前12个月缴纳情况证明。具体材料如下：

1. 社保部门出具的缴存人社会保险缴纳信息凭证，如：《社会保险个人缴费信息对帐单》或《参保职工四险缴费情况表》等。

2. 公积金管理部门出具的缴存人《住房公积金缴存个人信息》或"住房公积金对帐簿"打印的住房公积金缴存明细。

3. 个人所得税完税凭证，包括完税证、缴款书、代扣代收税款凭证或个人所得税完税证明。

申请家庭成员无法提供上述材料的，须出具未参加社会保险缴费、未缴存住房公积金或未缴纳个人所得税的书面承诺（附件1）。

住房保障管理部门在审核备案过程中发现申请家庭成员能够提供但未提供的，按照瞒报家庭申请情况处理。

（三）家庭成员在申请经济适用住房和限价商品住房前已经正式办理退（离）休手续，通过资格审核后，因职工退（离）休养老金统一上调而超出收入准入标准的，经街道（乡镇）、区（县）住房保障管理部门复核后，可继续保留申请轮候资格。

（四）申请家庭出售自有住房或将自有住房赠与他人后申请廉租住房、经济适用住房和限价商品住房时，申请家庭出售或赠与住房办理房屋转移登记手续年限须满三年，起始日期以《房屋所有权证》记载的登记日期（填发日期）或完税时间为准。

（五）家庭成员在拆迁补偿安置协议或定向安置协议中已明确作为安置对象予以安置的，安置住房面积核定为家庭住房面积。

（六）区（县）住房保障管理部门按照《关于对已通过廉租住房、经济适用住房和限价商品住房申请资格审核家庭进行定期复核等有关问题的通知》（京建住〔2009〕830号）对经济适用住房或限价商品住房轮候家庭进行复核时，家庭年收入、资产和住房面积超出保障性住房准入标准的，区（县）住房保障管理部门应作出取消该家庭保障资格的决定。

（七）区（县）住房保障管理部门向申请家庭发放《不予备案通知单》、《北京市保障性住房配租（购买）资格取消通知书》、《取消购房资格通知书》时，应加盖区（县）住房保障行政管理部门公章。

二、摇号配售管理

（一）对子女年满10岁的单亲2人户家庭，家庭无原住房的可配售两居室经济适用住房或限价商品住房。

（二）经济适用住房和限价商品住房申请家庭，在轮候期间申请家庭成员年龄超过60周岁的，应纳入优先配售范围。区（县）公布的房源预登记截止日期，为确定申请家庭成员年龄界定时点。

（三）申请家庭轮候期间申请家庭成员户籍在本市范围内迁移的，可向户籍迁出地街道（乡镇）住房保障管理部门书面提出保障资格跨区迁移申请，经街道（乡镇）、区（县）住房保障管理部门审核通过后，由户籍迁出区（县）住房保障部门在审核系统中办理跨区变更登记，并填写《跨区变更证明》（附件2），将申请家庭材料送到申请家庭迁入区（县）住房保障部门。迁入区（县）住房保障部门自收到《跨区变更证明》5个工作日内接收轮候家庭信息，将申请家庭材料转至户籍迁入街道（乡镇）住房保障管理部门，并向原户籍迁出区（县）住房保障管理部门反馈接收回执。家庭备案日期按照原初次备案日期为准，原登记编号不变。

轮候家庭办理保障资格跨区迁移后两年内不得再次办理保障资格跨区迁移手续。

（四）经济适用住房或限价商品住房申请家庭配售住房时，家庭中具有完全民事行为能力的共同申请成员可共同与房屋销售单位签订购房合同，办理房屋登记手续。

三、房屋退出管理

（一）购房人违反《北京市经济适用住房管理办法（试行）》（京政发

〔2007〕27号）或《北京市限价商品住房管理办法（试行）》（京政发〔2008〕8号）规定，申请时户籍所在地区（县）住房保障管理部门取消家庭购房资格后，责令其退回已购住房的，按照以下程序办理：

1. 区（县）住房保障管理部门作出责令退回已购经济适用住房或限价商品住房决定，书面通知购房人在规定期限内提交购房合同或房屋所有权证、身份证明等材料。

2. 已受理房屋登记申请但尚未将登记事项记载于房屋登记簿前，区（县）住房保障管理部门书面通知房屋销售单位与购房人解除购房合同，停止办理房屋登记等手续，并将书面决定抄送房屋登记部门停止办理后续手续。购房人与房屋销售单位到房屋管理部门办理退房手续后，房屋销售单位按照购房原价退回购房款，并退回购房人房屋分户账中结余的住宅专项维修资金。已入住家庭须结清水、电、气、热和物业管理等费用。

贷款购房家庭，房屋销售单位与购房人先办理银行贷款解除手续后再解除购房合同，并到房屋所在地区（县）房屋登记部门办理购房合同注销手续，已办理预购商品房抵押权预告登记的，应先办理抵押权注销登记。贷款银行已放款给房屋销售单位的，由房屋销售单位归还银行贷款本金，贷款利息和违约金由购房人负担。

3. 已将登记事项记载于房屋登记簿的，由北京市住房和城乡建设委员会作出撤销登记决定，收回房屋所有权证或公告房屋所有权证作废，房屋由区（县）住房保障管理部门或其指定机构组织回购，按购房原价退回购房款，并退回购房人房屋分户账中结余的住宅专项维修资金。已入住家庭须结清水、电、气、热和物业管理等费用。

贷款未还清的，由区（县）住房保障管理部门或其指定机构与购房人到贷款银行办理个人贷款合同终止手续，区（县）住房保障管理部门或其指定机构归还购房人银行贷款本金，贷款利息和违约金由购房人负担。已办理抵押权登记的，由抵押权人到区县房屋登记部门办理抵押权注销登记手续。

房屋登记部门凭责令退回决定及其他相关材料将房屋产权登记在区（县）住房保障管理部门或其指定机构名下。

4. 购房人拒不退回已购住房的，区（县）住房保障管理部门或房屋销售单位可以依法申请人民法院强制执行。

（二）购房人签订购买经济适用住房或限价商品住房合同后死亡，依下列情况办理：

1. 购房人签订购房合同后，办理房屋产权登记前死亡的，购房家庭中没有其他共同申请成员的，房屋销售单位应终止购房合同，并按照有关法律规定和合同约定结清相关款项；购房家庭中有其他共同申请成员的，由当事人与房屋销售单位按照法律规定和合同约定自行处理。

2. 购房人在办理房屋产权登记后死亡，购房家庭其他成员可依据继承法律规定办理相关房屋登记手续，产权性质不变。

（三）回购经济适用住房或限价商品住房，由区（县）住房保障管理部门重新配售，配售价格由住房保障管理部门结合回购成本确定。

四、本通知自 2010 年 10 月 8 日起施行。此前规定与本通知不一致的，以本通知为准。

附件：1. 承诺书
   2. 申请家庭跨区变更证明
   3. 申请承诺书

二〇一〇年九月十三日

附件 1：

承 诺 书

_____（街乡镇住房保障管理部门）：

_____（承诺人）已了解我市申请☐经济适用住房 ☐限价商品住房 ☐廉租住房 ☐公共租赁住房的相关政策，如实填写和申报有关材料，保证提供的所有材料真实有效。

本人郑重承诺，本人☐未缴纳过养老、医疗、失业等社会保险、☐未缴存过住房公积金、☐未缴纳过个人所得税。市、区（县）、街道（乡镇）住房保障管理部门在审核过程中发现本人有上述缴费情况的，本人同意按照有关管理规定取消申请资格，按照瞒报家庭申请情况处理。

本人愿意严格遵守以上承诺，并承担违反承诺的责任和后果。

承诺人签字：

年　月　日

附件 2：

申请家庭跨区变更证明

编号：_____

_____区（县）住房保障管理部门：

申请人：_____（身份证件编号：_____），

家庭申请成员：_____（身份证件编号：_____），

家庭申请成员：_____（身份证件编号：_____），

家庭申请成员：_____（身份证件编号：_____），

家庭在我区（县）已通过（□廉租住房　□公共租赁住房　□经济适用住房　□限价商品住房）资格审核，现家庭户籍迁移到_____区（县）_____街道（乡镇）。

登记编号_____，配租配售方案：_____。

请予办理转移接收手续。

迁出区（县）经办人：　　　　　　区（县）住房保障管理部门

　　　　　　　　　　　　　　　　____年___月___日

迁入区（县）经办人：　　　　　　区（县）住房保障管理部门

　　　　　　　　　　　　　　　　____年___月___日

注：证明一式三份，第一联户口迁出区（县）住保部门留存，第二联户口迁入区（县）住房保障管理部门，第三联返回户口迁出区（县）住保部门留存。

附件3：

申请承诺书

_____:

  申请家庭成员已知晓我市申请购买经济适用住房的政策，本人及全体共同申请人愿意遵守国家和我市经济适用住房管理相关规定，现申请购买经济适用住房，我们已如实填写和申报有关材料，保证提供的所有材料真实有效。若有弄虚作假、隐瞒家庭收入、住房和资产状况及伪造相关证明等情况，同意按照有关的管理规定取消申请资格，并接受行政乃至刑事的处罚。若已购买经济适用住房，同意退回已购住房，若构成犯罪，愿意接受刑事处罚。本人及全体共同申请人名下的房产、车辆等已进行如实申报，不存在权属纠纷。

  本人及全体共同申请人同意在申请或轮候期间家庭收入、住房和资产等发生变化的，在60日内向户口所在地街道（乡镇）住房保障部门如实申报，并积极配合街道（乡镇）、区（县）住房保障管理部门会同有关部门对申报情况进行核实。

  本人及全体共同申请人同意承诺若获得批准购买经济适用住房，将按规定退出原住房或不退出原住房降低一个标准购买经济适用住房。本人及全体共同申请人购买经济房后又购买商品房或通过其他途径解决住房的，同意将原购买的经济适用住房由住保部门回购。

  本人及全体共同申请人同意并授权，市、区（县）、街道（乡镇）住房保障管理部门在审查资格条件时，向有关单位（如劳动、工商、税务、公安、金融等）和个人收集、核对本人及家庭成员的信息资料；同意并授权拥有本人及家庭成员个人信息、资料的单位（部门）或个人，向有关审查管理部门提供本人及家庭成员的相关信息资料。

  本人及全体共同申请人愿意严格遵守以上承诺，并承担违反承诺的责任和后果。

  承诺人（申请人、共同申请家庭成员及监护人）：

①申请人签字：_____ 时间：____年___月___日

②共同申请成员签字：_____ 时间：____年___月___日

②共同申请成员签字：_____ 时间：____年___月___日

②共同申请成员签字：_____ 时间：____年___月___日

②共同申请成员签字：_____ 时间：____年___月___日

⑥监护人签字：_____ 时间：____年___月___日

附录 13

关于印发《北京市经济适用住房购买资格申请审核及配售管理办法》的通知

京建住〔2007〕1175号

各区（县）建委（房管局）、各有关单位：

为规范我市经济适用住房申请、审核及配售等管理工作，根据《中共北京市委、北京市人民政府关于贯彻落实〈国务院关于解决城市低收入家庭住房困难的若干意见〉的实施意见》（京发〔2007〕22号）和《北京市人民政府关于印发〈北京市经济适用住房管理办法（试行）〉的通知》（京政发〔2007〕27号），北京市建设委员会制定了《北京市经济适用住房购买资格申请、审核及配售管理办法》，现印发给你们，请结合实际，依照执行。

二〇〇七年十一月十三日

北京市经济适用住房购买资格申请、审核及配售管理办法

第一章 总 则

第一条 为规范本市经济适用住房购买资格审核和配售管理工作，根据《中共北京市委、北京市人民政府关于贯彻落实〈国务院关于解决城市低收入家庭住房困难的若干意见〉的实施意见》（京发〔2007〕22号）和《北京市人民政府关于印发北京市经济适用住房管理办法（试行）的通知》（京政发〔2007〕27号），制定本办法。

第二条 北京市低收入住房困难家庭购买经济适用住房的申请、审核及房屋配售等适用本办法。

第三条 市住房保障管理部门负责本市经济适用住房管理的指导、监督、检查以及申请家庭的备案工作。区（县）、街道办事处（乡镇人民政府）住房保障管理部门按照各自职责负责受理本地区居民家庭经济适用住房购买资格的申请、审核及配售管理等工作。

第二章 申请条件

第四条 申请购买经济适用住房应当以家庭为单位，并同时具备下列

条件：

（一）申请人须取得本市城镇户籍时间满 3 年，年满 18 周岁，且具有完全民事行为能力。单身家庭申请经济适用住房的，申请人须年满 30 周岁。

（二）申请家庭人均住房面积、家庭收入、家庭总资产净值符合规定的标准。具体标准按照我市每年向社会公布的标准执行。

第五条 符合本办法第四条规定条件的老人、严重残疾人员（以下简称重残人员）、患有大病人员、经济适用住房建设用地涉及的被拆迁家庭、重点工程建设涉及的被拆迁家庭、旧城改造和风貌保护涉及的外迁家庭、优抚对象和承租危房等住房困难的家庭，可优先配售。其中：

老人家庭是指申请家庭成员中至少有 1 人年满 60 周岁以上（含 60 周岁）；

重残人员是指申请家庭成员中有经残联鉴定为重度残疾的人员。

患有大病人员家庭是指申请家庭成员中患有以下病症或做过以下手术：具体指慢性肾衰竭（尿毒症）、恶性肿瘤、再生障碍性贫血、慢性重型肝炎、心脏瓣膜置换手术、冠性动脉旁路手术、颅内肿瘤开颅摘除手术、重大器官移植手术、主动脉手术等。家庭成员是否患有上述病种，需要出示医疗机构的证明。

承租危房的家庭是指申请家庭承租的住房经有资质的房屋安全鉴定机构鉴定为危险房屋。

第六条 申请家庭成员之间应具有法定的赡养、扶养或者抚养关系，可包括：

（一）配偶；

（二）父母；

（三）未成年子女；

（四）已成年但因残疾或重大疾病不能独立生活的子女；

（五）父母双亡且由祖父母或者外祖父母作为监护人的未成年或者已成年但不能独立生活的孙子女和外孙子女；

（六）根据本条原则和有关程序认定的其他人员。

重残家庭 1 人户按 2 人计算。

第七条 家庭住房是指全部家庭成员名下承租的公有住房和拥有的私有住房。住房面积按照使用面积计算，承租公有住房的，使用面积按《公有住房租赁合同》上标明的计租面积为准；居住私产住房的，使用面积以《房屋所有权证》上标明的建筑面积除以 1.333 计算。申请家庭现有 2 处或 2 处以上住房的，住房面积应合并计算。下列房屋面积纳入申请家庭住房面积核定范围：

（一）全部家庭成员自有私房（含已购公有住房）；
（二）全部家庭成员按照本市规定租金标准承租住房；
（三）全部家庭成员拆迁已明确的安置住房；
（四）全部家庭成员在集体土地上自有的正式住房。

家庭人均住房面积计算公式：申请人户口所在地现居住住房面积÷其所在住房同一《租赁合同》或《房屋所有权证》下的长期共居户籍人口（共居人口在它处有住房除外）＋申请家庭成员它处住房面积÷申请家庭人口。

申请家庭有原住房的，将原住房腾退给区（县）住房保障管理部门后，可按无房户配售经济适用住房；申请家庭住用其父母、子女自有或承租的住房，家庭人均住房使用面积符合经济适用住房申请标准的，可按无房户配售经济适用住房。

第八条 家庭收入是指全部家庭成员申请当月前12个月的全部家庭收入总和，包括工资、奖金、津贴、补贴、各类保险金及其他劳动收入、储蓄存款利息等。

第九条 家庭总资产净值是指全部家庭成员名下的房产、汽车的净值及现金、有价证券、投资（含股份）、存款、借出款等。

第三章 审核程序

第十条 符合本办法规定条件的家庭，应向户口所在地的街道（乡镇）领取《北京市城市居民购买经济适用住房申请核定表》（以下简称《核定表》，《核定表》按统一格式印制，见样表）一式三份，按要求填写相关内容。

申请家庭成员所在单位要为各家庭成员出具住房及收入情况证明（离退休人员凭退休金领取证计算收入，失业人员凭失业保险金领取证计算收入），并在《核定表》的相应栏目中签署意见、盖章。

家庭成员无工作单位的，由户口所在街道（乡镇）通过入户调查、邻里访问及信函索证等方法，对其住房、收入进行核定，并签署意见、盖章。

第十一条 申请家庭推举一名具有完全民事行为能力的家庭成员作为申请人，向户口所在地街道办事处或乡镇人民政府提出申请，并提交以下申请材料及复印件，所需复印件一式三份：

（一）申请人及家庭成员的身份证、户口簿；
（二）已婚家庭成员的婚姻证明，离异的提供离婚证、离婚协议书或法院判决书；
（三）居住地住房情况证明（《房屋租赁合同》、《房屋所有权证》或房屋产权单位的证明）；
（四）按要求填写并经有关部门认定的《核定表》（须提供原件）；

（五）优抚家庭须提供民政部门核发的优抚证明；

（六）重残家庭须提供残联出具的重残证明；

（七）有患大病成员家庭须提供医疗卫生部门出具的大病诊断书；

（八）个体工商户需提交《营业执照》和上年度缴税凭证；

（九）由房屋安全鉴定机构出具的危险房屋鉴定书；

（十）原住房被拆迁家庭须提供房屋拆迁补偿协议；

（十一）需要提供的其他证明材料。

第十二条 申请家庭须做出声明，同意市区（县）住房保障管理部门向其他有关政府部门（如工商、税务、交通等）、公/私营机构（如银行、证券交易所、车辆管理所等）或其工作单位调查其家庭收入、住房、资产等情况，并索取相关证明。

第十三条 街道（乡镇）住房保障管理部门收到申请家庭交报的材料后，应当及时做出是否受理的决定，并向申请人出具书面凭证。申请材料不齐全或者不符合法定形式的，应当在 5 日内书面告知申请人需要补正的全部内容，受理时间从申请人补齐材料的次日起计算；逾期不告知的，自收到材料之日起即为受理。

第十四条 受理申请后，由街道（乡镇）住房保障管理部门对申请家庭收入、资产、人口和住房状况进行初审。初审工作按照以下程序进行：

（一）审核材料

街道（乡镇）住房保障管理部门根据申请家庭交报的材料完成对家庭人口、住房面积、家庭收入、家庭资产等情况的审核，核查原件，留存复印件。

（二）入户调查

街道（乡镇）住房保障管理部门与其他相关部门组成入户调查小组，对申请家庭的住房面积、实际居住人口、家庭资产情况进行实地调查，入户调查人员不得少于 2 人，由入户人员填写调查情况。

（三）组织评议

街道（乡镇）住房保障管理部门组织相关单位对申请家庭的收入、住房及资产情况进行评议，由经办人记录评议情况。

（四）公示

街道（乡镇）住房保障管理部门在正式受理申请家庭材料后 20 个工作日内，完成材料审核、入户调查和组织评议工作。经审核符合申请条件的，街道（乡镇）住房保障管理部门应在申请人户口所在地、居住地或工作单位对申请家庭的人口、住房、收入、资产等情况进行公示，期限为 15 日。

第十五条 经公示无异议的，或者异议不成立的，街道（乡镇）住房保障管理部门在《核定表》中签署初审意见、提出初步配售意见，将申请家庭的资料录入申请审核管理系统,并在 2 个工作日内将申请资料上报区(县)住房保障管理部门。

经公示提出异议的,由街道(乡镇)住房保障管理部门会同有关单位在 10 日内完成复查。并对不符合申请条件的家庭书面告知原因;经复查符合申请条件的,按前款规定办理。

第十六条　区(县)住房保障管理部门自收到申请材料之日起 10 个工作日内完成对申请资料的复审,符合条件的,确定配售方案。在区(县)政府网站和指定范围内对申请家庭人口、工作单位、住房、收入、家庭资产情况及配售方案等进行公示,期限为 15 日。

复审及公示无异议的,由区(县)住房保障管理部门对申请家庭的资格进行认定,并在申请家庭《核定表》上签署意见、盖章后,在 2 个工作日内上报市住房保障管理部门备案。

复审及公示有异议的,由街道(乡镇)住房保障管理部门会同有关单位在 10 日内进行复查,并对不符合申请条件的家庭书面告知原因;符合条件的,按前款规定办理。

第十七条　市住房保障管理部门自接到区(县)复审备案材料后,在 2 个工作日内向区(县)住房保障管理部门下发备案通知。由街道(乡镇)住房保障管理部门向符合条件的家庭发放《北京市城市居民购买经济适用住房申请备案通知单》。

市、区(县)、街道(乡镇)住房保障管理部门在审核过程中,因申请家庭提供的要件不全需补交材料的,所需时间不计入审核时限。

第四章　轮候配售

第十八条　经审核通过并备案的申请家庭进入轮候期,由区(县)住房保障管理部门统一组织摇号配售。

第十九条　由区(县)住房保障管理部门公布房源信息,内容包括房源位置、套数、工期、户型面积、销售价格、供应对象范围、认购登记时限、登记地点等内容。

第二十条　有购房意向且已通过资格审核的申请人应在规定的时限内到指定地点登记。登记情况由区(县)住房保障管理部门在相关媒体公布。

第二十一条　区(县)住房保障管理部门根据申请家庭困难程度对登记居民排序,按照一定比例选出入围家庭公开摇号。入围家庭名单通过媒体公布。

第二十二条　区(县)住房保障管理部门组织公开摇号,确定选房顺序。摇号排序过程邀请人大代表、政协委员、政风行风监督员以及新闻媒体监督。摇号排序过程应当由公证部门全程监督并出具公证证明,摇号排序结果通过相关媒体公布。

第二十三条 摇号结果公布后,摇中的申请人须在规定期限内持身份证明到街道(乡镇)住房保障管理部门领取选房排序单。

第二十四条 申请家庭需在规定期限内持户口本、身份证明及选房排序单到指定地点按顺序选房,并与开发建设单位签订经济适用住房购买合同。

第二十五条 申请人未在规定时间内选房或签订购房合同,视同放弃购房资格,但可重新参加摇号排序。同一申请家庭只能放弃两次购房机会,之后须重新提出申请。

第二十六条 经济适用住房配售面积标准为人均使用面积15平方米。申请家庭将原住房腾退给区(县)住房保障部门的,按全额配售面积标准配售;不腾退原房的,按差额面积配售。

申请家庭原住房腾退及补偿的具体办法,由区(县)政府根据本区(县)实际情况制定。

对无房家庭原则上二人及二人以下户配售一套一居室,三人户最大配售一套两居室,四人及四人以上户最大配售一套三居室,超出配售标准的面积需在产权证上注记。腾退原房的,按无房户标准配售。重残家庭、重大疾病人员家庭人口不足2人的,配售面积按2人计算。

第五章 监督管理

第二十七条 通过购买经济适用住房资格审核的城市低收入家庭每年应按期向街道(乡镇)住房保障管理部门如实申报家庭收入、人口、住房、资产等变动情况。

区(县)、街道(乡镇)住房保障管理部门应当定期会同民政等相关部门对通过购买经济适用住房资格审核家庭的人口、收入、住房、资产等变动状况进行复核,并根据复核结果对通过购买经济适用住房资格审核家庭的资格及时调整并书面告知当事人。

第二十八条 在轮候期间的申请家庭有下列情况之一的,由区(县)住房保障管理部门做出取消其家庭保障资格的决定:

(一)未如实申报家庭收入、家庭人口、住房、资产等状况的;

(二)家庭人均收入、资产连续12个月以上超出规定的低收入家庭收入标准的;

(三)因家庭人数减少或住房面积增加,人均住房面积超出规定的住房保障标准的;

第二十九条 区(县)住房保障管理部门做出取消经济适用住房购买资格的决定后,应发放《北京市经济适用住房购买资格取消通知书》,并说明理由。

第三十条 各级住房保障管理部门工作人员应严格执行经济适用住房的申请、审核、公示、摇号、配售、退出等程序，认真履行相关职责。违反本规定的，按《北京市经济适用住房管理办法》第二十七条规定执行。

第六章 附 则

第三十一条 各区（县）可根据本办法，结合实际情况，制定具体实施办法。

第三十二条 本办法自发布之日起施行。

附录 14

关于印发《北京市经济适用住房、限价商品住房申请家庭原住房腾退办法》的通知

京住保〔2010〕30 号

各区、县政府：

为做好本市经济适用住房、限价商品住房申请家庭原住房腾退工作，根据《北京市人民政府关于印发北京市经济适用住房管理办法（试行）的通知》（京政发〔2007〕27 号）和《北京市人民政府关于印发北京市限价商品住房管理办法（试行）的通知》（京政发〔2008〕8 号）文件规定，北京市住房保障领导小组办公室制订了《北京市经济适用住房、限价商品住房申请家庭原住房腾退办法》，并已经市政府批准，现印发给你们，请结合实际，依照执行。

二〇一〇年九月二十八日

北京市经济适用住房、限价商品住房申请家庭原住房腾退办法

第一条 为做好本市经济适用住房、限价商品住房申请家庭原住房腾退工作，根据《北京市人民政府关于印发北京市经济适用住房管理办法（试行）的通知》（京政发〔2007〕27 号）和《北京市人民政府关于印发北京市限价商品住房管理办法（试行）的通知》（京政发〔2008〕8 号）文件规定，结合本市实际，制定本办法。

第二条 本市经济适用住房、限价商品住房申请家庭的原住房腾退工作按本办法执行。

第三条 本办法所称申请家庭原住房是指经济适用住房、限价商品住房申请家庭的申请人和申请家庭成员在本市所承租的公房和拥有的私有住房。

第四条 申请家庭原住房腾退工作坚持以下原则：

（一）申请家庭原住房位于首都功能核心区的，必须腾退。首都功能核心区是指东城区、西城区。

（二）申请家庭原住房位于首都功能核心区之外的区县，但已列入本市棚户区改造范围或地铁工程、市政道路工程、城中村整治、保障性住房建设等公益性项目（以下统称公益性项目）拆迁范围的，必须腾退。

（三）除上述两类情况，申请家庭可自愿选择原住房腾退或不腾退。愿意腾退原住房的，按标准配售；不腾退的，降档配售。

第五条　申请家庭原住房为承租公房（包括直管、自管）的，承租人应将原住房腾退给产权单位。申请家庭承租的公有住房为申请家庭成员与其他承租人2人以上共同租赁的，原住房可由其他共同承租人继续承租。

产权单位已不存在或不收回房屋或没有其他承租人的，承租人应当将原住房腾退给户口所在地区县住房保障部门或其委托的单位，由区（县）住房保障管理部门或其委托单位与公房产权单位办理承租人变更手续。区县住房保障管理部门可按照腾退住房面积给予腾退家庭一次性的腾房经济补助，经济补助标准由各区县政府按照本区（县）实际情况制定。

申请家庭原住房为承租的军产房的，可参照上述原则办理。

第六条　申请家庭原住房为私有住房需要腾退的，应当将产权过户给区县住房保障管理部门或其委托的单位。申请家庭应当承诺原住房不涉及抵押、查封等限制权利情形，涉及产权纠纷的，不予腾退。

各区县可根据实际情况，对申请家庭原住房腾退给予适当货币补偿。具体标准可由各区县参照《关于进一步做好本市房屋拆迁安置和补偿工作的若干意见》（京建拆〔2009〕431号文）精神，综合考虑腾退房屋的区位、用途以及申请家庭人口、原房屋建筑面积、本区县拟公开摇号配售的经济适用住房、限价商品住房区位、价格等因素综合确定。

第七条　申请家庭获得的原住房腾房经济补助或货币补偿与该家庭其他资产总和不能超过该家庭所申请的政策性住房申请条件中规定的家庭总资产标准。

第八条　申请家庭原住房腾房经济补助或货币补偿所需资金由各区县财政安排。各区县住房保障管理部门也可委托市或本区县公租房管理中心收购申请家庭腾退的原住房。腾退住房作为廉租住房使用的，所需收购资金在廉租住房保障资金中列支，由市、区县政府按规定比例分担。

第九条　申请家庭原住房腾退程序：

（一）需腾退原住房的家庭在申请经济适用住房、限价商品住房时，原住房应腾退给产权单位的，需提供与原住房产权单位签订的腾退原住房协议；原住房需腾退给区县住房保障管理部门的，申请家庭需书面承诺将原住房腾退给区县住房保障管理部门或区县住房保障管理部门委托的单位。

（二）腾退家庭在参加经济适用住房或限价商品住房公开摇号，选定的政策性住房签订购房合同以前，应与区县住房保障管理部门或其委托的单位签订腾退原住房协议，并办理原住房承租人变更或房屋转移登记，承租人变更或房屋转移登记手续办结后方可签约购买经济适用住房或限价商品住房，申请家庭原住房所在区县房管部门应协助办理有关手续。需要经济补偿的，区县住房保障管理部门或其委托的单位应及时向申请家庭支付腾房经济补助或货币补偿金。

（三）腾退家庭应在所购买的经济适用住房或限价商品住房交房入住半年内腾空原住房，并交给原住房产权单位或区县住房保障管理部门或其委托的单位。

第十条 申请家庭在签订购房合同前，未在规定时间内与区县住房保障管理部门或其委托的单位签订腾退原住房协议，或未在规定时间内办理承租人变更或房屋转移登记手续的，视为放弃本次购房资格。

第十一条 申请家庭已签订腾退原住房协议并办理承租人变更或房屋转移登记手续，但未在规定时间内腾空原住房的，区县住房保障管理部门或其委托单位可向原房所在地人民法院提起诉讼。

第十二条 各区县住房保障管理部门可依据本办法精神，结合实际情况，制定本区县申请经济适用住房、限价商品住房原住房腾退办法，报市住房保障工作领导小组办公室备案后实施。

第十三条 本办法自发布之日起施行。

二〇一〇年九月二十八日

附录 15

关于规范已购限价商品住房和经济适用住房等保障性住房管理工作的通知

京建法〔2013〕10号

各区县住房城乡建设委（房管局），东城、西城区住房城市建设委，各有关单位：

为加强限价商品住房和经济适用住房等保障性住房管理，促进保障性住房公平分配，结合工作实际，现就进一步规范保障性住房配租配售后的管理有关问题通知如下：

一、本通知所述的限价商品住房和经济适用住房等保障性住房，是指按照《国务院关于解决城市低收入家庭住房困难的若干意见》（国发〔2007〕24号）要求建设收购，并面向符合条件的家庭公开配租配售的各类保障性住房。

二、自本通知实施之日起，申请家庭购买限价商品住房和经济适用住房时，申请人夫妻双方应共同与房屋销售单位签订买卖合同，办理共同共有房屋登记手续。夫妻双方对房屋产权份额有约定的，可持相关约定办理按份共有房屋登记手续。

三、各保障性住房开发企业或产权单位应在限价商品住房、经济适用住房、公共租赁住房和廉租住房家庭办理入住手续前30日，将拟入住家庭情况书面告知区县住房保障管理部门。各开发企业或产权单位应在家庭办理入住手续后10日内，将办理入住家庭信息以书面形式告知区县住房保障管理部门。

区县住房保障管理部门应在经济适用住房、公共租赁住房和廉租住房家庭入住前核查家庭结构等变化情况，并通过房屋交易权属系统核对全部申请家庭成员住房情况。家庭通过购置、继承、受赠等方式取得其他住房，不再符合相应的住房保障申请条件的，区县住房保障管理部门应立即责成相关单位停止为该家庭办理保障性住房入住手续，将《停止办理保障性住房入住手续通知书》送达有关单位，并按照相关规定作出取消该家庭保障资格的决定。

四、个人通过购置、继承、受赠等方式取得其他住房的，在购买住房和申请房屋登记时，市住房城乡建设委将在住房保障信息系统中核对其申请保障性住房的信息。经核对，属于保障性住房申请过程中的家庭、已通过保障性住房资格审核但尚未配租配售的轮候家庭，以及已购买经济适用住房、承租公共租赁住房或廉租住房的，其购房和登记情况将通过住房保障信息系统反馈给市、区县住房保障管理部门，区县住房保障管理部门对其保障资格进行复核。

经复核，上述家庭不再符合相应的住房保障条件的，区县住房保障管理部门将作出停止申请受理、取消相应申请资格、责令退回已购已租相应保障性住房或停止发放租金补贴的决定，并组织家庭退出相应保障性住房。

五、限价商品住房和经济适用住房的保障家庭利用保障房抵押借款，用途仅限于支付本套住房购房款，未经区县住房保障管理部门同意，不得将所购房屋作为其他债务担保。

六、已购限价商品住房和经济适用住房在房屋产权性质未转为商品房前，购房家庭不得将所购保障房作价出资或者通过买卖、赠与等方式将房屋所有权全部或部分转移给他人。

七、已购限价商品住房和经济适用住房的抵押权人因购房家庭无力偿还购房贷款等原因需要处置抵押物，依下列情况办理：

（一）按相关规定，已购房屋取得契税完税凭证或房屋所有权证未满五年的，不得按市场价格上市出售。该房屋应由购房家庭原申请户籍所在区县住房保障管理部门安排其他符合条件的轮候家庭按原购房价格购买或按原购房价格回购，所得款项优先偿还抵押权人。房屋产权性质不变。

（二）按相关规定，已购房屋取得契税完税凭证或房屋所有权证满五年的，可由抵押权人依法实现其抵押权。同等价格条件下，区县住房保障管理部门可优先回购。拍卖或出售所得价款按规定扣除需向政府补交的土地收益等价款后，剩余部分优先偿还抵押权人。房屋产权性质转为商品房。

八、按照《关于已购经济适用住房上市出售有关问题的通知》（京建住〔2008〕225号）规定，已购经济适用住房取得契税完税凭证或房屋所有权证满五年可按市场价格上市出售，产权人户籍所在区县住房保障管理部门应出具《已购经济适用住房上市出售意见》（附件2），明确是否行使优先购买权等情况。

产权人现户籍因各种原因已不在本市的，由房屋所在地区县住房保障管理部门出具《已购经济适用住房上市出售意见》，并明确是否行使优先购买权等情况。

九、本通知实施前，限价商品住房和经济适用住房购房人已取得房屋所有权证，登记为夫妻一方单独所有的，夫妻双方可持身份证明、婚姻关系证明、房屋所有权证、夫妻双方关于房屋产权共有情况的约定等材料，到房屋登记部门依法办理共有房屋登记手续。房屋产权性质不变。

十、本通知自2013年5月10日起实施。此前规定与本通知不一致的，以本通知为准。

北京市住房和城乡建设委员会
2013年5月2日

附录 16

关于已购经济适用住房上市出售有关问题的补充通知

京建发〔2010〕237号

各区县建委、房管局、开发区国土房管局：

现将我市已购经济适用住房上市出售的有关问题补充通知如下：

一、根据《关于已购经济适用住房上市出售有关问题的通知》（京建住〔2008〕225号）的规定，2008年4月11日起签订购房合同的已购经济适用住房家庭取得契税完税凭证或房屋所有权证满5年后，可以按市场价出售所购住房。产权人应按原购房价格和出售价格价差的70%补交土地收益等价款。购房人按市场价购买已购经济适用住房后取得商品房产权。

2008年4月11日（含）前签订购房合同的已购经济适用住房家庭和《关于已购经济适用住房上市出售具体问题的通知》（京建住〔2009〕255号）中第一条所列家庭取得契税完税凭证或房屋所有权证满5年后，可以上市出售，产权人应按出售价格的10%补交土地收益等价款。购房人按市场价购买已购经济适用住房后取得商品房产权。

二、《房屋登记工作规范（试行）》第3.1.3.9条：已购经济适用住房家庭取得契税完税凭证或房屋所有权证满5年后，产权人可以补交土地收益后改为商品房的规定，只适用于《关于已购经济适用住房上市出售有关问题的通知》（京建住〔2008〕225号）第二条第四款规定的2008年4月11日以后签订购房合同的已购经济适用住房家庭。即2008年4月11日以后签订购房合同的已购经济适用住房家庭取得契税完税凭证或房屋所有权证满5年后，产权人可以按原购房价格和同地段房屋状况基本相似的普通商品住房价差的70%补交土地收益后取得商品房产权。

三、新购买已购经济适用住房的购房人家庭，执行《北京市人民政府贯彻落实国务院关于坚决遏制部分城市房价过快上涨文件的通知》（京政发〔2010〕13号）、《关于落实同一购房家庭只能在本市新购买一套商品住房有关政策的通知》（京建发〔2010〕223号）的相关规定。

二〇一〇年五月五日

附录17

关于印发北京市限价商品住房申购家庭收入、住房和资产准入标准及已购限价商品住房上市交易补交比例的通知

京建住〔2008〕226号

各有关单位：

根据《北京市人民政府关于印发〈北京市限价商品住房管理办法（试行）〉的通知》（京政发〔2008〕8号）的有关规定，经市政府批准，现就本市申请购买限价商品住房的家庭准入标准及已购限价商品住房上市交易补交比例通知如下：

一、本市城八区申请购买限价商品住房家庭年收入、住房及总资产净值须符合以下标准：

家庭人口	家庭年收入	人均住房使用面积	家庭总资产净值
3人及以下	8.8万元及以下	15m^2及以下	57万元及以下
4人及以上	11.6万元及以下	15m^2及以下	76万元及以下

二、购买限价商品住房的准入标准实行动态管理，根据居民收入、住房及房价等情况对准入标准进行调整并公布。各远郊区县可参照本通知，结合各区县实际情况制定相应的准入标准。

三、已购限价商品住房家庭取得契税完税凭证或房屋所有权证满五年后，可以按市场价出售所购住房，应按照市有关部门公布的届时同地段普通商品住房价格和限价商品住房价格之差的一定比例交纳土地收益等价款，交纳比例为35%。

特此通知。

北京市建设委员会　北京市发展改革委员会　北京市规划委员会
北京市国土资源局　北京市财政局　北京市民政局
北京市统计局　国家统计局　北京调查总队
二〇〇八年四月八日

附录 18

关于印发《北京市限价商品住房购买资格申请审核及配售管理办法》的通知

京建住〔2008〕223号

各区（县）建委（房管局），各有关单位：

为规范我市限价商品住房购买资格申请、审核及配售等管理工作，根据《北京市人民政府关于印发北京市限价商品住房管理办法（试行）的通知》（京政发〔2008〕8号），北京市建设委员会制定了《北京市限价商品住房购买资格申请、审核及配售管理办法》，现印发给你们，请结合实际，认真贯彻执行。

北京市建设委员会
二〇〇八年四月九日

北京市限价商品住房　购买资格申请、审核及配售管理办法

第一章　总　则

第一条　为规范本市限价商品住房购买资格审核和配售管理工作，根据《北京市人民政府关于印发北京市限价商品住房管理办法（试行）的通知》（京政发〔2008〕8号），制定本办法。

第二条　北京市中等收入以下住房困难家庭购买限价商品住房的申请、审核及房屋配售等适用本办法。

第三条　区（县）、街道办事处或乡镇人民政府住房保障管理部门按照各自职责负责受理本地区居民家庭限价商品住房购买资格的申请、审核及配售管理等工作。市住房保障管理部门对区（县）的工作情况进行指导、监督、检查，负责申请家庭的备案工作。

第二章　申请条件

第四条　申请人购买限价商品住房应当以家庭为单位提出申请，并同时具备下列条件：

（一）申请人须有本市户籍，年满18周岁，且具有完全民事行为能力。

其中申请人为农业户口的，应是征地拆迁所涉及的家庭；单身家庭申请限价商品住房的，申请人须年满 30 周岁。

（二）申请家庭人均住房面积、家庭收入、家庭总资产净值符合规定的标准。具体标准按照我市每年向社会公布的标准执行。

第五条 符合规定条件的老人、重度残疾人员（以下简称重残人员）、成员中患有大病或做过大手术的家庭、优抚对象及军队转业干部家庭以及解危排险、旧城改造和风貌保护、环境整治、保障性住房项目和市重点工程等公益性项目所涉及的被拆迁或腾退家庭，已按京建住〔2007〕1129 号、1175 号文件公布的新标准通过经济适用住房购买资格审核并自愿放弃购买经济适用住房的家庭，可优先配售。其中：

老人家庭是指申请家庭成员中至少有 1 人年满 60 周岁以上（含 60 周岁）；

重残人员是指申请家庭成员中有经残联认定为重度残疾的人员。

患有大病或做过大手术人员家庭是指申请家庭成员中患有以下病症或做过以下手术：具体指慢性肾衰竭（尿毒症）、恶性肿瘤、再生障碍性贫血、慢性重型肝炎、心脏瓣膜置换手术、冠性动脉旁路手术、颅内肿瘤开颅摘除手术、重大器官移植手术、主动脉手术等。家庭成员是否患有上述病种或做过手术，需要出示医疗机构的诊断或治疗证明。

第六条 申请家庭成员之间应具有法定的赡养、扶养或者抚养关系。

第七条 申请家庭住房是指全部申请家庭成员名下承租的公有住房和拥有的私有住房。住房面积按照使用面积计算，具体面积由具备测绘资质的机构出具的面积为准，或以建筑面积除以相应的系数。采用建筑面积除以相应系数的方式，属承租公有住房的，使用面积按《公有住房租赁合同》上标明的计租面积为准；居住私产住房的，使用面积以《房屋所有权证》上标明的建筑面积除以 1.333 计算。申请家庭现有 2 处或 2 处以上住房的，住房面积应合并计算。下列房屋面积纳入申请家庭住房面积核定范围：

（一）申请家庭成员自有私房（含已购公有住房）；

（二）申请家庭成员按照本市规定租金标准承租住房；

（三）申请家庭成员拆迁已明确安置住房；

（四）申请家庭成员在集体土地上自有的正式住房；

家庭人均住房面积按申请家庭上述住房面积之和除以申请家庭人口计算。

第八条 申请家庭年收入是指全部家庭成员申请当月前 12 个月的收入总和，包括工资、奖金、津贴、补贴等劳动收入和储蓄存款利息等财产性收入。

第九条 申请家庭总资产净值是指全部家庭成员名下的房产、汽车的净值及现金、有价证券、投资（含股份）、存款、借出款等之和。

第三章 审核程序

第十条 符合限价商品住房申请条件的家庭,应向户口所在地的街道办事处或乡镇人民政府提出申请,领取《北京市居民购买限价商品住房申请核定表》(以下简称《核定表》,见附件1)一式三份,按要求填写相关内容。《核定表》由各区(县)住房保障管理部门按统一格式印制。

申请家庭成员所在单位应为各家庭成员出具住房及收入情况证明,并在《核定表》的相应栏目中签署意见,加盖公章。离退休人员按实际领取的退休金额计算收入,失业人员按实际发放的失业保险金领计算收入。

家庭成员无工作单位的,由户口所在街道办事处或乡镇人民政府通过入户调查、邻里访问及信函索证等方法,对其住房、收入进行核定,并签署意见,加盖公章。

第十一条 申请家庭推举一名具有完全民事行为能力的家庭成员作为申请人,向户口所在地街道办事处或乡镇人民政府提出申请,并提交以下申请材料及复印件,所需复印件一式三份:

(一)申请人及家庭成员的身份证、户口簿;

(二)已婚家庭成员的婚姻证明,离异的提供离婚证、离婚协议书或法院判决书、民事调解书;

(三)居住地住房情况证明(《房屋租赁合同》、《房屋所有权证》或房屋产权单位的证明);

(四)按要求填写并经有关部门认定的《核定表》(须提供原件);

(五)优抚家庭须提供民政部门核发的优抚证明;

(六)重残家庭须提供残联出具的重残证明;

(七)复员转业军人须提交相关主管部门出具的身份证明;

(八)有患大病成员家庭须提供医疗卫生部门出具的大病诊断书;

(九)个体工商户需提交《营业执照》和上年度缴税凭证;

(十)由房屋安全鉴定机构出具的危险房屋鉴定书;

(十一)原住房被拆迁家庭须提供房屋拆迁补偿协议;

(十二)需要提供的其他证明材料。

(十三)已按京建住〔2007〕1129号及1175号文件公布的新标准和"三级审核、两级公示"的审核程序通过经济适用住房购买资格的家庭不再提供上述材料,只需提供拥有的经济适用住房购买资格证明。

第十二条 申请家庭须做出声明,同意市区(县)住房保障管理部门向工商、税务、交通、金融等单位调查其家庭收入、住房、资产等情况,并索取相关证明。

第十三条 街道或乡镇人民政府住房保障管理部门收到申请家庭交报的材料后，应当及时做出是否受理的决定，并向申请人出具书面凭证。申请材料不齐全或者不符合法定形式的，应当及时地一次性书面告知申请人需要补正的全部内容，受理时间从申请人补齐材料的次日起计算；逾期不告知的，自收到材料之日起即为受理。

第十四条 受理申请后，由街道办事处或乡镇人民政府住房保障管理部门对申请家庭收入、资产、人口和住房状况进行初审。初审工作按照以下程序进行：

（一）审核材料

街道办事处或乡镇人民政府住房保障管理部门根据申请家庭交报的材料完成对家庭人口、住房面积、家庭收入、家庭资产等情况的审核，核查原件，留存复印件。

（二）入户调查

街道办事处或乡镇人民政府住房保障管理部门与其他相关部门组成入户调查小组，对申请家庭的住房面积、实际居住人口、家庭资产情况进行实地调查，入户调查人员不得少于2人，由入户人员填写调查情况。人户分离家庭的入户调查工作由户口所在地住房保障部门负责。

（三）组织评议

街道办事处或乡镇人民政府住房保障管理部门组织相关单位对申请家庭的收入、住房及资产情况进行评议，由经办人记录评议情况。

（四）公示

街道办事处或乡镇人民政府住房保障管理部门在正式受理申请家庭材料后20个工作日内，完成材料审核、入户调查和组织评议工作。经审核符合申请条件的，街道办事处或乡镇人民政府住房保障管理部门应在申请人户口所在地、居住地或工作单位对申请家庭的人口、住房、收入、资产等情况进行公示，期限为15日。

第十五条 经公示无异议的，或者异议不成立的，街道办事处或乡镇人民政府住房保障管理部门在《核定表》中签署初审意见、提出初步配售意见，将申请家庭的资料录入申请审核管理系统，并在2个工作日内将申请资料上报区（县）住房保障管理部门。

经公示提出异议的，由街道办事处或乡镇人民政府住房保障管理部门会同有关单位在10日内完成复查。并对不符合申请条件的家庭书面告知原因；经复查符合申请条件的，按前款规定办理。

第十六条 区（县）住房保障管理部门自收到申请材料之日起10个工作日内完成对申请资料的复审，符合条件的，在区（县）政府网站或相关媒体对申请家庭人口、工作单位、住房、收入、家庭资产情况及配售方案等进行公示，期限为15日。

复审及公示无异议的，由区（县）住房保障管理部门对申请家庭的资格进行认定，并在申请家庭《核定表》上签署意见、盖章后，在2个工作日内上报市住房保障管理部门备案。

复审及公示有异议的，由街道办事处或乡镇人民政府住房保障管理部门会同有关单位在10日内进行复查，并对不符合申请条件的家庭书面告知原因；符合条件的，按前款规定办理。

第十七条　市住房保障管理部门自接到区（县）复审备案材料后，在5个工作日内向区（县）住房保障管理部门下发备案通知。由街道办事处或乡镇人民政府住房保障管理部门向符合条件的家庭发放《北京市城市居民购买限价商品住房申请备案通知单》，纳入购买限价商品住房轮候册。

市、区（县）、街道办事处或乡镇人民政府住房保障管理部门在审核、备案过程中，因申请家庭提供的要件不全需补交材料的，所需时间不计入审核时限。

第四章　轮候配售

第十八条　经审核通过并备案的申请家庭进入轮候期，由区（县）住房保障管理部门统一组织摇号配售。程序如下：

（一）由市住房保障管理部门根据房源分配计划将房源分配到区（县），由区（县）住房保障管理部门公布房源信息，内容包括房源位置、套数、工期、户型面积、销售价格、供应对象范围、认购登记时限、登记地点等内容；

（二）有购房意向且已通过资格审核的申请人应在规定的时限内到户口所在地的街道办事处或乡镇人民政府提出购房地点的意向并登记，登记情况由区（县）住房保障管理部门汇总后在区（县）政府网站或相关媒体公布；

（三）区（县）住房保障管理部门将登记家庭按照优先供应条件和困难程序排序，优先家庭在前、一般家庭在后，并按照一定比例选出入围家庭公开摇号。入围家庭名单通过媒体公布。未入围的家庭，等下批摇号时，汇同新的符合条件家庭重新排序；

（四）区（县）住房保障管理部门确定入围家庭名单后，将本区登记家庭的入围情况、摇号时间、地点通过区级审核窗口、区（县）政府网站或相关媒体公布，期限为5个工作日。向公示无异议的家庭发放《限价商品住房配售入围摇号通知》（附件2）；

（五）收到《限价商品住房配售入围摇号通知》的家庭，应在规定时间内将通知回执交回，逾期未交的视为放弃；

（六）区（县）住房保障管理部门组织公开摇号，摇出的号码为选房顺序号。未被摇中号码的入围家庭可以直接参加下一次限价商品住房公开摇号。摇中放弃的家庭，可参加下轮摇号。同一家庭只能放弃两次，超过两次须重新提出申请。

（七）摇号结果公布后，摇中的申请人须在规定期限内持户口本、身份证等证明到街道办事处或乡镇人民政府住房保障管理部门领取选房排序单。

第十九条　摇号排序过程邀请人大代表、政协委员、政风行风监督员以及新闻媒体监督。摇号排序过程应当由公证部门全程监督并出具公证证明，摇号排序结果通过区（县）政府网站或相关媒体公布。

第二十条　申请家庭需在规定期限内持户口本、身份证明及《限价商品住房选房排序通知单》到指定地点按顺序选房，选房活动由开发建设单位和区（县）住房保障管理部门组织，选好具体的房屋后，领取《限价商品住房配售通知书》，在规定时间内，持《限价商品住房配售通知书》与销售单位签订限价商品住房购房合同。

第二十一条　申请人未在规定时间内选房或签订购房合同，视同放弃购房资格，但可重新参加摇号排序。同一申请家庭只能放弃两次购房机会，之后须重新提出申请。

第二十二条　参加多次摇号均未能摇中的申请家庭，轮候三年以上的，区县住房保障管理部门可为其直接配售限价商品住房。

第二十三条　限价商品住房配售原则上二人及二人以下户配售一套一居室（子女年满10周岁的异性单亲家庭配售两居室），三人户最大配售一套两居室。四人及四人以上户最大配售一套三居室。腾退原住房的，按标准配售；不腾退的，降档配售。

第二十四条　申请家庭原住房腾退及补偿的具体办法，由区（县）政府根据本区（县）实际情况制定，原则上腾退家庭应与区（县）住保办签订腾退协议，再签订购房合同。并在实施腾退（拆除）原住房后，办理入住手续。

第五章　监督管理

第二十五条　通过购买限价商品住房资格审核的家庭在轮候期间应每年按期向街道办事处或乡镇人民政府住房保障管理部门如实申报家庭收入、人口、住房、资产等变动情况。

区（县）、街道办事处或乡镇人民政府住房保障管理部门应当定期会同民政等相关部门对通过购买限价商品住房资格审核家庭的人口、收入、住房、资产等变动状况进行复核，并根据复核结果对通过购买限价商品住房资格审核家庭的资格及时调整并书面告知当事人。

第二十六条 在轮候期间的申请家庭有下列情况之一的，由区（县）住房保障管理部门做出取消其家庭保障资格的决定：

（一）未如实申报家庭收入、家庭人口、住房、资产等状况的；

（二）家庭收入、资产连续12个月以上超出规定的准入标准的；

（三）因家庭人数减少或住房面积增加，人均住房面积超出规定的住房保障标准的；

第二十七条 区（县）住房保障管理部门做出取消限价商品住房购买资格的决定后，应发放《北京市限价商品住房购买资格取消通知书》，并说明理由。

第二十八条 各级住房保障管理部门工作人员应严格执行限价商品住房的申请、审核、公示、摇号、配售、退出等程序，认真履行相关职责。违反本规定的，按《北京市人民政府关于印发北京市限价商品住房管理办法（试行）的通知》（京政发〔2008〕8号）有关规定处理。

第六章 附 则

第二十九条 各区（县）可根据本办法，结合实际情况，制定具体实施办法。

第三十条 本办法自发布之日起施行。

附件：1.《北京市家庭购买限价商品住房申请核定表》
　　　2.《限价商品住房配售入围摇号通知》
　　　3.《限价商品住房选房排序通知单》
　　　4.《限价商品住房配售通知书》